やさしい
家政学原論

◆◆◆◆◆◆◆

（一社）日本家政学会　家政学原論部会　編

建帛社
KENPAKUSHA

刊行にあたって

ここに，（一社）日本家政学会家政学原論部会設立50周年記念事業の一つとして，本書を刊行する。本書は，部会設立40周年以降取り組んできた行動計画の成果としてとりまとめたものである。

当部会では，日本の家政学と家政学原論研究の質を高め，部会員の活動を支援することを目的として，「家政学原論部会行動計画2009－2018」を策定し，研究活動を推進してきた。行動計画に掲げる３つの目標と４つの研究グループ・組織は以下の通りである。

■行動計画目標

A　日本の家政学が，明確な「家政学観」をふまえた研究がなされるよう尽力すること。

B　家政学原論の研究・教育・普及（社会貢献）活動の体制を充実させること。

C　部会員の研究・教育・普及（活動）を支援すること。

■行動計画推進委員長　井元りえ（女子栄養大学）

第１グループ「家政学的研究とは何か」研究リーダー　東　珠実（椙山女学園大学）

第２グループ「家政学原論の歴史現状研究」研究リーダー　石渡尊子（桜美林大学）

第３グループ「『家政学原論』の授業実践研究」研究リーダー　八幡（谷口）彩子（熊本大学）

第４グループ「家政学・家政学原論における連携・社会貢献」研究リーダー　倉元綾子（鹿児島県立短期大学）

本書は，目標Bを受け，家政系学部・大学院の教員・学生へ向けたわかりやすいテキストを作成する，という行動計画の推進に取り組んだ第３グループの執筆内容とあわせて，この間，精力的な研究活動を推進してきた第１，第２，第４グループによる研究成果についても紹介・収録している。

日本における家政学は，第二次世界大戦後，新制大学の一学部としてその設置基準が策定され，制度化された。すでに，食物学，被服学などの各論が先行した教育，研究が行われる中，家政学の全体像を把握するとともに家政学としての求心性・専門性を高めるための一授業科目として，家政学原論は戦後初の家政学部設置基準に位置づけられ，誕生した。家政学の特定分野の研究を深化させるとともに，家政学とは何か，という家政学全体を展望しうる視野を持ってその専門性を発揮していくことは，時代が変わっても，また，洋の東西を問わず，家政学を学ぶ者に求められる専門的資質であることに変わりはない。

一方，少子化を背景とする家政学部の改編が進む中，家政学原論という授業科目を置く大学はきわめて少なくなっている。そのため，家政学原論の授業用テキストが刊行されなくなって久しい。家政学原論の授業担当者においては，家政学に関する国際的状況を含む最新情報を収録したわかりやすく使いやすいテキストの刊行が切望されてきた。

本書の特徴は以下の点にある。

① 1990年代以降，アメリカ家政学会の名称変更，国際家政学会による「国連　ミレニアム開発目標2011　ポジション・ステートメント」の採択，日本学術会議健康・生活科学委員会家政学分野の参照基準検討分科会による「大学教育の分野別質保証のための教育課程編成上の参照基準　家政学分野」の策定などの動きがあった。家政学原論部会では，アメリカ家政学会の名称変更を決定づけたスコッツデイル会議の議事録の翻訳（(社）日本家政学会家政学原論部会翻訳・監修『家政学　未来への挑戦』建帛社，2002)，国際家政学会のポジション・ステートメントの翻訳に取り組んだ行動計画の研究グループによる研究成果などを，本書執筆の拠り所とした。

② 日本の学界では，「学問性」や研究が重視される傾向にある。一方，国際的な家政学界では，研究成果を社会や生活に生かす専門（プロフェッション）としての真価を発揮することが求められている。本書では両者の橋渡しを試みた。家政学専門職に求められる家政学理解にふさわしいと思われる内容を第2章から第4章で述べている。

③ 第5章では，「家政学における生活へのアプローチ」として，（家庭）生活に関する諸概念を整理しながら取り上げた。2011（平成23）年の東日本大震災と関連づけた生活の基盤となる生命の論理，家族と個人の生涯発達・発達課題と生活主体としての発達，家庭生活論，生活構造論，家政論・生活システム論，生活文化論など，家政学分野で総合的な見地から扱われる生活論は実に多様である。紙数の都合により本書で取り上げられなかった論説があるなどの課題も多いが，今後さらなる生活論の学術的展開を待ちたい。

④ 家政学の普及・社会貢献に関する第6章では，（一社）日本家政学会の認定資格として発足したばかりの「家庭生活アドバイザー」に関する最新情報を掲載した。制度発足に検討委員として加わった正保正惠氏，倉元綾子氏には，最新情報の提供，原稿校閲などの労をとっていただいた。「ロボット」を取り上げた最終項は，家庭生活の未来像と家政学以外の研究分野との連携の可能性について考えるきっかけとなれば幸いである。

⑤ 巻末に付録として，行動計画第1グループと第4グループの成果を掲載した。家政学に関する最新情報として活用されることを期待する。

本書に対するご意見，ご批判を頂戴できれば幸いである。家政学原論研究・教育と当部会の新たなステップにつなげていきたい。久しぶりに刊行された「家政学原論」のテキストとして本書が活用されることを心から願ってやまない。

最後に，本書を家政学原論部会設立50周年記念事業として刊行することにご理解いただき，懇切な編集の労をとっていただいた（株）建帛社に心から御礼申し上げる次第である。

2018年5月

（一社）日本家政学会 家政学原論部会長　八幡（谷口）彩子

目　次

第6章　現代社会における家政学の普及・社会貢献

付　録

第１章　家政学原論とは

本章の目標

①「家政学原論」とはどのような研究分野・授業科目か理解しよう。

②「家政学原論」の誕生の経緯と誕生時「家政学原論」に期待された役割について理解しよう。

③ 戦後における「家政学原論」研究史の概略を把握しよう。

1.「家政学原論」とは何か

家政学原論（Principles of Home Economics ／ Philosophy of Home Economics）とは，「家政学とは何か」「家政学とはどのような学問なのか」を探究する研究分野であり，家政学を学ぶ学生が，「家政学とはどのような専門なのか」について考える授業科目である。

学問（science 英，Wissenschaft 独）とは，ある対象あるいは問題に対する知識の体系としてとらえられる。したがって，「学問」としての「家政学とは何か」，を明らかにするためには，①家政学の認識対象は何か（対象論・認識論），②家政学の研究方法とはどのようなものか（方法論），③家政学の学問的性格はどのようなものか（性格論）などが解明されなくてはならないとされてきた[1)]。

学問としての家政学原論の確立に尽力した亀高による「家政学原論」の定義は，「家政学原論とは，家政学の全体に関する基本的問題・根本原理を考究して，家政学の本質を明らかにし，家政学の独自性と科学的位置を解明する研究分野である」というものである[2)]。

一方，専門（profession）とは，わが国では特定の分野を研究・担当すること，また，その学科・事項などを指す場合に用いられるが，アメリカではプロフェッションとは，専門的職業とほぼ同義とされる。近年，わが国の大学においても，教員，医師，看護師，弁護士，などの専門職の養成機能が重視されていることを背景に，家政学という専門のあり方を問う動きが高まりをみせている。そこでは，確かな専門性を身につけた家政学分野の専門家・専門的職業人（home economist）の養成が求められる。

本書では，学問（科学）としての「家政学」の理解の上に，社会貢献を含めた家政学の専門性についても考えていきたい。

2. 日本の「家政学」の制度としての誕生と「家政学原論」

明治期以降，近代的学校教育制度が整備される中で，小学校や高等女学校などにおいて，「裁縫」ならびに「家事経済」「家事」「家政」などの授業科目が位置づけられ，「家政」に関する教育の制度化が行われた。これらの授業科目を専門的に担当･指導する教員の養成を担ったのが，女子師範学校ならびに女子高等師範学校であった。とりわけ中等教育の教員養成を担った女子高等師範学校などにおいては，「家政」に関する教育内容の充実や学問的研究の必要性が自覚されていった。女子の高等教育機関を設立し，そこに家政に関する研究を行う家政学部を設置することをめざす運動が展開されたが，戦前の「大学令」の下にあっては，女子に高等教育の門戸を開くこと，そして，大学に「家政学部」を位置づけることは実現しなかった[3)]。

制度として「家政学」が誕生するのは，第二次世界大戦後のことである。連合軍総司令部（GHQ）ならびに民間情報教育局（CI & E）の指導の下，民主化改革が進められ，1945（昭和20）年12月，「女子教育刷新要綱」が「閣議了解」されたことにより，まずは女子に大学の門戸開放の方向性が示された。

「家政学部」の制度化については，「大学設立基準設定に関する協議会」（1946（昭和21）年10月29日発足）の一分科会「女子大学分科会」（1947（昭和22）年1月14日発足）が設置した5つの小委員会の一つ「家政学小委員会」（委員長は大橋広日本女子大学校長）で「家政学部設置案」を検討している。戦前は大学の学問と認められなかった「家政学」をどのような学問として大学教育に位置づけたらよいのか，「家政学（部）」はどのようにあるべきか，という家政学をめぐる学問としての探究は，家政学部設置基準を検討する席上において行われ，「家政学とは何か」をめぐる哲学的考察の必要性が自覚されていった[4)]。検討過程におけるCI & E高等教育班の助言者であったL.H.ホームズ氏のアドバイスも忘れてはならない[5)]。

1947（昭和22）年5月，大学設置基準設定協議会の家政系分科会における家政学部の設置基準を研究する小委員会の席上で，大橋広氏（当時，日本女子大学校校長）が，「いままでの家政学は各論だけである。これからの家政学が，大学における学問として他の学問と対等に立つためには，家政学の哲学ともいうべき，家政学の中心柱として，家政学の基本的問題を考究する部門が是非とも必要である」と提案した。まったく同様のことを前々から痛感していた林太郎氏（当時，東京女子高等師範学校教授）が，直ちに賛意を表し，「これまでの大学には，それぞれの学部にその専門の学の原論，たとえば倫理学原論，経済学原論といったような科目が用意されている。新しい家政学部にも『家政学原論』があってしかるべきではなかろうか」という発言を行った。ここで，両氏によって“家政学原論”の名称が提唱され，松平友子氏（当時，東京女子高等師範学校家政科主任）をはじめ賛意を表する委員が多く，討議の結果，満場一致で「家政学原論」の名称と科目の設置が決定した，という由来に基づいているのである[6)]。

東京女子高等師範学校では，終戦直後から，旧大学令に基づく大学昇格をめざす会議が連日のように行われていた。同時に家政科の教官による会議も続行していた。その第1回に，藤本校長から，「これまでの家政科の内容は各論のみであったが，大学の家政学部では，家政学の全体に関わる哲学というか根源的な理論が重要であり，それを担当する科目が必要である」との議題に対して，家政学概論，家政学総論，家政学論，家政学原理，その他の名称が挙げられていた。3回目（10月）の会議に，当時は非常勤講師であったが，参加要請によって出席していた松平氏に発言が求められた。松平氏は「旧制の大学には，それぞれの学部にその専門学科の原論，たとえば経済学原論，倫理学原論という科目が用意されていますから，家政学原論というのはいかがでしょうか」と提案した。討議の結果，出席者全員の賛成によって，「家政学原論」という科目名称に落ち着いたという[7)]。

1947（昭和22）年7月8日に制定された「大学基準」において，「家政学」は「一般教養科目」に「社会科学関係」科目として組み入れられるとともに，同年8月5日には「家政学部設置基準」（表1-1）が制定された。これにより，戦後の新制大学に家政学部を一つの独立学部として設置することが可能になったのである。

表1-1の日本初の新制大学における家政学部設置基準によれば，「家政学部は家庭生活並に之に類する集団生活に関する学芸を教授」する学部である，と記されており，家庭生活のみならず，社会福祉施設などの社会的活動領域に関わることを前提とすることがうかがわれる。これは，CI & E高等教育班の助言者L.H.ホームズ氏によりアメリカの大学における家政学部のカリキュラムが影響を及ぼしたことをうかがわせるものである。

また，とりわけ注目できるのは，「一般家政学」という学修方法であるが，「一般家政学とは家政学の各分野を専攻するものに家政学の全貌を把握せしむる事を目的とし」，家政学原論をはじめ，食物学，衣服学などの家政学各論分野の概論を選択履修させる，というものである。

このように，第二次世界大戦後，新制大学に家政学（部）を独立した学問としてどのように位置づけたらよいのかを検討した際，「家政学原論」の必要性がさまざまな場面で繰り返し議論されている。「家政学の哲学ともいうべき，家政学の中心柱として，家政学の基本的問題を考究する部門」「これまでの家政科の内容は各論のみであったが，大学の家政学部では，家政学の全体に関わる哲学というか根源的な理論が重要であり，それを担当する科目が必要である」「家政学の各分野を専攻するものに家政学の全貌を把握せしむる事を目的」とすることなど，すでに家政学の各論構成の展望の下に，それらの各論を束ねる役割を果たすものとして家政学原論は誕生し，戦後の家政学部の一科目として位置づけられたのが「家政学原論」であったといえる[8)]。

表1-1　家政学部設置基準（昭和22年8月5日）

1. 家政学部は家庭生活並に之に類する集団生活に関する学芸を教授研究して生活文化の向上の発展に寄与する能力を展開せしむる事を目的とする。
2. 家政学部には学科を置くことが出来る。学科の種類は下に掲げるものの他，適当と認められるものとする。
   児童学科，食物学科，被服学科，住居学科，社会福祉学科，施設経営学科
3. 前項に掲げた各学科の目的は，概ね下の通りである。
   （略）
4. 各学科（専攻の学課目は一般教養課目・一般家政学課目・各学科（専攻）の必修課目及選択課目に分ける。
   一般家政学とは家政学の各分野を専攻するものに家政学の全貌を把握せしむる事を目的とし，下に掲げるものの中から少くとも三課目，三単位を選択履修させる。
   家政学原論　食物学概論　衣服学概論　住居学概論　家庭管理学概論　家族経済学　児童学概論
5. （以下略）

出典：林太郎「新制女子大学と家政学部の創設事情」『東京家政学院大学紀要』第10号（1970）pp.19-35より

3.「家政学原論」研究の略史

(1)「家政学原論」研究前史

先述の通り,「家政学原論」は，第二次世界大戦後の新制大学に「家政学部」をどのように制度化していくのかを検討する過程において,「家政学とはどのような学問か」を明らかにする哲学的な探究の必要性が自覚され，誕生した。

第二次世界大戦以前にも,「家政学はどのような学問なのか」という家政学の概念化や，とりわけ戦後の家政学原論研究の課題となる家政学の体系化に取り組んだ研究がなかったわけではない。その一部を紹介したい[9)]。

まず，常見育男氏の『最新家事教育原論』(1937) では，戦前の家事教育に携わる者を対象に,「家事教育及び家事研究に対する思想的理解」とそのための「理論的基礎付け」を意図した。その内容は，家庭生活の基本的意義，家事科及び家政学の本質，家事教育の教育的職能，家事科内容の基本的研究，家事教授法の本質的研究の5章からなり，現在の家政学原論（学問的理解）と家庭科教育法（普及方法）を兼ね備えた内容であった。なかでも「家事教育の教育的職能」論は，家政に関する「専門職」とは何か，という視点に立った示唆を含む。

倉澤剛氏は『日本家政学』(1944) において,「家政の何たるか」について本質的反省を加えるとともに学問的体系を与えることを意図し，家政全体を見通した体系づけにより「家政学」を確立しようとした。戦時体制下の「皇国家政観」という特異な見地に立つものではあるが，国民生活全体を見通し,「国家科学（総力科学)」の体系の下に，国防科学，生産科学，政治科学と並ぶ4本柱の一つとして「家政科学（生活科学)」を位置づけた。これは，日本社会において家政学が果たすべき独自の領域と役割を明示するものであった。

(2) 第二次世界大戦後における「家政学原論」研究

戦後の「家政学部設置基準」に「一般家政学」科目として位置づけられ誕生した「家政学原論」であるが，その授業内容をどのように構成するのか，また適切な授業担当者の確保については困難が伴った。このような中で,『家政学原論』と銘打った著書が刊行されていった。とりわけ，昭和20年代，30年代に刊行された初期の『家政学原論』は，戦後の家政学原論研究の先駆的著作として，以後の家政学原論のあり方に多大な影響を及ぼした。

戦後の『家政学原論』第1号である中原賢次氏の『家政学原論』(1948) は，戦前から課題となっていた家政学が学問として成立する根拠づけを行うために,「生活を人類の宿命的な営みとして把握」し,「人の生命を維持し，生存を確保し，生活を安定，継続せしむる精神的，物質的，技術的，組織的な力の総称」である「生活保衛力」という概念を用いて家庭の成立根拠を示し，そこに家政学が成立する根拠を定立し，国や社会と家庭との結合原理を示した。注目すべきは,「生活保衛力」の社会化と家庭生活の縮小化すなわち家庭の機能の社会化現象にすでに言及していることである。また,「後編　家政学原論」において，家政学の定義，家庭生活の本質，家政の対象・内容，家政学の目的・問題・方法・分類について論じた。

次に，「家政学原論」という授業科目名の「生みの親」である松平友子氏は，お茶の水女子大学での「家政学原論」の講義案をもとに『家政学原論』（1954）を刊行した。①歴史，②学派，③研究対象，④研究の目的または任務，⑤重要性と本質，⑥研究方法を柱とする本書は，「家政学原論」の教科書として広く普及した。

後に，日本家政学会分科会家政学研究会（後に家政学原論部会）の設立に尽力する山本キク氏は，家政学と家庭科教育の本質的関連の下に『家政学原論』（1963）を著した。山本氏は，心理学の視点から人間の基本的欲求をトータルに充足させる場として家庭生活のあり方を論じ，社会や環境への適応という環境論の視点を盛り込んだ。家政学の研究対象については「家庭生活」，さらには「これに類する施設や家政学に緊密な関係にある職業分野に研究を延長し拡大する」と述べ，家政学の職業分野への拡張を示唆している。

戦後初期の家政学原論研究の後に，昭和 40 年代には，家政学とその隣接諸科学との関係のあり方を「交錯領域」という概念で説明しようとした原田一氏，「家族」研究を家政学の基礎科学と位置づけ，「家族」の生活を衣食住などの諸側面から支援する科学分野ととらえて家政学の体系化を行った野口サキ氏，家政学の「位相的性格」と「境界科学的性格」を導き出し，「時間」「空間」「価値」という整序原理を用いて，経験的実践科学としての家政学の体系化を試みた松下英夫氏，家政の政というマネジメント面を重視しマネジメント原理的な家政学の概念を打ち出した今井光映氏などの家政学原論研究者を輩出した。「家政学とは何か」についてどのように理論化を図ったらよいのか，という家政学原論研究における論争華やかな時代であった。

こうした時代を経て，昭和 50 年代以降に刊行された『家政学原論』の著作では，大学の授業科目「家政学原論」の内容について標準化が進められることになる。（社）日本家政学会における『家政学将来構想 1984』により，（社）日本家政学会全体を巻き込んだ議論をふまえて家政学の定義が示されると，戦後における「家政学とは何か」をめぐる議論は（社）日本家政学会の公式見解をふまえたものに落ち着いていった。

(3) 家政学原論部会の設立と研究

家政学原論研究の拠点となったのが，日本家政学会の下部組織（専門研究委員会として発足）家政学原論部会である。家政学原論部会の設立の契機となったのは，1963（昭和 38）年 10 月，日本家政学会の総会で行われた「家政学原論」のシンポジウムであった。このシンポジウムはその後，雑誌『家庭科教育』誌上に場を移して「家政学」か「生活科学」かをめぐる論争に展開する。いわゆる「1960'S 家政学・生活科学論争」である[10)]。1965（昭和 40）年 9 月には，日本家政学会理事山本キク氏を世話人として，家政学の本質，定義，体系などに関する討論会が 3 日間にわたって開催された。家政学の本質を追究する動きは，日本家政学会の分科会として家政学原論研究会（現在の家政学原論部会）を発足させるに至った（1968（昭和 43）年）。1970（昭和 45）年，同研究会は，国際家政学会から要請された家政学に関するアンケートに対し，日

表 1-2 「家政学原論」の著書

刊行年	著書名	著者	刊行所
昭和 23 (1948) 年	家政学原論	中原　賢次	世界社
27 (1952)	家政学原論	上村　哲彌	日本女子大学通信教育部
29 (1954)	家政学原論	松平　友子	高陵社書店
32 (1957)	家政学原論	黒川喜太郎	光生館
36 (1961)	家政学原論	中原　賢次	日本女子大学通信教育部
37 (1962)	新版家政学原論	黒川喜太郎	光生館
38 (1963)	家政学原論	山本　キク	光生館
40 (1965)	家政学原論	小池　行松	家政教育社
41 (1966)	家政学の根本問題－解説　家政学原論－	原田　一	家政教育社
41 (1966)	家政学原論・家庭経営	横山光子（編）○野口サキ	朝倉書店
42 (1967)	家政学原論－これからの生活経営の考え方－	山崎　進	光生館
43 (1968)	松平家政学原論	松平　友子	光生館
43 (1968)	新家政学原論 －生活経営論の基礎としての家政学の本質的研究－	松下　英夫	家政教育社
44 (1969)	家政学原理	今井　光映	ミネルヴァ書房
45 (1970)	新・家政学原論	○青木　茂（編）	中教出版
45 (1970)	家政学原論	柳原文一・原田一・松島千代野	学文社
47 (1972)	家政学入門－家政学原論のテキスト－	原田　一	家政教育社
47 (1972)	家政学原論	中原　賢次・好本　照子	日本女子大学通信教育部
48 (1973)	改稿　家政学原論	山本　キク	光生館
49 (1974)	家政学原論集成	松島　千代野	学文社
50 (1975)	家政学原論	野口　サキ	朝倉書店
51 (1976)	家政学原論要説	嶋田　英男	家政教育社
51 (1976)	講義　家政学原論	○平田　昌・松崎ナツ	中教出版
53 (1978)	家政学原論新講	小国　弘司	明文書房
54 (1979)	テキストブック　家政学－やさしい家政学原論－	○今井光映・堀田剛吉（編）	有斐閣
55 (1980)	要説家政学原論－家政学再出発の拠点－	田中　義英	ドメス出版
56 (1981)	家政学原論	宮川　満・宮下美智子	家政教育社
56 (1981)	家政学原論	○亀髙　京子・仙波千代	光生館
56 (1981)	新版家政学原論・家庭経営	横山光子・大森和子・末廣和子・○亀髙京子	朝倉書店
56 (1981)	家政学原論	好本　照子	日本女子大学通信教育部
平成 2 (1990)	家政学原論	（社）日本家政学会（編）	朝倉書店
2 (1990)	家政学とは何か－改訂家政学原論要説－	嶋田　英男	家政教育社
10 (1998)	生活・家政系の学の原論パラダイム －M.M.ブラウンの思想と方法を中心に－	今井　光映（編著）	家政教育社
11 (1999)	ジェンダーフリーの時代へ：家政学原論・生活経営学	百瀬　靖子	創成社
13 (2001)	家政学原論－生活総合科学へのアプローチ－	富田守・松岡明子（編）	朝倉書店
18 (2006)	若手研究者が読む『家政学原論』2006	（社）日本家政学会若手研究者による『家政学原論』を読む会	家政教育社
18 (2006)	ジェンダーフリーの時代からロハスの時代へ： 家政学原論・生活経営学	百瀬　靖子	創成社

注：○は当該著書のうち，家政学原論に関する内容の執筆者

本初の家政学の定義・意義に関する公式見解となる Information Sheet（案）を作成した。

表 1-3 には，この家政学原論部会が設立以来の夏期セミナーで取り上げたシンポジウムの

表 1-3　(一社）日本家政学会家政学原論部会夏期セミナーシンポジウムの主なテーマ

回	テーマ	開催日時
1	「家政学における関係諸学の位置」について	1968 年 10 月 14 日
2	(1) 家政学はいかなる科学か－方法論的考察 (2) 家政学を構成する諸学の位置－家政学の体系	1969 年 4 月 1-3 日
3	討論「家政学の内容について」	1969 年 10 月 2 日
4	家政学と諸学（自然・社会・人文科学）	1970 年 9 月 1-3 日
5	1. 海外における家政学の動向　2. 家政学の領域	1971 年 9 月 1-2 日
6	家政学の社会的貢献とは何か	1972 年 8 月 30 日
7	「生活」－家政学の原点	1973 年 8 月 27 日
8	新しい家政学の構想	1974 年 8 月 27-28 日
9	これからの家政学のあり方	1975 年 8 月 28-29 日
10	家政学の三つの課題－研究，教育，普及の諸面から－	1976 年 8 月 26-27 日
11	家政学としての食物学，被服学，社会学・経済学	1977 年 8 月 29-30 日
12	家政学を構成する諸分野	1978 年 8 月 28-29 日
13	家政学を構成する諸分野－総合化，体系化－	1979 年 8 月 28-29 日
14	家政学の総合化，体系化の基礎としての方法論について	1980 年 8 月 25-26 日
15	家政学の体系化－家政学における原論の役割	1981 年 8 月 26-27 日
16	家政学の将来構想を考える	1982 年 8 月 23-24 日
17	家政学の将来構想	1983 年 8 月 23-24 日
18	家政学将来構想の報告書について	1984 年 8 月 23-24 日
19	家政学原論授業の問題点	1985 年 8 月 22-23 日
20	『家政学原論』の著者を囲んで	1987 年 8 月 27-28 日
21	家政学を考える	1988 年 5 月 30 日
22	いま，原論に問われるもの	1988 年 8 月 23-24 日
23	いま，原論に問われるもの　Part Ⅱ	1989 年 8 月 23-24 日
24	21 世紀における家政学の視点－家政学と環境－	1990 年 8 月 28-29 日
25	21 世紀の生活をどうみるか	1991 年 8 月 27-29 日
26	家政学と生活科学は同じか	1992 年 8 月 25-26 日
27	家政学と生活科学は同じか　Ⅱ	1993 年 8 月 24-25 日
28	家政学の Professional Development をめざして　総括「家政学と生活科学は同じか」	1994 年 8 月 24-25 日
29	岐路に立つ家政学－アメリカ家政学の動向と日本家政学の将来－	1995 年 8 月 24-25 日
30	21 世紀家政学の地平を求めて－部会員全員による地区討議と総合討議－	1996 年 8 月 27-28 日
31	30 周年の歩みを振り返り，新たな方向を探る	1998 年 8 月 24-25 日
32	(4 部会合同セミナー）少子化社会の提起する諸問題－国際高齢者年にちなんで－	1999 年 8 月 26-27 日
33	新しい世紀の家政学と家庭科教育の発展	2000 年 8 月 30-31 日
34	新しい千年紀に立って家政学を考える	2001 年 8 月 23 日
35	個人・家族・コミュニティと原論研究－『家政学　未来への挑戦』との関わりで－	2002 年 8 月 28-29 日
36	家政学者のリーダーシップを考える	2003 年 8 月 19-20 日
37	家政学の社会的存在意義－国際的視野から－	2004 年 8 月 23-24 日
38	家政学の社会貢献－教育を通して考える－	2005 年 8 月 24-25 日
39	家政学の社会的貢献－変革のための課題－	2006 年 8 月 23 日
40	「家庭生活」と「コミュニティ」の関係性－家政学の本質を考える－	2007 年 8 月 23 日
41	家政学における原論の現代的意義とその課題－家政学の新たな統合を求めて－「家政学研究」とは何か	2008 年 8 月 22 日
42	家政学における原論の現代的意義とその課題 (3)	2009 年 8 月 24 日
43	家政学の未来を創る－家政学原論の現在 (1) －	2010 年 8 月 24 日
44	家政学の未来を創る－家政学原論の現在 (2) －	2011 年 8 月 23-24 日
45	蓄積を活かす－家政学の社会貢献（家政学原論・家政教育部会合同企画シンポジウム）－	2011 年 8 月 24 日
46	家政学の未来を創る－家政学原論の新たな指標をめざして－	2012 年 8 月 21-22 日
47	家政学の国際的潮流と日本の家政学（公開シンポジウム）	2012 年 8 月 22 日
48	家政学の未来を創る－家政学原論の新たな指標をめざして (2)「行動計画」中間年－	2013 年 8 月 19-20 日
49	国際家族年 20 周年に果たす家政学の役割	2014 年 5 月 25 日
50	家政学の未来を創る－国際家族年 20 周年から家政学の課題を問う－	2014 年 8 月 24-25 日
51	震災復興の中の子どもたちの姿から家政学の役割を考える	2015 年 5 月 24 日
52	家政学の未来を創る～家政学の知の検証と継承～	2015 年 8 月 23-24 日
53	家政学原論部会・生活経営学部会・家族関係学部会・家政教育部会　4 部会合同シンポジウム「家政学の社会貢献のための共通理解と資格化を問う」	2016 年 5 月 29 日
54	家政学の未来を創る　家政学の知の継承と検証 (Part2) －部会誌 50 号からみた家政学原論研究の課題－	2016 年 8 月 22-23 日
55	家政学の未来を創る　家政学が描く人間像－家政学は生活主体にどのように働きかけるのか－	2017 年 8 月 20 日

注：1979 年 3 月まで日本家政学会分科会家政学原論研究会，1979 年 4 月より日本家政学会家政学原論部会

テーマを掲げている。

これによると，家政学原論部会（研究会）が設立初期に掲げたテーマは，家政学の科学論・学問論に関するものが多い。その一方で，家政学の社会貢献のあり方について繰り返し取り上げている。2000（平成12）年に入る頃からは，アメリカ家政学会や国際家政学会の動向をふまえつつ，家政学の専門性のあり方，専門職とはどのようなものなのか，というテーマを取り上げるようになった。「家政学とはどのような学問か」という学問論をめぐる議論から「家政学（者）はどのような専門（家）か」という専門としてのあり方をめぐる議論へと移り変わってきていることを示している。

4.「家政学原論」を学ぶにあたって

「家政学原論」がめざすのは，「家政学とは何か」という理解を深めること，その上に，家政学の全体像を把握し，家政学の各論・各専門分野の学習につなげること，家政学的なものの見方や考え方を身につけ，各専門分野においてそうした見方や考え方を活用できる素地を養うこと，さらには家政学を学び実践する者としての役割や使命感を確立すること，などである。

「家政学原論」の学びにより，家政学の専門家としての知見が養われることを期待する。

演習問題

① 「家政学原論」とはどのような研究分野・授業科目か，説明しよう。

② 「家政学原論」の誕生の経緯と誕生時「家政学原論」にどのような役割が期待されたのか，説明しよう。

③ これから「家政学」を学ぶにあたって，あなたが考える「家政学とは何か」について，学習の出発点としてまとめておこう。

〈注・引用文献〉

1）亀髙京子・仙波千代（共著）『家政学原論』光生館（1981）p.2 など
2）前掲書 1）p.2
3）谷口彩子「戦前の女子大学昇格運動と家政学部設置をめぐる動き―東京女高師と日本女子大学校を中心として―」『家政学原論部会会報』No.24（1990）pp.48-52
4）野坂尊子「戦後高等教育改革期における「家政学」理解―「家政学部設置基準」の制定過程に見る―」『大学教育学会誌』23（2），（2001）pp.110-120
野坂尊子「新制大学創設直前における『家政学』―それを支えた人物と団体―」『家政学原論研究』37（2003）pp.30-40
5）第二次世界大戦後の新制（女子）大学と家政学部の創設については，以下のドキュメントに詳しい。
林太郎「新制女子大学と家政学部の創設事情」『東京家政学院大学紀要』第10号（1970）pp.19-35
藤本萬治「「お茶の水女子大学」開学事情―日本における女子大学の創設―」『桜蔭会会報』復刊第

50 号付録（1966）pp.1-2
大橋広「日本家政学会設立当時の思い出」『家政学雑誌』20（5），（1969）pp.318-322

6）松平友子「家政学原論誕生の由来―日本家政学会第 15 回総会におけるシンポジウム速記録の一部から―」松平友子『松平家政学原論』光生館（1968）pp.1-7
亀髙京子「家政学原論事始め」『家政学原論研究』No.41（2007）pp.8-18

7）同上

8）なお，家政学原論との関わりを切り口に，第二次世界大戦後，各大学において家政学部がどのように制度化され変遷をたどっていくのかについては，「家政学原論部会行動計画 2009-2018」第 2 グループ（研究リーダー　石渡尊子）による以下の研究論文を参照のこと。また，石渡による第 2 グループの活動報告が『家政学原論研究』No.45（2011）～No.51（2017）に掲載されている。
石渡尊子「戦後沖縄における家政学教育の出発―琉球大学創設期のカリキュラムに着目して―」『家政学原論研究』No.47（2013）pp.39-49
石渡尊子「琉球大学の創設期における普及事業―家政学のあり方を考察するために―」『家政学原論研究』No.50（2016）pp.10-21
川上雅子「『生活者』とは何か―共立女子大学家政学部理念としての一考察―」『共立女子大学家政学部紀要』58 号（2012）pp.61-73
川上雅子「家政学部の変容―名称変更にみる派生と分化―」『家政学原論研究』No.49（2015）pp.12-19
小林陽子・尾島恭子「教育職員免許法および教育職員免許法施行規則の変遷―家庭科教員養成における科目「家政学原論」をめぐって―」『家政学原論研究』No.46（2012）pp.22-32

9）八幡（谷口）彩子「家政学原論研究小史」，（社）日本家政学会家政学原論部会若手研究者による『家政学原論』を読む会『若手研究者が読む『家政学原論』2006』家政教育社（2006）pp.9-29

10）正保正惠「雑誌『家庭科教育』にみる 1960'S 家政学・生活科学論争」『家政学原論研究』No.32（1998）pp.106-111

（八幡（谷口）彩子）

第2章 家政学とは何か

本章の目標

①「家政学」の定義について理解しよう。

②「家政学」の独自性について考えてみよう。

③「家政学」にはどのような専門分野があるのか，その全体像を把握しよう。

1. はじめに—「家政学とは何か」をめぐって

「家政学とは何か」については，戦前から多くの研究者が説明・定義づけを行ってきた[1)]。第二次世界大戦後に大学の一学問分野と認められるまでに多大な困難を伴った日本の家政学では，「家政学とは何か」を認識するにあたって，学問としてどのような体系を取りうるのか，他の学問分野とは異なる家政学の学問としての独自性は何か，などの「家政学とはどのような学問か」を明確に示すことが求められた。今井光映によって，「家政学とはどのような学問か」を解明するため，学問研究の「対象」と「目的」と「方法」を三位一体でとらえようとする方法論（methodology）が提唱される[2)]と，家政学の研究対象と研究目的と研究方法を明示する家政学の定義が一般化していった。

一方，アメリカ家政学会では第4回レイク・プラシッド会議（1902（明治35）年）[3)]において，国際家政学会では第12回大会（於ヘルシンキ，1972（昭和47）年）[4)]おいて，家政学の定義（意義）が示されたが，これらはいずれも日本とは異なり，専門（プロフェッション）[5)]としての家政学（者）のあり方を説明するものとなっている。

本章では，（一社）日本家政学会の公式見解として家政学界で共有され，家政学分野の「大学教育の分野別質保証のための教育課程編成上の参照基準」報告における「家政学の定義」[6)]にも一部の文言修正の上採択された「家政学の定義 1984」[7)]を紹介する。さらに，「家政学の定義 1984」を基本的にはふまえながらも，国際家政学会（IFHE：International Federation for Home Economics）の “Position Statement：Home Economics in the 21st Century” [8)]など，家政学のプロフェッションとしてのあり方を希求する国際的な潮流を受けて検討が進められた（一社）日本家政学会家政学原論部会「行動計画 2009－2018」第1グループ（以下，「行動計画第1グループ」）によってまとめられた「家政学の定義」[9)]，ならびに家政学の研究目的・研究対象・研究方法，さらには家政学の独自性を紹介する。

家政学の定義を通して，「家政学とはどのような学問か」について理解するとともに，プロフェッションとしての家政学（者）のあり方についても考えを深めることをめざす。

2. 家政学の定義

日本家政学会が公式見解としてまとめた最初の「家政学の定義」(1970) は,「家政学は, 家庭生活を中心として, これと緊密な関係にある社会事象に延長し, さらにこれらと環境との相互作用について, 人的・物質的の両面から研究して, 家庭生活の向上とともに人間開発をはかり, 人類の幸福増進に貢献する実証的・実践的科学である」[10] というものである。この定義は, 1970 (昭和 45) 年 4 月に, 国際家政学会への Information Sheet に記載された。国際家政学会より, 1972 (昭和 47) 年の第 12 回大会の資料として, 家政学の定義 (意義) などに関するアンケートが日本家政学会に寄せられ, 日本家政学会理事会が家政学原論研究会 (現在の家政学原論部会) に対し 6 月上旬までに原案を作成するよう諮問, 家政学原論研究会委員会が限られた期間の中で原案を作成し, その後日本家政学会理事会における部分修正を経て提出されたものである。

さらに, 1982 (昭和 57) 年から社団法人となり, 1985 (昭和 60) 年, 日本学術会議への参加が実現した日本家政学会が, 創立 30 周年の記念事業として 4 年の歳月をかけて「学会としての意思表示」となるようまとめられた『家政学将来構想 1984』には, 次の定義 (「家政学の定義 1984」) が示された。

「家政学は, 家庭生活を中心とした人間生活における人と環境との相互作用について, 人的・物的両面から, 自然・社会・人文の諸科学を基盤として研究し, 生活の向上とともに人類の福祉に貢献する実践的総合科学である」[11]。

これらはいずれも日本家政学会が学問としての家政学について定義したものであるが, 両者を比較すると以下のような違いがある。

① 1970 (昭和 45) 年の定義では, 研究対象の範囲として,「家庭生活を中心として」とあるのに対し, 1984 (昭和 59) 年の定義では,「家庭生活を中心とした人間生活」と対象の範囲を人間生活全般に一般化したこと。

② 1970 (昭和 45) 年の定義にみられる「これ (家庭生活) と緊密な関係にある社会事象に延長し」といういわゆるエクステンション (extension/outreach) の観点が 1984 (昭和 59) 年の定義にはみられなくなったこと。

③ 1984 (昭和 59) 年の定義では,「自然・社会・人文の諸科学を基盤として研究し」という記述が加わり, 家政学の研究方法の多様性に言及し,「総合科学」としての特質を明示したこと。

④研究目的については, 1970 (昭和 45) 年の定義では「家庭生活の向上とともに人間開発をはかり, 人類の幸福増進に貢献する」と記されていたのに対し, 1984 (昭和 59) 年の定義では「生活の向上とともに人類の福祉に貢献する」と変化した。家庭生活に限定せず, 生活全般への研究成果の貢献をめざす方向が示された一方で, 人間開発 (human development) すなわち教育への貢献の視点が後退した, とも解釈される。

このように日本家政学会における 2 つの定義を比較すると, 日本の家政学研究の内容・方向性が家庭生活にとどまらず深化・拡大する一方で，家政学の社会貢献（エクステンション），とりわけ教育の側面において課題が見受けられる。

ここで，「行動計画第１グループ」がまとめた「家政学の定義」(2013）についてみてみよう。

> 家政学とは，個人・家族・コミュニティが自ら生活課題を予防・解決し，生活の質を向上させる能力の開発を支援するために，家庭を中心とした人間生活における人と環境との相互作用について研究する実践科学であり，総合科学である。家政学は，生活者の福祉の視点から，持続可能な社会における質の高い生活を具現化するライフスタイルと生活環境のありようを提案する。

この定義では，「家庭を中心とした人間生活における人と環境との相互作用について研究する実践科学であり，総合科学である」という「家政学の定義 1984」に示された家政学の学問としての特質を含みつつ，「個人・家族・コミュニティが自ら生活課題を予防・解決し，生活の質を向上させる能力の開発を支援するために」という研究目的,「家政学は，生活者の福祉の視点から，持続可能な社会における質の高い生活を具現化するライフスタイルと生活環境のありようを提案する」という目標（goal）が加えられている。変化する現代社会に家政学（者）はどのように関わり，貢献していく専門（プロフェッション）なのか，という学問と社会との関わりが明示された定義と解釈できる。

そこで，次に，「家政学の定義 1984」と「行動計画第１グループ」の定義にしぼって，研究の対象，方法，目的，さらには独自性について確認していきたい。

3. 家政学の研究対象

「家政学の定義 1984」において，家政学の研究対象に関して述べた部分は，「家庭生活を中心とした人間生活における人と環境との相互作用について」である。先述したように，研究対象の範囲を家庭生活のみならず（家庭生活を中心に置きながらも）人間生活全般に拡張し，そこにおける「人と環境との相互作用」という動態的でエコロジカルな対象認識が採用されている。こうしたエコロジカルな対象認識にはアメリカ家政学の影響がみられる。

一方,「行動計画第１グループ」が「家政学的研究ガイドライン〔第一次案〕」にまとめた「家政学の研究対象」には以下の記述がなされている。

> 家政学の研究対象は，家庭を中心とした人間生活における人と環境との相互作用である。家政学は，人と人，人とモノとの相互作用を対象に，生活環境のありようや広い意味での家庭生活の諸事情について研究する。

「家政学の定義 1984」における「研究対象」の認識を継承しつつ，具体的な例示・解説が加えられている。

4. 家政学の研究方法

「家政学の定義 1984」において，家政学の研究方法に関して述べた部分は，「人的・物的両面から，自然・社会・人文の諸科学を基盤として研究し」である。家政学では，子ども・成人・高齢者などさまざまな発達段階にある人の生活を扱う。また，よりよい人間生活のあり方を考える上で，被服や食物，住居などの物的環境と人との関係性に関する研究は欠かせない。人に関する研究分野と物に関する研究分野を合わせ持ち，それらを総合化して「最適な（家庭）生活のあり方」「よりよい（家庭）生活のあり方」を考えようとするところに，総合科学としての家政学の独自性がある。このような特質を持つ家政学において用いられる研究手法は，自然・社会・人文の諸科学にまたがることになる。

一方，「行動計画第 1 グループ」が「家政学的研究ガイドライン〔第一次案〕」にまとめた「家政学の研究方法」には以下の記述がなされている。

> 家政学は，自然・社会・人文の諸科学を基盤として，家庭を中心とした人間生活に関する諸法則を明らかにし，実生活に役立つ研究をする実践科学であり，総合科学である。また，家庭を中心とした人間生活における特定の目的をもって自然科学，社会科学，人文科学の知識を統合するために，経験・分析科学（実証科学），解釈科学，批判科学などの学問的アプローチが用いられる。

第 1 文は，「家政学の定義 1984」における研究方法ならびに家政学の科学的性格に関する記述をわかりやすく述べたものである。第 2 文では，諸科学の統合の方法に言及しているが，ややわかりにくいと思われるので，この部分について補足した「行動計画第 1 グループ」の「ガイドライン」の解説を以下に紹介しておこう。「自然・社会・人文の諸科学に依拠しながら，家政学の目的に照らした統合的・実践的な結論を導くためには，経験・分析科学（実証科学）によって生活諸事象の客観的・分析的事実認識（因果関係に基づく没価値的な判断）を行うとともに，解釈科学によって，その事実に対する相互主観的な価値認識（個人と社会集団にとっての意味についての判断）を導き出し，さらに批判科学によって規範的な価値認識（事実と価値の考察を合理的に正当化した実践的な判断）に帰結するという研究方法が用いられる」[12]。

5. 家政学の研究目的

「家政学の定義 1984」と「行動計画第 1 グループ」の「ガイドライン」に示された内容が最も異なるのが，家政学の研究目的である。

「家政学の定義 1984」において，家政学の研究目的について述べた部分は，「生活の向上とともに人類の福祉に貢献する」である。

一方,「行動計画第1グループ」が「家政学的研究ガイドライン〔第一次案〕」にまとめた「家政学の研究目的」は次のようなものである。

> 家政学の研究目的は，よりよい生活を実現するために生活問題を予防し解決しようとする個人・家族・コミュニティをエンパワーする（励まし支援する）ことにある。家政学で行われた諸研究が教育をも含む実践的な諸活動に生かされることによって，この目的は達成される。それを通して，家政学は，家庭や地域の生活の質の向上，人間の開発，ひいては人類の幸福の増進に寄与することになる。

ここでは，家政学の研究目的は，よりよい生活の実現（生活の向上）にとどまらず，生活問題の予防・解決の観点が取り入れられた。個人・家族・コミュニティをエンパワーすること，1970（昭和45）年の定義に示されていた「人間の開発」という目的が再確認され,「教育をも含む実践的な諸活動に生かされる」と家政学の研究成果を生かす対象が明確に示された。

6. 家政学の独自性

家政学は，生活に関わるものすべてが対象となりうるため，他の学問・科学分野と重なり合う部分も多い。ゆえに，家政学の独立科学としての独自性が明確に自覚されていないと，他学問の研究成果の寄せ集めと批判されたり，研究が細分化されて家政学としてのまとまりを見失ったりする結果にもつながる。そこで重要になってくるのが,「家政学の独自性とは何か」という議論である。

ここでは，まず,「家政学の定義 1984」から把握できる家政学の独自性について指摘する。

①「家庭生活を中心とした人間生活における人と環境との相互作用」という対象認識

すなわち，漠然と人間生活全体を研究対象の範囲とするのではなく，その中心に「家庭生活」を位置づけている，という点，さらには,「人と環境との相互作用」という動態的でエコロジカルな対象認識に，家政学の対象認識の独自性をみることができる。

②「人的・物的両面から，自然・社会・人文の諸科学を基盤として研究し」という総合的な研究方法の採用

人に関する研究，物に関する研究，さらにはそれらの相互作用に関する研究をトータルに含む学問が家政学であること，そのため，研究手法は「自然・社会・人文の諸科学」にまたがる総合的なものとなること。見方を変えれば，特定の研究方法にこだわることなく，研究の目的と対象とから導かれる研究方法により研究が行われる，という点に，家政学の研究方法の独自性をみることができる。

③「実践的総合科学」という科学的性格

「実践的総合科学」とは，学問自体が実践を目的としているものではない。実践することを視野に入れた技術や手法，法則の解明を科学的に求めているのであり，ここにも家政学の独自性

をみることができる。

なお,「家政学の定義 1984」に述べられた家政学の研究目的「生活の向上とともに人類の福祉に貢献する」という点に関しては,あらゆる科学に共通する究極的な目的である,という指摘がある。これに対して,「行動計画第1グループ」の「家政学的研究ガイドライン〔第一次案〕」では,家政学の独自性を次のように示している。

> 家政学の独自性は,生活主体としての個人・家族・コミュニティから対象を眺め,愛情,ケア,互恵関係,人間的成長,文化の伝承と向上などの家政学的な価値(家政学の倫理)に基づいて課題を認識するという視座および価値基準,並びに最終的には家庭を中心とする人間生活の質の向上に資するという目的を有することに求められる。

家政学という学問は何のために存在するのか。それは,人間生活の質を向上させるためである。そこには一個人の一時点での生活のみならず,個人の生涯,さらには持続可能な地球環境をも考慮したダイナミックな生活観も必要である。家政学は,個人の主観としての幸福感から持続的な社会観までを含めて"人間生活の向上"を求めていく学問であり,その使命感を帯びた学問である。そしてそこには,前述の通り,価値判断的な要素が組み入れられており,これがまさに独自性といえる。すなわち,生活の資材を健康・安全・快適・平等・創造といった価値に照らして,その価値を実現する方向に活用されているかを検討していくことになる。

7. 家政学の研究を支える組織と研究領域

学問としての家政学の発展のためには,それをサポートする組織の確立も必要である。

その組織として(一社)日本家政学会がある。(一社)日本家政学会のWebページ(URL:http://www.jshe.jp/about/index.html)には,「家政学に関する研究の進歩と発展を図り,人間生活の充実と向上に寄与する目的で,1949年に設立された学術団体です。設立以来,その組織・活動ともに着実に発展し,1982年には,文部省から社団法人として認可され,1985年には日本学術会議の登録学術団体となり,同会議に会員を送っています。1998年には50周年を迎え,わが国の学術振興の一翼を担う学会となっています」と記されている。(一社)日本家政学会には15の専門部会が位置づけられている。家政学原論部会もその一つである。

家政学の研究領域にはいくつかの分類があるが,本学会で示されている家政学の研究領域は,表2-1の通りである。家政学原論,家庭経営,家族,児童,食物,被服,住居,家政教育,その他の研究領域が挙げられている。

表 2-1　家政学の研究領域

専門分野分類表			
1. 家政学原論	11. 学　説	12. 思　想	13. 研究方法
	14. 国際家政学	15. 家政学史	16. その他（　）
2. 家庭経営	21. 生活経営・管理	22. 家庭経済	23. 生活設計
	24. 消費者問題	25. ジェンダー	26. その他（　）
3. 家　族	31. 家族理論	32. 家族関係	33. 家族と地域・社会
	34. 高齢者	35. 家族と国際化	36. その他（　）
4. 児　童	41. 児童発達	42. 育児・保育	43. 家庭教育
	44. 児童文化	45. 児童福祉	46. 児童臨床
	47. その他（　）		
5. 食　物	51. 食生活	52. 栄　養	53. 食　品
	54. 調理・加工	55. 食品衛生	56. 食文化・食生活史
	57. 食　育	58. その他（　）	
6. 被　服	61. 衣生活	62. 被服材料	63. 被服整理・染色
	64. 被服構成	65. 被服衛生・生理	66. 被服心理
	67. 色彩・意匠	68. 服飾文化・服飾史	69. その他（　）
7. 住　居	71. 住生活	72. 住居史	73. 住居・住環境計画・デザイン
	74. 住居環境・設備	75. 住宅構造・材料・防災	76. 住居管理
	77. 住宅問題・政策	78. 住教育	79. その他（　）
8. 家政教育	81. 家庭科教育	82. 家政教育	83. 地域教育
	84. 教育実践	85. その他（　）	
9. その他	91. 環　境	92. 健　康	93. 生活福祉
	94. その他（　）		

出典：(一社)日本家政学会　Webページより（http://www.jshe.jp/nyukai/index.html）

8. 家政学の名称

次に，家政学の名称について考えておきたい。「家政学」の名称は，明治時代の家事教科書名にもみられるが，正式な大学の学部名称ならびに学問名称となったのは第二次世界大戦後のことである。1975（昭和 50）年に大阪市立大学が家政学部を生活科学部に名称変更して以降，学部名称を生活科学部や生活環境学部に変更する大学が増加した。その理由としては，学問の本質的事情というよりは，経営上の課題によるものが多かった。

一方，アメリカでも同様の現象がみられ，1970 年代に家政学部の名称を home economics から human ecology などの名称に変更した大学が相次いだ。その際，“レイクプラシッド・イヤー(1973～1974 年)”と称して，エレン・リチャーズの初期の理念の戻り，家政学の目的を再確認することで概念化とアイデンティティ化を図った時期がある[13)]。その後，アメリカ家政学会は議論を重ねた結果，アメリカ家政学の誕生からほぼ 1 世紀たった 1994（平成 6）年に，学会名称を Home Economics（家政学）から Family and Consumer Sciences（家族・消費者科学）に変更した。ただし，その改名については，採決の場において，満場一致で変更されたわけではない。特に，Science の名称とするか Ecology の名称とするかについては，最後まで議論は分かれ，投票の結果50票対42票と僅差で名称変更が決まった経緯もある。そのような動きの中で，わが国でも家政学の名称への関心が高まり，家政学原論部会で「家政学と生活科学は同じか」のテーマで連続セミナーが開催された。

現状では，国際家政学会とともに日本家政学会はhome economicsの名称を継続している。これからの時代にふさわしい家政学の学問名称はどのようにあるべきか，単なるイメージ論を離れた学問論・使命論に根ざした議論が求められる。

9. これからの家政学

社会の変化が著しい現代において，これからの家政学はどのように進むべきか，考える必要がある。第二次世界大戦後，学問としてあるべき姿を求め，研究を蓄積させてきた家政学であるが，その実情は，研究の進展とともに研究が細分化されていることは否めない。将来の生活の姿が予測困難な時代だからこそ，自然科学・社会科学・人文科学を包括する総合科学としての家政学の強みを生かして，変化に柔軟に対応しつつ生活の質を実現するための指針が求められる。そのためには，家政学を構成する研究領域間の対話を促進し，総合科学としての知見を社会に発信していくことが求められるのではなかろうか。

今まで当たり前だったことでも，時代が進むにつれ当たり前でなくなることもある。高度経済成長期には，大量生産・大量消費がよしとされたが，それにより大量の廃棄物も生み出されるようになった。やがて，資源の枯渇や自然環境の悪化といった問題がでるようになると，今度はリデュース・リユース・リサイクルといった3Ｒが提唱され，環境に配慮した行動が求められるようになった。その背景には，このまま大量生産・大量消費を繰り返していくと，持続可能な社会の実現が困難となるといった共通の理解が得られたからである。

時代によって生活は変化するが，よりよい生活とはどのようなものであるのか，その基本的な価値は変わらない。究極的には人類の福祉をめざす家政学の学問的な位置づけを広く理解してもらえるような方策の検討も重要であろう。

演習問題

① これまでどのような家政学の定義があったのかを調べて，共通点や相違点についてまとめてみよう。また，さまざまな定義を参考にして，あなたの考える家政学とはどのようなものか，自由に述べてみよう。

② 「家政学」の独自性とは何か。説明しよう。

③ 「家政学」ではどのような研究が考えられるか。専門分野分類表を参考に考えてみよう。

〈注・引用文献〉

1）戦後,『家政学原論』と銘打った著書において，家政学の定義がどのように行われてきたのかについては，八幡「『家政学原論』の諸著書における家政学の定義等諸概念の比較」（亀髙京子（監修）『若手研究者が読む『家政学原論』2006』家政教育社（2006）pp.22-27）を参照のこと。
2）すなわち，研究の「対象」が同じであってもその「目的」「方法」が異なれば，異なる学問であるという考え方。（今井光映『家政学原理』ミネルヴァ書房（1969）p.5）
3）Lake Placid Conference on Home Economics：Proceedings of the fourth annual conference, September 16-20（1902）pp.70-71
今井光映・紀嘉子（共著）『アメリカ家政学史　リチャーズとレイク・プラシッド会議』光生館（1990）p.73
亀髙京子・仙波千代『家政学原論』光生館（1981）p.101
4）亀髙京子・仙波千代『家政学原論』光生館（1981）p.103
5）家政学のプロフェッションとは，「家政学の専門知識を活用し，その目的や使命を実現することに寄与する専門職あるいは専門そのものを意味する」とされる。アメリカでは1909年，American Home Economics Association（アメリカ家政学会）の発足当時より，社会貢献を強く意識して Home Economics がプロフェッション名称として用いられている。（以上，（一社）日本家政学会家政学原論部会「家政学原論部会行動計画 2009－2018　家政学的研究ガイドライン〔第一次案〕」（2013））p.5（本書巻末付録 p.148）より
6）日本学術会議健康・生活科学委員会家政学分野の参照基準検討分科会「報告　大学教育の分野別質保証のための教育課程編成上の参照基準　家政学分野」（2013）p.2（URL: http://www.scj.go.jp/ja/member/iinkai/daigakuhosyo/daigakuhosyo.html）
7）（社）日本家政学会（編）『家政学将来構想 1984』光生館（1984）p.32
8）IFHE, 100 Years of the International Federation for Home Economics 1908-2008（2008）pp. 164-168，ならびに本書巻末付録2を参照
9）（一社）日本家政学会家政学原論部会「行動計画 2009－2018」第1グループ「家政学的研究ガイドライン〔第一次案〕」（2013）p.3（本書巻末付録 p.147）
10）『家政学原論研究会会報』No.3, p.6
11）（社）日本家政学会（編）『家政学将来構想 1984』光生館（1984）p.32
12）前掲9）p.2（本書巻末付録 p.146）
13）今井光映（編著）『アメリカ家政学現代史Ⅰ』光生館（1995）pp.193-194
このほかに，アメリカ家政学の名称・改名については，（社）日本家政学会 家政学原論部会 翻訳・監修『家政学未来への挑戦―全米スコッツデイル会議におけるホーム・エコノミストの選択』建帛社（2002），今井光映（編著）『生活・家政系の学の原論パラダイム』家政教育社（1998）pp.295-308, などで扱われている。

（尾島　恭子）

第3章　世界の家政学

1. 世界の家政学の展開過程

本節の目標

① 世界の家政学に影響を及ぼす要因について理解しよう。

② 近代家政学発祥の地，アメリカの家政学の歴史を理解しよう。

③ 国際家政学会の活動や，世界の国々の家政学の現状を，社会・経済状況との関連もふまえて理解しよう。

(1) 世界の家政学に影響を及ぼす要因

家政学の発展は，各国の社会・経済状況と相互に関連している。そのため，世界の家政学は，国ごとにさまざまな特色を持っている。

家政学に影響を及ぼす要因としては，主に社会的・経済的・教育的要因がある[1)]。

①社会的要因：女性の経済的独立が認められず，社会的地位の低い国では家政学の発達が遅れ，その領域が限定されている。アフリカや中近東の国々では，家政学はしばしば女子教育の対策に並行して発展してきている。反対に，アメリカのように女性が職業人として社会で活躍している国では家政学が発展している。

②経済的要因：女子教育の重要性が認められ，初等教育から高等教育に至るまで充実した経済力を持っている国では，家政学は概ね発展している。その反対に，経済力がない国では，女性や宗教団体などが国に代わって家政教育を行っている。

③教育的要因：産業技術があまり発達していないが，今後の成長が期待される国々において，家政学は，国民生活の向上に大いなる貢献ができる教育分野としてその重要性が認識されている。アメリカでは，高等教育の機会均等を目的とする「国有地交付大学」(land-grant universities) と称する大学が設立され，教育・研究・普及を3本柱とする活動が同時に展開され，これがはずみとなって家政学が発展した。また，西ヨーロッパの一部のように，伝統的にアカデミックな発展を遂げた高等教育機関（対男性が特色）を持つ国では，家政学は総合大学の中の学部として独立できず，教員養成大学（teachers' training colleges）として，あるいは農・山村女性を対象とする成人教育（adult education）として，実施されてきた。

次に，近代家政学発祥の地，アメリカにおける家政学の発展について焦点を当てて，みていきたい。

(2) アメリカの家政学（家族・消費者科学）

アメリカ家政学会は，現在，「家族・消費者科学（Family and Consumer Sciences)」という学会名称となっている。

アメリカでは，1993（平成5）年10月に，全米から選出されたホーム・エコノミスト96名（5団体の代表）が，4日間にわたるスコッツデイル会議を行い，名称について検討を行った。その結果，アメリカ家政学会（American Home Economics Association）が設立された1909（明治42）年以来82年間にわたって用いられてきた「家政学（Home Economics)」という学問名称が，「家族・消費者科学」へと変更されたのである。

そのアメリカの家政学の歴史について，家政学の名称の変遷を振り返りながら，学問としての独自性について考えてみよう。

1）ホーム・エコノミクスの成立と発展

レイク・プラシッド会議（1899〜1908）ならびにアメリカ家政学会の設立（1909（明治42）年）をもって近代家政学の成立とみなされることが多い。そのレイク・プラシッド会議の第1回会議（1899（明治32）年）において，家政学という専門分野全体を表す包括的な名称としてホーム・エコノミクス（home economics）が採択された[2)]。英語のeconomicsは，ギリシャ語の*oikonomos*「家庭を営む」が語源であるからである。また，第4回会議（1902（明治35）年）で示された家政学の定義は，次のようなものである。

「ホーム・エコノミクスは最も包括的な意味で，一方においては人間の直接的物的環境に関する，他方においては社会的存在としての人間の本性に関する法則，条件，原理および理想についての学問であり，とりわけこれら二つの要素の関係についての学問である」[3)]。

これ以降のアメリカにおける家政学の定義や指針などの動きについては，表3-1に示す年表を参照されたい[4)]。

ホーム・エコノミクスが，農村家庭の改善向上を視点に誕生した背景には，この当時の政府立法も関係している。たとえば，1862年モリル（Morrill）法（国有地無償交付大学land-grant universitiesの設立），1887（明治20）年ハッチ（Hatch）法（州立試験場の設立），1914（大正3）年スミス・レーバー（Smith-Lever）法（生活改良普及公開講座開設），1917（大正6）年スミス・ヒューズ（Smith-Hughes）法（家政学に財源を）などである。

総合大学におけるホーム・エコノミクスは，自然・社会・人文科学系の広い分野の協力によって，人間行動と人間生活に関する総合学問の本流として重視された。家政学は，独立した学部や，あるいは農学部や教育学部の中に所属していた。1972（昭和47）年の調査によると，学士号取得のための家政学専攻可能の大学が373校，そのうち，修士課程を持つものが149校，博士課程を持つものが34校であった。

卒業生の職域は教職以外の活躍が大きかった。社会の移り変わりに合わせて，指導の焦点は地方より都市へ，ことに低所得層の家族に注目して，公共事業団体などと協力して社会で広い

表 3-1 年表 アメリカ・ホーム・エコノミクスを規定し形成したできごと

年	できごと
1841	C.E.ビーチャーの A Treatise on Domestic Economy 刊行。公立学校初の教科書に採用される。
1871	アイオワ州で初めて，カレッジ・レベルの家事経済のコースが始まる。
1873-1810	エレン・リチャーズ マサチューセッツ工科大学（MIT）より学士号を得る。リチャーズの主要出版物の刊行。
1862	モリル法成立（国有地無償交付大学の設立）。
1885	公立学校が家事経済を導入。
1887	ハッチ法成立（州立農業試験場の設立）。
1890 年代	栄養士教育の役割拡大。ニュー・イングランド・キッチン食物実地指導センター開設。
1899-1908	レイク・プラシッド会議。第 1 回会議の出席者は 11 人。1902 年に家政学の定義が出される。
1909	アメリカ家政学会（AHEA）の設立。
1900 年代初期	農業普及実演活動が各州で始動。
1900 年代	8 年生以上の目標が職業教育を含んで拡大。ジョン・デューイが料理，裁縫，編み物を生活技術として強調。
1904	ホーム・エコノミクスは近代科学のすべての資源を家庭生活の改善に応用するものとみなされる。
1911-1920	産業における「科学的管理法」の発達と並行して，家庭における能率と節約の原理が促進される。
1912-1945	ホーム・エコノミクスの哲学から宗教と倫理学がほとんど消失する。すべての専門が成功するためには科学が必要だと考えられるようになる。
1914	スミス・レーバー法が成立し，農業普及事業が確立。
1917	スミス・ヒューズ法が成立し，連邦の職業教育支援体制が確立する。 アメリカ栄養士協会設立。栄養士になるために 2 年のホーム・エコノミクス・コースを修了することが求められる。
1918	アメリカ家政学会は，小学校と中学校の女子のために家庭経営の初歩の授業を確立・維持し，男子には家庭科の授業を充てるという目的を設定。
1920-1930	ホーム・エコノミストは適切な家庭のあり方についての自分たちの固有の考え方を「科学的家事」と呼ぶようになる。
1924	AHEA，年次大会で初めて親教育運動を支援。
1927	AHEA，ヒーブ（HEIB）部門を設置。
1930 年代末	ホーム・エコノミストはほとんどの主要な消費者向け生産物関連会社で持ち場を確立する。
1943	合衆国家政学局が合衆国人間栄養・家政学局となる。
1946	戦後復旧法のジョージ・バーデン法が成立し，ホーム・エコノミクス教師が家庭と地域のプロジェクトを指揮できるようになる。それがホーム・エコノミクスの地位を伝統的教科と対等にするのを助ける。
1959	『ホーム・エコノミクス：新指針』，『ランド・グラント大学のホーム・エコノミクス』出版。
1960 年代	ホーム・エコノミクスの専門領域教育が進む。専門領域プログラムの出現。
1961-1971	認定委員会 7 名委員会がホーム・エコノミクス学部プログラム認定のための計画と基準を作成。1967 年の AHEA 代議員会議で採択され，AHEA は 1971 年の国家認定委員会より認可機関となる。
1961	フレンチ・リックにおけるホーム・エコノミクス・セミナー。AHEA，ホーム・エコノミクスという学問の基本概念と概括を規定する。一連の地域ミーティングが続く。
1970 年代～	人間生態学，人間エコシステム運動。
1970	『ホーム・エコノミクスにおける研究のための全国的目標とガイドライン』出版。
1973	第 11 回レイク・プラシッド会議。
1974	『ホーム・エコノミストのイメージ研究－質的調査－』出版。
1975	『ホーム・エコノミクス：新指針Ⅱ』出版。
1978-1979	AHEA，M.M.ブラウンと B.ポルーチの『ホーム・エコノミクス：一つの定義』をホーム・エコノミクスの基本的使命と哲学を明らかにするために用いる。
1980-1981	『ホーム・エコノミクスにおける新しいイニシアティブ』が合衆国農務省科学・教育局の後援で取りまとめられ，ホーム・エコノミクスの研究，普及，高等教育における新しいプログラムが提案される。
1980-1985	将来開発委員会がホーム・エコノミクスにおける重要論点についての討論のアウトラインおよび討論のリーダーのためのガイドラインを作成。
1985	マージョリー・ブラウン『合衆国におけるホーム・エコノミクスの哲学的研究』出版。
1991	ニューヨーク州人文学会議とコーネル大学人間生態学部共催で「20 世紀における女性とホーム・エコノミクスの再考」開催。
1993	スコッツデイル会議開催。
1994	アメリカ家政学会の名称変更「家族・消費者科学」。

注：(社)日本家政学会 家政学原論部会（翻訳・監修）『家政学未来への挑戦』建帛社（2002）pp.113-120，pp.135-137 を参考に作成

活動をしてきた。また，企業界におけるホーム・エコノミストであるヒーブ（HEIB：Home Economist in business）の活動もめざましかった。

ホーム・エコノミクスの発展を支えたのは，大学の３大機能，すなわち，学生指導の徹底（teaching），大学院と学術研究の統合（research）と，地域社会への教育普及と情報提供の奉仕（public service あるいは extension service）である。この３機能を調和させる職責が家政学部の中で重視され，絶えず緊密な連絡が三者の間で行われた。

2）ヒューマン・エコロジーへの改称

1969（昭和 44）年，コーネル大学の家政学部がヒューマン・エコロジー学部（人間生態学部，College of Human Ecology）に改称した。

その後，1973（昭和 48）年 10 月には，第 11 回レイク・プラシッド会議が開かれ，家政学の性格や目標の再検討が行われた。

この改名の底辺にある理念，「家政学は人間とその日常生活環境の相互作用について究明する」というエコロジカルなとらえ方は終始一貫していた。しかし，内容領域のとらえ方が，社会の要請に応えられるように，使命を的確に把握した（mission-oriented）ものに変わったといえる。

たとえば，コーネル大学においては，発想の原点に，生物理的・社会心理的・実践技術的エコシステムをモデルに，次の５つの使命を持つ家政学として学科の編成替えが行われた。

①人間の社会的，心理的発達に寄与し，生活の改善向上をはかる領域（従来の家族関係学・児童学）

②人間の生理的，すなわち，健康の増進をはかる領域（従来の食物学）……内的環境としてのとらえ方

③人間の身近な環境にある物質的面の改善向上をはかる領域（従来の被服学・住居学）……外的環境としてのとらえ方

④人間の経済的安寧福祉をはかり，消費者としての活動能力，資源活動能力を向上させる領域（従来の家庭経営学・家庭経済学）

⑤家庭と社会の結合，すなわち，地域に貢献するための質と有効性を促進する領域（従来の家庭科教育・保健教育・生涯教育・幼児教育など）

その後，ミシガン州立大学，メリーランド大学など多くの大学がヒューマン・エコロジー学部へと改称した。（他方，ホーム・エコノミクス学部という名称を維持した大学もある）。

図 3-1 は，Bubolz 他による「人間生態系（Human Ecosystem）」（1979）を表したものである[5]。図の中央には，「人間の取り囲まれた単位」とあるが，これは個人，あるいは共通の資源，目標，価値や関心を共有するグループ（家族を含む）を指している。近隣，村，町なども含んでいる。上部には「自然環境」，左には「人間の行動的環境」，右には「人間の組織的環境」があり，それぞれが相互に関わりを持っていることが矢印で示されている。「自然環境」の中には，

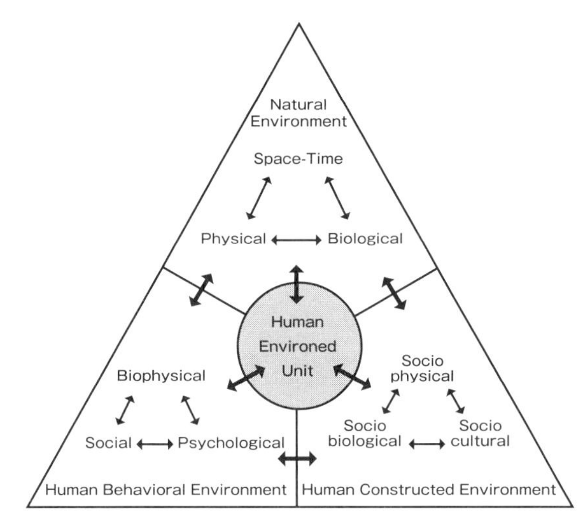

図 3-1　人間生態系（Human Ecosystem）

出典：M.M.Bubolz, J.B.Eicher & M.S.Sontag, The Human Ecosystem : A Model. Journal of Home Economics, Spring（1979）p.29

「空間・時間」,「物理的」,「生物的」の 3 側面があり，これらも相互に関わりを持っている。また，左の「人間の行動的環境」の中には,「生物・物理的」,「社会的」,「心理的」の 3 側面があり，これらも相互に関わりを持っている。さらに，右の「人間の組織的環境」の中には,「社会物理的」,「社会生物的」,「社会文化的」の 3 側面があり，これらも相互に関わりを持っている。このように，人間は，周りの環境とのさまざまな相互作用の中で生活しているという考え方が人間生態学である。

ソンタグ他が 1993（平成 5）年のスコッツデイル会議のために提示した論文では，ヒューマン・エコロジーについて，次のように説明されている。

「ヒューマン・エコロジーとは，人間と環境現象との関係をみるための方法，視点（パースペクティブ）であり，人文科学，自然科学および社会科学の知識を総合するものである。ヒューマン・エコロジーは，生物的有機体また社会的な存在としての人間が，自然の物理・生物的，社会・文化的，そして人的に作られた環境と，弱くまた強く関わる様子を主題とし，また人間の美的，情緒的，心理的，文化的および精神的次元にも注目している。特に重要な点は，生活の場と非生活の場の両方と人々との相互依存関係を認識することである」。

そもそもエレン・スワロー・リチャーズは，ホーム・エコノミクスを 1901（明治 34）年に提唱した際に，人々の生活と環境を改善する科学の原理，方法および結果を応用する手段としてオエコロジー（oecology）を用いた。しかし，時代が進み，知識が専門領域に特化していく中で，ホリズムや統合化が重視されなくなっていった。社会では，多くのモノとサービスの生産が家庭外に移行し，ホーム・エコノミクスは，消費者としての個人・家族の役割や，商品・サービスの選択の方向に焦点を当てるようになった。食物，被服，住居，保育，家族管理および家族関係に向けられていた関心は，家庭を越えてビジネス，工業，その他の公的，私的施設に移行していったのである。

歴史的に，ヒューマン・エコロジーは，地理学，社会学，人類学，社会福祉事業，心理学，政治学，経済学，および宗教学など多くの他の分野において，一つの学問的視点（パースペクティブ）として存在してきた。ヒューマン・エコロジーの視点がよく使われていることは，その原理や潜在力が知識を統合することに適用できるという，その普遍性を示唆している。

しかし，ホーム・エコノミクスを含め，いかなる学問あるいは専門も，単独ではヒューマン・エコロジー総体を包括することはできず，それぞれが貢献することで，領域を越え統合的なヒューマン・エコロジーに向かうことができると考えられ，家族・消費者科学への名称変更となったのである。

3）家族・消費者科学への名称変更

そして，1993（平成5）年には，専門名称が「家族・消費者科学」へ変更された。この背景には，大学でホーム・エコノミクスを学んだ人たちが「ホーム・エコノミスト」であるというアイデンティティを持っておらず，職業現場において自らを「ホーム・エコノミスト」と名乗ることへの不満や拒否があり，それが高等教育のカリキュラムのあり方に影響を与え，ホーム・エコノミクスの名称を変更する大学が相次いだからである。

この新しい名称に含まれる「家族」は，人間発達を促し，社会を構成するよき市民・働き手・

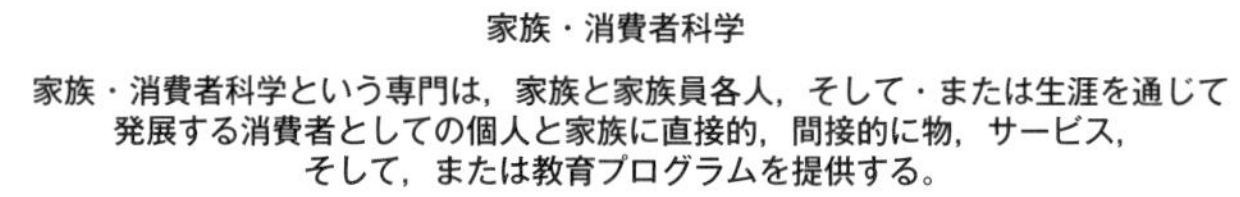

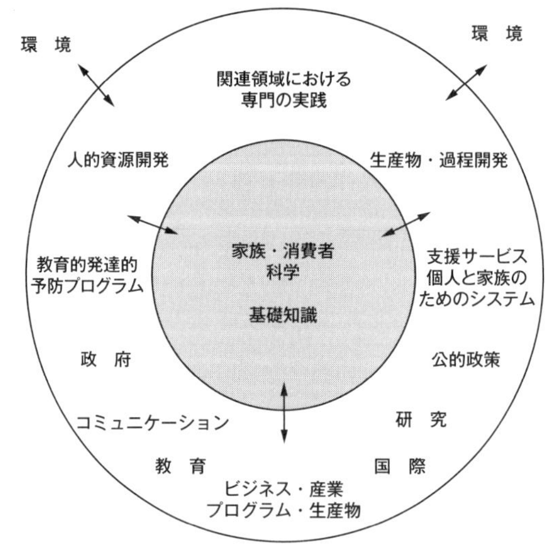

図3-2　専門の実践

出典：(社)日本家政学会 家政学原論部会（翻訳・監修）『家政学未来への挑戦』，建帛社（2002）p.62

消費者を育成するための最も重要な組織と考えられ，その家族を支援することがこの学問の専門性であり社会貢献であると考えられた。また，「消費者科学」は，消費財・サービスの開発，配達，評価や，政策に影響を与え，社会変革をもたらすことが視野に入っている。

図3-2は，1993（平成5）年の会議において，論議に向けて提示された論文のうちの一つで，家族・消費者科学を提案しているクラツリー他の論文にある「専門の実践」と題する図である[4)]。

図の上部には，家族・消費者科学の専門についての定義が述べられている。そして，図の中心部にある家族・消費者科学の基礎知識が，その周りのさまざまな分野において専門の実践となっていることを示している。さらにその実践は周りの環境と関わりを持っていることが示されている。

(3) 世界の家政学

世界の各国・地域の家政学をつなぐ組織として，1908（明治41）年に設立された国際家政学会（International Federation for Home Economics：IFHE）がある。IFHEは，国連［ECOSOC（国連経済社会理事会），FAO（国連食料農業機関），UNESCO（国連教育科学文化機関），UNICEF（国連児童基金）］および欧州評議会の諮問資格を持つ国際非政府組織（INGO）である。

図3-3　IFHEのロゴ

特に1994（平成6）年の国際家族年，1995（平成7）年の第4回世界女性会議，1999（平成11）年の国際高齢者年において大きな貢献をした。また，国連ミレニアム開発目標（UN Millennium Development Goals）（2000～2015年）を家政学から支援するために，2011（平成23）年にはIFHEとしての意見表明（position statement）をし，実践活動への方針を示し，世界各国の家政学関連組織がそれを参考にして活動を行ってきた。さらに，2016（平成28）年から始まった国連持続可能な開発目標（UN Sustainable Development Goals）（2016～2030年）に関しても，IFHEとしての意見表明書草案を作成し，2017（平成29）年8月の国際大会において，17項目の目標のうちの5項目についての草案を発表した。

IFHEは，研究刊行物，教育，支援を通して，個人，家族，コミュニティ，政策立案者に影響を与えており，また関連組織と協働しながら，個人や家族のニーズや目的を達するために奉仕している組織である。

2008（平成20）年には学会創立100周年を迎え，21世紀の行動宣言（IFHE Position Statement－Home Economics in the 21st Century）を発表した。その主な内容は次頁に示した通りである。

・家政学は個人，家族およびコミュニティの最適で持続的な生活を達成するための一連の研究分野で構成される人文科学であり，研究・専門職業領域である。
・家政学関係者は，個人，家族およびコミュニティの地位向上と幸福達成のための擁護者である。
・家政学は学際的・超領域的な議論を通じて多数の研究分野が合成されて生まれた。食物，栄養，健康；織物，衣類；住宅；消費者保護；家庭経営；食品化学と医療；人間の発達と家族の研究；教育およびコミュニティ・サービス等を含む。そのような研究分野の多様性から生まれる問題解決能力は，広い視野に立ったレベルで，政治的，社会的，文化的，生態学的，経済的，技術的システムへ働きかけ，社会のすべてのセクターにおいて影響力を行使する可能性を持つ。
・家政学の本質的な方向は，個人および家族の基本的ニーズおよび実用的な関心に焦点を当てること，多数の研究領域から知識，プロセスおよび実用技術を取り入れ合成すること，個人，家族およびすべての社会セクターの幸福を追求し，弁護するために行動する能力を実証することである。家政学がこれらの特性を発揮することによりその持続性が保障される。
・Home Economics という名称は適切であり，活動内容を時代にそって変化させながらもこの名称は変えない。
・家政学は，現在の時代に新たな注目を浴びている重要な専門領域である。現在の世界は，先例のない変化の渦中にあり，持続可能な開発を進めるとともに，価値ある社会要素を保持することを強く要請している。ここに家政学の可能性を見いだす鍵がある。

さらに表3-2は，国際家政学会（IFHE）大会の開催年，開催地，国数，出席者数，テーマである。テーマには，時代の流れや開催地の思いが反映されている。

2020年にはアトランタ（アメリカ合衆国）での開催が予定されている。

IFHEは，50ヵ国以上の国や地域から，約1,100人の個人会員と約100の団体会員により組織されている。そして，アフリカ，アメリカ，アジア，ヨーロッパ，パシフィックの5つの地域ごとの活動も行われている。その活動報告の一部を紹介しながら，世界各地の家政学の状況を述べたい[6, 7]。

1）アフリカ地域

アフリカの国は，1963（昭和38）年からIFHEに参加しており，現在はガーナ，ナイジェリア，セネガル，エジプト，シエラレオネ，ケニア，カメルーン，南アフリカ，タンザニア，スーダンの会員が活動している。

表 3-2 国際家政学会（IFHE）大会の開催年，開催地，国数，出席者数，テーマ

回	開催年	開催地	国数	出席者数	テーマ	テーマ和訳
1	1908	フライブルグ（スイス）	20	750	The training of Economics Teachers.Necessity of involving the greatest number of girls in Home Economics Education	経済を教える先生の教育訓練：家庭科教育における最大数の女子の関わりの必要性
2	1913	ゲント（ベルギー）	27	600	Home Economics in Elementary and Intermediate schools and for adults	小学校，中学校，および成人のための家政学（家庭科）
3	1922	パリ（フランス）	35	2000	Methods of town and rural Home Management Teaching	町と田舎の家庭経営教育の方法
4	1927	ローマ（イタリア）	34	1500	Role of Home Economics from the social standpoint. Taylorism in the organization of household work	社会的な視点からの家政学の役割：家事労働の組織におけるタイロリズム（科学的管理）
5	1934	ベルリン（ドイツ）	23	900	Home Management Teaching must use all sciences and requires a rational organization of domestic work	家庭経営教育はすべての科学を用いなければならず，しかも家事労働の合理的組織化を要する
6	1939	コペンハーゲン（デンマーク）	24	400	Restoration or conservation of intellectual, moral, social and economic inheritance of countries by women's education	女性の教育による知的，道徳的，社会的および経済的継承の回復か，あるいは保護か
7	1949	ストックホルム（スウェーデン）	22	700	Adaption of Home Economics teaching methods to the psychological development of young people	若者の心理的発達に対する家政学（家庭科）教育方法の適応
8	1953	エジンバラ（英国）	55	1250	Home Economics at the service of life: its contribution to individual and social progress	人生の役に立つ家政学：個人および社会の発達への貢献
9	1958	メリーランド（米国）	60	1040	Education in Home Economics relative to the social and economic conditions of various countries	多くの国の社会的・経済的状況に関連した家政学（家庭科）の教育
10	1963	パリ（フランス）	52	2000	Home Economics Education to meet changing world conditions and needs:In preserving the inherent values of family life./In serving the wider society	変化する世界の状況やニーズに合った家政学（家庭科）教育：家族生活の固有の価値の保持において，またより広い社会に役立つことにおいて
11	1968	ブリストル（英国）	62	1100	Home Economics in the service of international cooperation:sociological,scientific and economic,educational	国際的な協力の貢献における家政学：社会学的，科学的，経済的，教育的に
12	1972	ヘルシンキ（フィンランド）	43	1000	Home Economics,a vital force	家政学：必須の力
13	1976	オタワ（カナダ）	53	1000	"Life,not just Survival" Home Economics and the Utilisation of the Worlds Recources	「人生は，生存だけではない」家政学と世界の資源の利用
14	1980	マニラ（フィリピン）	54	1400	Home Economics, a responsible partner in development	家政学：開発における責任あるパートナー
15	1984	オスロ（ノルウェー）	54	950	Technology and its Effect on Living Conditions	科学技術および生活状況に対する科学技術の影響
16	1988	ミネアポリス（米国）	80	1400	"Health for all" The role of Home Economics	「すべての人にとっての健康」家政学の役割
17	1992	ハノーバー（ドイツ）	80	1580	Focussing on Families and Households:Change and Exchange	家族と家庭に焦点を当てて：変化とやりとり
18	1996	バンコク（タイ）	45	830	Living condition:A global Responsibility	生活状況：地球規模の責任
19	2000	アクラ（ガーナ）	37	600	A new Century: Focus on the future, /The expanding Role of Home Economics:/In developing human recources/ In improving living conditions and fostering human rights /In advocacy for families and households	新しい世紀：将来に焦点を当てて／家政学の拡大する役割／人的資源の開発において／生活状況の向上と人権の向上において／家族と家庭の擁護において
20	2004	京都（日本）	36	1066	Cooperation and Interdependence-Fostering Leadership in Home Economics For Healthy Communities	協力と相互依存：健康なコミュニティのための家政学におけるリーダーシップの育成
21	2008	ルツェルン（スイス）	54	1100	Home Economics: Reflecting the Past-Creating the Future	家政学：過去を振り返り，将来を創造する
22	2012	メルボルン（オーストラリア）	50	750	Global Wellbeing-Global Creativity and Innovation: Developing Capacities for sustainable Futures	グローバルなウェルビーイング：グローバルな創造性と革新：持続可能な将来のための能力の開発
23	2016	大田（韓国）	41	952	Hope & Happiness:The Role of Home Economics in the Pursuit of Hope & Happiness for Individuals and Communities now and in the future	希望と幸福：現在と将来における個人とコミュニティのための希望と幸福の追求における家政学の役割

1990（平成2）年には，IFHEの会員組織の一つであるナイジェリアのNIMAVEC職業センターが，「ナイジェリアの女性のための識字プロジェクト」に関するワークショップを開いた。UNESCOから得た基金によってカリキュラム教材や学習内容を開発し，その教材は現在も利用されている。

1994（平成6）年には，セネガルにおいて開かれた「第5回女性に関するアフリカ地域会議」にIFHE会員が参加した。この会議は，翌1995（平成7）年の北京における第4回世界女性会議に向けて，アフリカにおける女性の権利の向上をめざした「アフリカ行動綱領（African Platform for Action)」を採択した。

2000（平成12）年には，ガーナにおいてCIDA（カナダ国際開発局）からの基金により，「健康な母親，健康な赤ちゃん」プロジェクトが創設された。

また，毎年3月21日の「世界家政学の日」には，さまざまな機関や国ごとの学会などが，展示，セミナー，ラジオ・テレビのプログラム，新聞報道などを行っている。

2）アメリカ地域

アメリカ合衆国は近代家政学発祥の地であり，世界で最も家政学の研究や活動が盛んな国であるといえる。また，カナダも類似している。さらに，南米の多くの国々もIFHE会員となっている。地域全体としての学会組織はなく，各国の学会がIFHEとつながり活動している。1972（昭和47）年にカリブ海の英語圏の国々がカリブ家政学会（Caribbean Association of Home Economists：CAHE）を創立した。

さまざまなテーマでワークショップや会議が開かれてきた。たとえば，1982（昭和57）年11月にはアメリカ家政学会とIFHEアメリカ支部との合同開催により，ジャマイカにおいて「田舎の女性のための所得創出」というワークショップが開かれた。また，ラテンアメリカとカリブ海地域から20人の家政学出身者が参加し，田舎に住む家族を支援するプログラムの開発方法やプロジェクトへの資金調達の方法などを学んだ。

最近では，IFHEの活動の一つとして，アメリカの会員が中心となり，「災害支援パートナーシップ」という活動をしている。災害が起きた際に，家庭や地域へ支援物資や支援金を送ったりしている。

3）アジア地域

アジア地域では，アジア家政学会（Asian Regional Association for Home Economics：ARAHE）が1983（昭和58）年に創設され，研究や教育に関する交流が行われている。アジア家政学会は3つの地区に分かれており，東アジア地区は中国・香港・日本・韓国・台湾の5ヵ国，東南アジア地区はブルネイ・インドネシア・マレーシア・フィリピン・シンガポール・タイの6ヵ国，インド地区はバングラデシュ・インド・ヨルダン・ネパール・パキスタン・スリランカの6ヵ国である。表3-3は，アジア家政学会大会の開催年，開催地，国数，出席者数，テーマで

表 3-3 アジア家政学会（ARAHE）大会の開催年，開催地，国数，出席者数，テーマ

回	開催年	開催地	国数	出席者数（日本人）	テーマ	テーマ和訳
1	1983	武蔵嵐山・大阪（日本）	14	271（220）	Exploring Contribution of Home Economics for Improving Quality of Family Life	家庭生活の質の向上のための家政学の貢献の探求
2	1984	オスロ（ノルウェー）	10	不詳（101）	評議会のみ	
3	1985	ソウル（韓国）	16	244（90）	Home Economics: Toward the Year 2000	家政学：2000 年に向けて
4	1987	バンコク（タイ）	12	293（26）	Careers for Home Economics	家政学のためのキャリア
5	1989	シンガポール	17	311（43）	Home Economics: A Catalyst for Change	家政学：変化のきっかけをつくる役
6	1991	香港	14	199（46）	Information Technology: Development toward Innovation	情報技術：革新に向けた発展
7	1993	クアラルンプール（マレーシア）	13	264（24）	Family and Environment: An Investment for Future	家族と環境：将来のための投資
8	1995	ジャカルタ（インドネシア）	13	340（29）	Family and Education: An Effect to Improve the Quality of Human Resource for National Development	家族と教育：国家の発展のための人的資源の質の向上への影響
9	1997	ソウル（韓国）	12	420（88）	New Paradigm of Home Economics for 21st Century	21 世紀に向けた家政学の新しい枠組み
10	1999	横浜（日本）	23	498（282）	Quality of Life: Blending Traditional Culture with Technology Innovation	生活の質：伝統文化と技術革新の融合
11	2001	タイペイ（台湾）	16	350（100）	Creating a New Era of Family: Tradition, Transition & Transformation	家族の新しい時代の創造：伝統，変遷，そして変容
12	2003	チェンマイ（タイ）	12	380（70）	Healthy Life in a Safe Environment: The Present Situation, Cooperation and Future Action	安全な環境における健康な生活：現状，協力，そして将来の行動
13	2005	シンガポール	16	440（134）	Developing Values, Innovations and Enterprise in Home Economics	家政学において開発される価値，革新，そして事業
14	2007	クアラルンプール（マレーシア）	10	発表件数 229	Reorienting Human Capital in Home Economics: Meeting Current and Future Challenge	家政学における人的資産の再構築：現在および将来の挑戦のために
15	2009	プネー（インド）	13	全出席者数不明（65）	Social Upliftment through Human Empowerment in Perspective of Home Economics	家政学の視点における人間のエンパワーメントを通した社会の向上
16	2011	マニラ（フィリピン）	十数ヵ国	150（40）	Home Economist: Towards a more Sustained, Commitment-based, Family-Focused Perspective in Addressing Global Issues	家政学者：グローバルな諸問題に取り組む上での，より持続的で，責任に基づいた，家族に焦点を当てた視点
17	2013	シンガポール	13	200（55）	Home Economics Literacy: Investing in Our Future	家政学のリテラシー：私たちの将来への投資
18	2015	香港	16	220（81）	Technology and Living Literacy: A Pathway to Achieve Health and Well-being	科学技術と生活のリテラシー：健康とウエルビーイングを達成するための進路
19	2017	東京（日本）	14	342（248）	Tradition and Innovation: Home Economics Challenges for Sustainable Living	伝統と革新：持続可能な生活をめざす家政学の挑戦

ある。

4）ヨーロッパ地域

多様な言語（英語，ドイツ語，フランス語，イタリア語，北欧圏の数種の言語など）があり，家政学の専門や教育システムも多様であるのが，ヨーロッパ地域である。家政学が手工芸の一つと見なされている国もあれば，優れた職業訓練教育が行われている国もある。家政学が大学レベルの分野になっている国は少ない。

IFHE の活動が活発なのは，中央ヨーロッパと北欧地域である。

学会やセミナーについては，1996（平成8）年にはウィーン（オーストリア）で最初のヨーロッパ IFHE 大会が開かれ，1997（平成9）年にはフライブルク（スイス）で第2回目が，1999（平成11）年にはボン（ドイツ）で第3回目が開かれた。

研究会については，フィンランドや英国が開催してきたが，2006（平成18）年にサヴォンリンナ（フィンランド）で，第5回国際家庭・家族研究会議が開かれた。

「世界家政学の日」は3月21日であるが，これはヨーロッパで始まった。1976（昭和51）年から1980（昭和55）年まで IFHE 副会長であったフィンランドの Maija Järventaus 氏のアイディアで，家政学の普及と資金を集めるという2つの目的で始まった。ヨーロッパの国々では，「家政学の日」のイベントを行うところが多い。

また，国連の機関の事務所がヨーロッパに多いため，ヨーロッパのメンバーが国連の仕事に携わることが多い。

5）パシフィック地域

ニュージーランドが1957（昭和32）年に，オーストラリアが1967（昭和42）年に IFHE に加盟し，IFHE のオセアニアの活動が始まった。タスマニア家庭科教員組織もメンバーとなっている。

オーストラリア家政学会（Home Economics Institute of Australia：HEIA）の2年に一度開いている大会に合わせてパシフィック地域の会議が開かれている。

活動の事例としては，1986（昭和61）年にソロモン諸島でサイクロンにより被害を受けた際，救援金を集め，ドレスパターン，布，裁縫道具を送った。また，1987（昭和62）年には，IFHE の食料・栄養プログラム委員会の活動としてカメルーンの村への支援をした。

このように，アメリカで生まれた家政学は，世界でさまざまな形で発展し，現在も活発に個人・家族・地域の支援を続けていることがわかる。

演習問題

① 世界の家政学の特色と分類について説明しよう。
② さまざまな国の家政学について調べてみよう。
③ 国際家政学会の活動についてホームページで調べてみよう。

〈引用文献〉

1）松島千代野『家政学原論集成』（増補第十版）学文社（1992）
2）Lake Placid Conference on Home Economics : Proceedings of the first, second and third conferences（1901）pp.4-5
3）Lake Placid Conference on Home Economics : Proceedings of the fourth conference（1902）pp. 701-71
4）（社）日本家政学会 家政学原論部会（翻訳・監修）『家政学未来への挑戦―全米スコッツデイル会議におけるホーム・エコノミストの選択―』建帛社（2002）
5）Bubolz, M.M., Eicher, J.B. & Sontag, M.S., The Human Ecosystem : A Model. Journal of Home Economics, Spring（1979）
6）Book of Abstracts 'Action for Family and Consumer Wellbeing-Home Economics Literacy Bringing Skills to Life', A conference held in Valletta, Malta from 19-21 March（2015）
7）International Federation for Home Economics. 100 Years of the International Federation for Home Economics 1908-2008（2008）

なお，学習の参考として，上記以外の世界の家政学，アメリカの家政学に関する主な参考文献を以下に紹介する。（刊行年順）

8）S.F.リピート，H.I.ブラウン（著），松山美保子（訳）『家政学の焦点と将来への展望』家政教育社（1971）
9）今井光映（編著）『家政学教育の発展』ミネルヴァ書房（1972）
10）松下英夫（著）『ホーム・エコノミクス思想の生成と発展』同文書院（1976）
11）今井光映・紀嘉子（共著）『アメリカ家政学史』光生館（1990）
12）マージョリー・イースト（著），村山淑子（訳）『家政学　過去・現在・未来』家政教育社（1991）
13）今井光映（編著）『アメリカ家政学前史』光生館（1992）
14）今井光映（著）『ドイツ家政学・生活経営学』名古屋大学出版会（1994）
15）今井光映（編著）『アメリカ家政学現代史Ⅰ』光生館（1995）
16）今井光映（著）『アメリカ家政学現代史Ⅱ』光生館（1995）
17）セイラ・ステイジ，ヴァージニア・B・ヴィンセンティ（編著），倉元綾子（監訳）『家政学再考』近代文芸社（2002）
18）松岡明子（編著）『家政学の未来』有斐閣アカデミア（2004）
19）ヴァージニア・B・ヴィンセンティ（著），倉元綾子（訳）『アメリカ・ホーム・エコノミクス哲学の歴史』近代文芸社（2005）
20）アメリカ家政学研究会（編著）『20世紀のアメリカ家政学研究』家政教育社（2006）
21）国際家政学会，（一社）日本家政学会家政学原論部会「家政学原論行動計画 2009-2018」第4グループ（翻訳監修・刊行）「国連　ミレニアム開発目標 2011　ポジション・ステートメント」（2012），本書〔付録2〕に掲載

（井元　りえ）

2. 家政学原論教育における思想の意味
—家政学の源流：エレン・リチャーズ—

本節の目標

家政学に関する思想の源流とされるエレン・リチャーズの思想を通して，家政学原論教育において家政学思想を学ぶ意味について考えよう。

(1)「家政学」における思想の重要性

1) 家政学の実践性と思想

教育・研究両面における家政学の実践には，家政学に関する思想（哲学・理念を含む）の理解が必要不可欠である。家政学は，諸科学を統合した学際科学，応用科学であり，実践的総合科学である。諸科学を「家政学」という学問特有の見方・考え方に従って体系化し，応用・総合化するためには，まずは，家政学特有の見方・考え方の理解が不可欠である。

「人類の福祉に役立つ実践的総合科学」とするためには，どのように諸科学を統合・総合化していけばよいのであろうか。

図3-4は，住田による「家政学」概念図（撚糸説）である。家政学が用いるあらゆる基礎科学が繊維となって，食物学，被服学，住居学……などの家政学の内容領域学という単糸を形づくり，それらが撚り合わせられることによって，家政学という1本の撚糸が構成される。内容領域学をどのように撚り合わせるのか，それが家政学原論の役割であり，内容領域学の統合・総合化なくして学問としての家政学は成立しない。ここに，家政学に関する思想，哲学的基盤

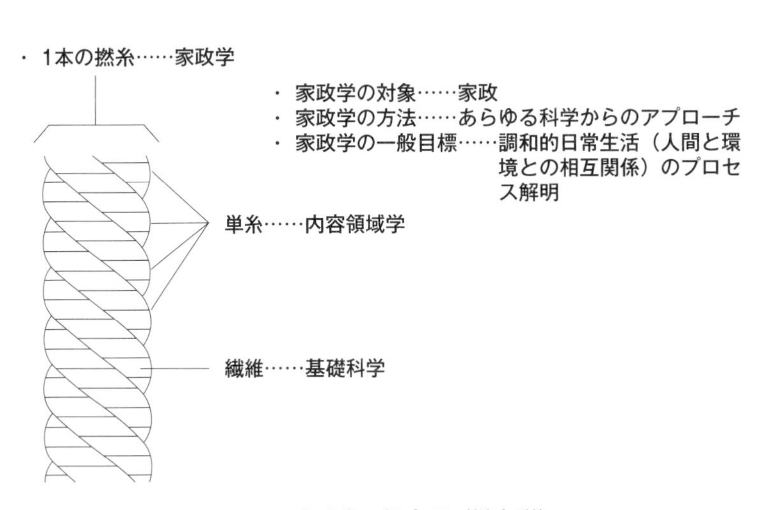

図3-4　家政学の概念図（撚糸説）

出典：住田和子：「「家政学」概念の形成」『家政学原論部会20周年記念論文集』(1988) pp.15-18

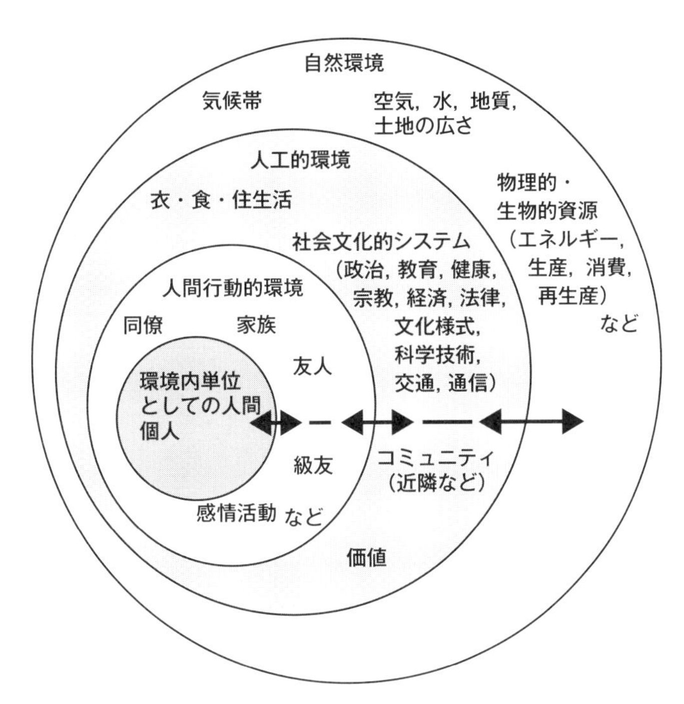

図 3-5　身近な環境としてのヒューマン・エコシステム

出典：M.M.Bubolz, J.B.Eicher & M.S.Sontag, The Human Ecosystem : A Model. Journal of Home Economics, Spring（1979）p.30

としての家政学原論の役割がある。

2）家政学の研究対象＝人と環境との相互作用

日本における「家政学の定義 1984」をもとに，家政学の研究対象である家庭生活を中心とする人間生活における「人と環境との相互作用」をどのように把握すればよいのか，その源流となるアメリカ家政学（home economics）の考え方を手がかりに，考えてみたい。

図 3-5 は，「身近な環境としてのヒューマン・エコシステム」を示している。「家庭」は，人間がよりよく生活するために創り出した「人工（為）的環境」の一つである。図 3-5 によれば，家庭をはじめとする「人工的環境」における日々の暮らしが，環境との相互作用によって成り立っていることが理解できる。

図 3-5 からわかるように，研究，教育を統合するためには，環境全体を見渡す全体的視野ならびに生態学的調和の視点が必要不可欠であり，こうした視点こそ家政学の独自性である。

(2) エレン・リチャーズのヒューマン・エコロジー思想と家政学の誕生

1）エレン・リチャーズの生涯とヒューマン・エコロジー

ここでは，アメリカ家政学の母と称され，アメリカ家政学会初代会長を務め，ヒューマン・

図 3-6　エレン・リチャーズの肖像とリチャーズが学んだマサチューセッツ工科大学
出典：p.38 文献 4）参照

エコロジーの思想に多大な影響を与えたエレン・リチャーズ（Ellen H.S. Richards, 1842〜1911）の生涯とアメリカ家政学を生み出す背景となった彼女の思想について紹介する。エレン・リチャーズ（図 3-6 の肖像，表 3-4 の年譜参照）の環境のとらえ方の特徴は，環境を「総体」として把握することにあり，彼女は家政学を「“他のいのちへ及ぼす影響”の観点から日常生活のあり方を研究する学問」と考え，「生活環境の改善こそが生命がよりよく育つ可能性を保障する」という「優境学（ゆうきょうがく）」の思想を展開した。また，「善き市民の育成」の場として家庭生活の重要性に言及している。

2）ヒューマン・エコロジー思想を最も早く取り入れた学問：家政学の誕生

アメリカの図書分類では，home economics は社会学として位置づけられている。このことは，当時アメリカにおける家政学の役割を象徴している。すなわち，アメリカにおいて家政学は，当時の最大の社会問題であった貧困問題ならびに家庭の崩壊現象解決のために誕生した学問であり，さらには，当時の社会が共有する問題，共通の課題との関連で，日々の暮らしのあり方を考える学問として萌芽・誕生したことが理解できる。

エレン・リチャーズが家政学について言及した第 4 回レイク・プラシッド会議（1902（明治 35）年）の議事録の一部を紹介した p.36 の資料 1 によると，エレン・リチャーズは，家政学によって過去の伝統的な生活から自由に望ましい現代的な家庭生活を築くことができること，家庭生活を向上させるために，近代科学の成果を家庭生活に応用すること，物質的環境の簡素化（simplicity）をすることにより，人間の精神を家庭と社会とのよりよい関係性に向かわせることなどをめざしていることが理解できる。

（3）これからの家政学の役割とリチャーズの思想〜理論と実践〜

エレン・リチャーズの家政思想の集大成は，リチャーズが晩年に著した『Euthenics』（『ユーセニクス』1910）（邦訳『ユーセニクス―制御可能な環境の科学―』2005）である。ここでは，同書をもとに，家政学，家政学原論の今日的意味，役割について考えたい。

p.36 の資料 2 には，同書の目次を示している。これによると，生活改善の機会は，学問的なものだけではなく，現実的・実践的なものであること，個人の努力は個人の状況改善に必要で

表 3-4 Ellen Henrietta Swallow Richards 1842-1911 エレン・H・S・リチャーズ略年譜

西暦	エレンのできごと
1842	マサチューセッツ州（Mass.）ダンスダブル近郊に誕生（12/3）
1859	ウエストフォード・アカデミー入学（～62），父親の雑貨店を手伝う
1863	リトルトンへ移住
1864	イーストセンター・スクールにて教職に就く（～65）
1868	バッサー大学入学（～70），入学試験優秀にて三年に編入
1870	マサチューセッツ工科大学（MIT）に願書提出
1871	MIT に最初の女子学生「特別学生」として実験的に入学許可（～73）
1872	ニコルス教授と共に州の水質汚染予備調査に従事（～73）
1873	MIT 卒業（理学士），大学にとどまる。バッサー大学から文学修士号
1875	鉱物学者ロバート・ハロウェル・リチャーズ（1844～1945）と結婚
1876	MIT に女性研究所開設。通信教育（衛生科学）開始
1878	MIT「特別学生」の名称廃止
1879	アメリカ鉱山技術者協会の最初で唯一の女性会員に選出
	ボキープシー女性クラブで講演，消費者・環境運動の開始
1881	サマーシーサイド研究所（ウッズホール海洋生物研究所前身）の開設に尽力
1884	MIT 男女共学化に伴い，女性研究所廃止
1885	ボストン教育長就任の誘いを断り，学校給食運動を開始
1886	MIT 衛生科学研究所開設，MIT 教員に正式に任命される
1887	Mass. の上下水を分析調査し「正常塩素量地図」作成，世界初の水質基準確立
1890	MIT で世界初の衛生工学（科学，細菌学，工学を統合した科目）を担当
	ニューイングランド・キッチン（食堂付き調理実験施設）開設
1892	人間環境（社会）を含む新しい応用科学"エコロジー"の提唱
1893	シカゴ万国博でランフォード*・キッチン（調理の科学的・教育的モデル展示）成功 *栄養学を創設した18～19世紀の科学者名を冠す
1899	『コスト・オブ・リビング』刊行，レイク・プラシッド会議の組織化（～1908）
1900	「空気・水・食物：衛生化学の観点から」同僚 A.G.ウッドマンと共著刊行
1904	『正しい生活の方法』刊行
1909	アメリカ・ホーム・エコノミクス学会初代会長
1910	スミス大学から理学博士号を授与，『ユーセニクス-制御可能な環境の科学-』刊行
1911	フォードホールで講演「生活費の増大は社会進歩のしるしか？」（最後の講演）
	3月30日　ジャメイカ・プレインの自宅で死去（享年68歳），没後『公衆衛生による環境保全』刊行
	「応用科学の学問的職業への地位向上」（MIT50周年記念論文）
1921	キュリー夫人，Ellen Richards Research Prize 受賞。エレンに敬意を表して，バッサー大学とスミス大学を表敬訪問，講演をする
1929	レイチェル・カーソン，実習生としてウッズホール海洋生物研究所へ
	エレンの夫ロバート（85歳），東京世界工学会議のため来日（団琢磨の招待）

	西暦	アメリカほかのできごと
南北戦争	1848	ゴールドラッシュ始まる
	1853	ペリー浦賀に来航
	1861	南北戦争（～65）
	1863	奴隷解放宣言
資本主義の発達	1865	マサチューセッツ工科大学，バッサー大学開校　奴隷制廃止
	1867	キュリー夫人誕生（-1934）
	1868	黒人の市民権承認
	1869	大陸横断鉄道開通
	1871	ニューヨークに地下鉄開通
	1873	金融恐慌起こる
	1876	ベル磁石式電話機発明
	1877	エディソン蓄音機発明
	1879	エディソン電灯発明
	1880	鉄道大開発時代（～90）
帝国主義	1887	英国：炭坑法（少年労動の禁止）
	1888	ベラミー『かえりみれば』
	1889	マリア・ミッチェル死去（18-）
	1900	マンハッタンに摩天楼建設始まる
	1900	この10年間に約800万人の移民（～10）
	1907	レイチェル・カーソン誕生（-64）
	1911	キュリー夫人ノーベル化学賞
	1920	アメリカ合衆国女性参政権成立
	1962	レイチェル・カーソン『沈黙の春』刊行
	1972	国連人間環境会議（ストックホルム）
	1975	国連環境教育会議（ベオグラード）
	1992	環境と開発に関する国連会議（リオデジャネイロ）
	1997	環境と社会：持続可能性のための教育と公共意識国際会議（テッサロニキ）
	2006	国連持続可能な開発のための教育（ESD）の10年（～14）

	西暦	日本のできごと
江戸時代	1830	天保の改革（～43）
	1841	田中正造誕生（-1913）
	1854	日米和親条約（神奈川条約）締結
	1859	ダーウィン『種の起源』刊行
	1867	大政奉還
		南方熊楠誕生（-1941）
	1868	戊辰戦争（～69）
明治時代	1871	廃藩置県　岩倉使節団渡米（津田梅子渡米，団琢磨ら同船）
	1872	新橋―横浜間鉄道開通
		学制公布
	1877	東京大学設置
	1878	団琢磨（1858-1932）MIT 鉱山学科卒業，帰国
	1886	帝国大学令
	1889	津田梅子二度目の渡米，カレッジで生物学を学ぶ
	1890	教育勅語発令
		東京―横浜間で電話開通
		足尾銅山の鉱毒問題始まる
	1900	津田梅子（1864～1929）「女子英学塾」創設　女子高等教育に尽力
	1904	日露戦争（～05）
	1916	黒田チカ日本最初の理学士（化学）
	2011	3/11　東日本大震災

出典：E.M.ダウティー（著）住田和子・鈴木哲也（訳）『レイク・プラシッドに輝く星　アメリカ最初の女性化学者エレン・リチャーズ』ドメス出版（2014）巻末 ii－iii

資料1　エレン・H・S・リチャーズの家政学の精神

Home economics stands for
The ideal home life for today unhampered by the traditions of the past.
The utilization of all the resources of modern science to improve the home life.
The freedom of the home from the dominance of things and their due subordination to ideals.
The simplicity in material surroundings which will most free the spirit for the more important and permanent interests of the home and of society.

Ellen Richards

（第4回レイク・プラシッド会議議事録，1902）

家政学は次のことを意味する。
過去の伝統に拘束されない，今日のための理想的家庭生活を営むこと。
家庭生活向上に，近代科学のあらゆる成果を役立てること。
家庭を物質の支配から解放し，理想に物質を正しく従わせること。
物質的環境を簡素化し，精神を家庭と社会のより重要で恒久的な関心事に向けて，解放すること。

エレン・リチャーズ

（住田和子訳）

資料2『ユーセニクス―人類のためのよりよい環境―』

目　次

Ⅰ．生活改善の機会は現実的，且つ実践的であり，単に学問的なものではない。

Ⅱ．個人の努力は個人に状況改善のために必要。家庭と暮らし，食物等の習慣。善き習慣は時間と労働の節約になる。―信　念―

Ⅲ．社会（コミュニティ）の努力は市街や公的場所において，万人のための，水とミルク，病院，市場，住宅問題等に関するよりよい状況をつくるために必要。隣人に対する自己抑制。―希　望―

Ⅳ．これら二形式の積極的努力は循環的なものである。―信念と希望―

Ⅴ．子どもは理想にしたがって「育む」べきである。善き習慣を教えることが家庭の大切な義務。―責　任―

Ⅵ．子どもは衛生学に基づいて教育されるべきである。学校の任務。女子のための家庭科学。応用科学。高等教育の義務。研究の必要性。―家庭と学校―

Ⅶ．大人のための刺激的教育。書物，新聞，講義，講習会，博物館，展示会，映画。―成人教育―

Ⅷ．子どもも大人も無知に陥らぬようにすべきである。法律および違反に対する罰金の教育的価値。地方自治体，州，連邦政府による公衆衛生の義務。検査に基づく指導。―立法上の強制―

Ⅸ．改善の機会と同様に改善の責任がある。主婦は国民の健康を改善し，国民の富を増進させるための大切な要素であり，且つ経済的勢力である。―女性の責任―

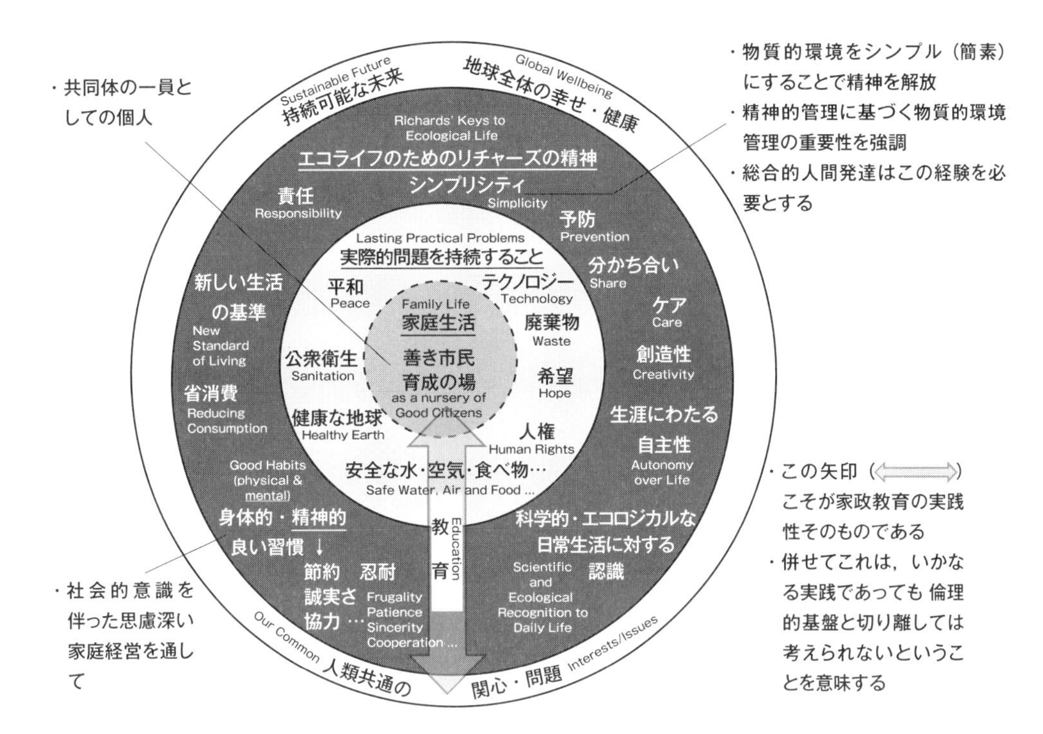

図 3-7　エレン・リチャーズの『ユーセニクス』にみる持続可能な未来

出典：「エレン・リチャーズ協会」会報第 6 号（2018）

あり，よき習慣（身体的・精神的）は時間と労働の節約になること，社会の努力は万人のため，公的環境整備のために必要であること，個人と社会の努力は循環的で相互に関係があること，子どもに対して衛生学に関する教育が必要であり，学校の任務であること，女子のために家庭科学という応用科学の研究が必要であること，大人のためにもあらゆる機会をとらえて教育を行う必要があること，立法の役割，改善の機会と責任，国民の健康を改善し，国民の富を増加させるための重要な要素となるべき女性の責任について述べている。

家政学研究も，家政教育（生活教育）の実践も，教育を通して人々の新しい環境調和的生活様式の創造，持続可能な社会の創造につながって初めて意味を持つ。今日とこれからを生きる私たちはどのように問いを立てればよいのだろうか。

図 3-7 は，エレン・リチャーズの『Euthenics』にみる家政学・家政教育の役割を表現した概念図である。家庭生活がそれを取り巻く環境とどのようなかかわりがあるのか，2012（平成 24）年の家政学国際会議で発表された図 3-7 から読み取ってみよう。

今，国際社会に求められている ESD（持続可能な開発教育）や SDG（持続可能な開発目標）は，どの国も抱えている優先課題である。

エレン・リチャーズの理念は，一世紀後も「善き市民」教育に示唆を与えることであろう。

演習問題

① エレン・リチャーズのヒューマン・エコロジー（共生）思想が誕生した当時のアメリカの社会的背景について説明しよう。

② エレン・リチャーズのヒューマン・エコロジー（共生）思想は，家政学を学んでいくにあたり，どのように役立つか，説明してみよう。

③ エレン・リチャーズの伝記や著作に触れることにより，彼女の思想へのさらなる理解を深めよう。

〈注・参考文献〉

エレン・リチャーズに関して日本で刊行された主な参考文献

1) 住田和子・住田良仁（訳）『ユーセニクス-制御可能な環境の科学-』スペクトラム出版社（2005）
2) 住田和子（編著）『改訂　生活と教育をつなぐ人間学-思想と実践-』開隆堂（2008）
3) 住田和子・住田良仁（訳）『環境教育の母　エレン・スワロウ・リチャーズ物語』東京書籍（2004）
4) E.M.ダウティー（著）住田和子・鈴木哲也（訳）『レイク・プラシッドに輝く星　アメリカ最初の女性化学者エレン・リチャーズ』ドメス出版（2014）
図 3-6 は，本書の表紙より。オリジナルは，下記 URL で閲覧できる。
http://alumweb.mit.edu/groups/amita.dd/esr/swallow.html
http://libraries.mit.edu/archives/exhibits/five-insurance/rogers-building.html
5) 工藤秀明訳『エコロジーの誕生　エレン・スワローの生涯』新評論（1994）
6) 住田和子（編集・解説）『覆刻集成　エレン・スワロウ・リチャーズ著作集』エディション・シナプス（2007）
7) エレン・リチャーズ協会『ヒューマン・エコロジーへの道-「エレン・リチャーズ協会」25 周年特集-』（2017）

（西野　祥子）

第4章 日本における家政学の展開過程

本章の目標

① 日本における家政学の展開過程について，社会的背景とともに把握しよう。

② 科学（学問）として家政学が成立するために求められた条件について考えてみよう。

③ 日本の家政学の将来像について考えよう。

1. 日本における家政学の展開過程と時代区分

家政すなわちよりよい生活の実現をめざして，生活の場（家庭生活を中心とする人間生活）における人と環境との関わり方（相互作用）について探究する人間の営みは，人類の歴史とともに古い。いつの時代においても，生命を維持するために諸欲求を充足させようとする活動は続けられ，活動から体験的に得られた知識や技能は，親から子へと伝達され受け継がれてきた。こうした家政に関する教育は，やがて体系化された教育制度に位置づけられ，やがては科学（学問）として発展していく。こうした家政学の展開過程は多くの国や地域である程度共通する。

日本における家政学の展開過程の時代区分としては，常見（1971）[1]，亀高（1981）[2] によるものが代表的である。本章では，亀高らの時代区分を参考に，家庭や家塾など私的な教育の場で行われていた家政に関する教育が近代的な学校教育制度に位置づけられる契機となった「学制」の制定（1872（明治5）年）と，家政学が大学（高等教育機関）において独立した一学問（科学）と位置づけられるに至った1947（昭和22）年を時代区分の大きな区切りとし，以下の時代区分により日本における家政学の展開過程を概観したい[3〜5]。

Ⅰ．家政学の胎動期（江戸時代〜1871（明治4）年）

Ⅱ．家政学の未成年期（1872（明治5）年〜1946（昭和21）年）

Ⅲ．家政学の成年期（1947（昭和22）年〜）

2. 家政学の胎動期（江戸時代〜1871（明治4）年）

江戸時代の家政を知る手がかりとして，生活の単位（「家」）の経営方針や経営主体（家長）の心構えを記す文献，料理，裁縫など生活文化や技術を記した文献が伝わっている。これらの家政に関する知識や技術は公的教育制度によるものではないが，やがて体系化・制度化される家政学・教育の素地となる。そのため，この時代を「家政学の胎動期」と呼ぶ。

江戸時代の社会背景の特徴は，幕藩体制・士農工商の身分制度が確立したことである。幕府が重視した「上下定分の理」により身分の違いを先天的なものとして基礎づけた。こうした社会背景，①強大な家父長権の支配と成員の服従，②厳格な直系尊属・卑属のたての秩序，③嫡出の単独相続，④親子関係の夫婦関係に対する絶対的優位，⑤極端な男尊女卑，などの特徴を持ち，「家」の維持発展を最重要視する家父長制の家族制度を生んだ。

男尊女卑に基づく女子教育観のもと，「女に学問はいらぬ」とされ，婚家の家風に順応できるよう個性のない教育が重視された。したがって，娘時代は母や祖母，嫁いでからは姑から，その家の伝統や慣例を墨守する経験的家事の訓育を受けることが一般的であった。裕福な少数の庶民の女子は寺子屋で文字による教育を受けたほか，お針屋で裁縫を習った。貝原益軒『和俗童子訓』巻之五「女子に教ゆる法」によれば，女性の備えるべき「四行」として，婦徳（女性としてかたく守らなければならない諸徳），婦言（女性が日常でつかう言葉遣い），婦容（女性としての身だしなみ），婦功（女性のつとめるべき手仕事）が挙げられている。このうち，婦功については，「ぬいものをし，紡み・績ぎをし，衣服をととのえて専らつとむべきわざを事とし，たわぶれ・あそび・わらう事をこのまず。食物，飲物をいさぎよくしてしゅうと・おっと賓客にすすむる，是れ皆，婦功なり」とある。

この期の家政関係書は，以下の３つに分類できる。いずれも家政の原理・原則として，「家風・伝統の遵守」や「勤勉・倹約・分限・始末・遠慮・用心」などが説かれている[2)]。

①家長（男性）を対象に家庭経営の理念や心得を説いた文献

　貝原益軒「家道訓」(1711)，石田梅巌「斉家論」(1713)

②女性を対象に生き方や教訓を説いた文献

　「女訓書」「女子用往来物」

③衣服・食物・裁縫・料理・住居・染物・洗濯・礼法などの実技面の指導書

3. 家政学の未成年期（1872（明治５）年〜1946（昭和21）年）

ここでは，「家政学の未成年期」を明治，大正，昭和戦前期の３つに区切ってみていく。

(1) 明治期

明治期になると，文明開化の呼び声も高く欧米文化の摂取が始まった。ざんぎり頭に洋服，靴など風俗面に始まり，ランプ，ガス灯，郵便，鉄道馬車，太陽暦の採用など，生活様式の変化をもたらすさまざまな文化が西欧から輸入された。だが，庶民生活の実相は，むしろ江戸時代の生活を継続するものであった。

1872（明治5）年の学制頒布により近代学校教育制度が成立すると，女子に対する教育の一環として裁縫・家事に関する教育が学校教育に取り入れられる。

1889（明治22）年の高等女学校令公布により女子中等教育が確立され，その中で，「家事科」，「裁縫科」が定着した。家政に関する高等教育機関としては，1890（明治23）年に女子高等師範学校（後東京女子高等師範学校と改称。現お茶の水女子大学）が設立されたほか，1901（明治34）年には日本女子大学校家政学部，1908（明治41）年には奈良女子高等師範学校が設立され，その後の家政教育，家政研究の中心となっていった。

また，明治後期には，成瀬仁蔵（アメリカに留学），安井哲（イギリスに留学），宮川寿美子（後の大江スミ。イギリスに留学），井上秀子（アメリカに留学）らは，留学生として欧米の教育や家政教育について学び，帰国後，日本の家政学および家政教育の発展に大きく貢献した。

この時期の家政書は，以下の3つに分類できる[1)]。このうち「翻訳的家政書」は，家族を構成する一人ひとりの家族員よりも「家の継承・発展」を重視する江戸期以来の伝統的家政理念に対し，家族の健康と幸福などの実現という生活を営む人間主体の家政理念を日本に紹介し，その後の家政書に影響を与えた。

①江戸時代の家政書の流れを汲む「伝統的家政書」

高田義甫述『女黌必読　女訓　一名一新女大学』1874(明治7)年

土屋弘『居家必用　家之基』1875(明治8)年

②外国の家政書の翻訳，あるいは意訳した「翻訳的家政書」

ハスケル著，永峯秀樹訳『経済小学　家政要旨』1876(明治9)年

ビーチャー&ストウ共著，海老名晋訳『家事要法』1881(明治14)年

③江戸時代の家政思想と外国の家政思想との特質を折衷した「日本的家政書」

小林義則編輯『男女普通　家政小学』1880(明治13)年

青木輔清編述『家事経済訓』1881(明治14)年

瓜生寅編述『通信教授　女子家政学』1889(明治22)年

下田歌子『家政学』1893(明治26)年

(2) 大正時代

1914（大正3）年に勃発した第一次世界大戦により紡績・製糸・織物などの軽工業や造船・機械製造などの重工業はめざましい発達を遂げ，日本は工業国へと成長した。一方，物価騰貴と実質賃金の低下は労働者，給与生活者の家庭経済を圧迫し，数度にわたる恐慌は失業者を続出させ，戦後の農産物価格の暴落は農家の生活を圧迫した。

資本主義経済の発展を背景に，農家の次・三男の単身離村と都市への人口集積が進み，都市部に形成されたサラリーマンや公務員などを中核とする新中間層と呼ばれる新たな社会階層の内部に性別役割分業に基づく近代家族が誕生した。彼らは夫婦と少数の子どもからなる核家族であり，夫が稼ぎ妻である主婦が家計をやりくりするという新しいライフスタイルを出現させた。社会思想面ではデモクラシーの風潮が高揚し，市民階級の台頭，労働運動や農民運動の発達とともに，婦人解放運動の興隆，女子の専門教育必要論や女性の職業的要求の高まりもみられた。

教育面では，「家事」は小学校の教科として1881（明治14）年から一旦は課されていたものの1986（明治19）年に「家事」が削除され，「裁縫」だけが課されるようになっていた。だが，1914（大正3）年に「理科家事」として理科の一部として取り扱われるようになり，1919（大正8）

年，理科から独立して女子用教科「家事」となった。女子中等教育は明治後期に制度的整備が進んだが，その要とされた高等女学校では裁縫と家事を分離して技能面を強化した教育が行われ，また技芸を専修する実科高等女学校を設置するなど，実務教育が奨励された。高等教育でも，裁縫を高等な学術技芸として教授することを規定した専門学校令に基づき，技芸を教授する専門学校の設置が急速に進んだ。

これらの専門学校を足掛かりとして，家政に関わる分野の専門的な研究が始まった。折しもこの時期はわが国における諸科学の発展期に相当する。家政研究においては，各分野が関連科学の分派的研究として進められたことから，この期は家政学研究分化の時代と呼ばれる。東京女子高等師範学校の近藤耕三や奈良女子高等師範学校の石澤吉磨を中心に，食物・被服分野の自然科学的実験法による実証的研究が進んだ。また，理化学研究所や栄養研究所，労働科学研究所，衛生試験所などの研究機関が創設され，家政学の自然科学的基盤の確立に貢献した。また，国民の生活問題が政策的課題となっていたことを受け，生活改善や家庭の経済問題に関する社会科学的研究も開始された。

この時期の主な家政学関係書は以下の通りである。

①自然科学関係の家政学書

大江スミ『応用家事精義』1915(大正 4)年

石澤吉磨『家事応用理化学』1917(大正 6)年

近藤耕三『家庭物理学 12 講』1920(大正 9)年

②社会科学関係の家政学書

森本厚吉『生活問題』1920(大正 9)年

松平友子『家事経済学』1925(大正 14)年

井上秀子『最新家事提要』1925(大正 14)年

③家政関係の定期刊行物

『料理之友』(1914(大正 3)年創刊，料理之友社)

『家事研究』(1920(大正 9)年創刊，奈良女子高等師範学校家事研究会)

『家事と衛生』(1925(大正 14)年創刊，大阪衛生試験所内家事衛生研究会)

(3) 昭和戦前期

昭和に入ると，日本は山東出兵(1927(昭和 2)年)，満州事変(1931(昭和 6)年)，日中戦争(1937(昭和 12)年)と次第に戦時色を強めていき，1941(昭和 16)年には第二次世界大戦に参戦した。経済面では金融恐慌(1927(昭和 2)年)と世界恐慌(1930～1931(昭和 5～6)年)が日本経済に打撃を与え，さらに軍事費の重圧が加わり家計を圧迫するとともに人々の生活を苦しめていった。社会思想面では超国家主義が支配し，1937(昭和 12)年には国民精神総動員運動の開始とともに厳重な学問，思想，言論統制が始まり，1938(昭和 13)年には国家総動員法が制定され，物資の統制，労働者の徴発をはじめ各種の統制が強化された。

戦時下の家政教育は,「皇国女子」の本分として，家国一如の家政観を基調に女子に家政に必要な技能を修練させ，国のために倹約を旨とする教育を展開していった。中等教育機関では，従来の裁縫科と家事科を統合して家政科と改称し，女子教育の中枢教科として重視された。

この期の家政に関わる研究としては，国民生活の課題や構造について理論的に解明しようとする労作[1)]，戦時色を鮮明に持ちながらも，家政学の本質・体系を示すなど学問としての家政学を追求したものなどに注目できる[2)]。この期の主な家政学書は以下の通りである。

常見育男『最新家事教育原論』1937(昭和 12)年

倉沢剛『日本家政学』1944(昭和 19)年

4. 家政学の成年期（1947（昭和 22）年〜）

(1) 昭和戦後期

第二次世界大戦後，学制改革の下で新制大学に家政学系学部が設置され，次いで日本家政学会も創設された。これら2つのことがらは，家政学を専門的に研究し，その成果を発表できる場が整ったことを意味している。

戦後，個の尊重と両性の本質的平等を謳った日本国憲法と，その趣旨を反映した新しい民法が制定された。これらの下で，新時代にふさわしい民主的な家庭生活や家族，生活の仕組みを構築していくことが社会的な課題となった。

女子教育をめぐっては，1945（昭和 20）年 12 月 4 日に出された「女子教育刷新要綱」により，女子大学の創設，大学における共学制の実施の方針が定められた。その後，家政学を新しい大学教育のなかにいかに位置づけ，家政学部設置をいかに実現するかが議論されたが，当時，家政学は学問としての内容，体系的研究が不足していたことから，大学教育の対象となり得るかどうかが疑問視され，家政学部の設置には多くの困難が伴った。しかし，大学設置基準設定協議会（1947(昭和 22)年 2 月設置）の主導者たちや，同協議会女子大学分科会メンバー，女子高等教育振興を目的に活動した日本の主導者やその団体，CIE（Civil Information and Education Section：民間情報教育局）の担当官らの尽力により，家政学の創設に向けた検討は進められた[6)]。まず，1947(昭和 22)年 7 月 8 日制定の「大学基準」に,「家政学」が「一般教養科目」に「社会科学関係」科目として組み入れられた。続いて，同 8 月 5 日には「家政学部設置基準」が制定された。これにより，新制大学に家政学部が創設される途がひらかれることとなった[7, 8)]。

文部省は学校教育法の施行に際し，当初，新制大学は 1949(昭和 24)年から発足させる方針であったが，一部の私立大学が将来計画の確立と改組準備の整備を理由に 1948(昭和 23)年 4 月から新制大学を発足させるべく名乗りを挙げたことから，これらの学校が最初の新制大学として認可されることとなった。この際，日本女子大学校から昇格して発足した日本女子大学に新制女子大学として初めて家政学部が設置された。1949(昭和 24)年には，国立学校設置法の公布とともに 69 の国立大学が発足し，家政学系学部はお茶の水女子大学と奈良女子大学に理家政学部として誕生している。

1949(昭和24)年10月には，日本家政学会が家政学ならびにその教育に関する研究の促進と普及を図ることを目的に500名の会員をもって発足し，1951(同26)年には同学会は家政学の研究成果を載せた『家政学雑誌』（後に『日本家政学会誌』）を発刊している。

この時期，家政学の研究は，食物・被服領域を中心として自然科学的研究が目覚ましく進展し，社会科学的研究も諸領域で充実が図られるようになった。ところが家政学を構成する諸領域が独自に発展していくと，各領域別の研究は細分化され，他の学問へ還元吸収される方向に進み，家政学の総合化という課題が浮上した。日本家政学会は，1967(昭和42)年より，家政学研究の質的充実を図るため，各領域に研究委員会(1979(昭和54)年にほとんどは部会へと発展)を設置した。そのうちの一つ，家政学原論研究委員会（後の家政学原論部会）では，家政学の体系や学問としての独自性などに関する検討が行われていった。

家政学諸領域の分化的研究がますます進展するなかで，家政学の総合化・体系化を望む機運が高まっていった。折しも，1970(昭和45)年，国際家政学会から家政学の定義などに関するアンケートが日本家政学会に寄せられた。これを受け，日本家政学会は，「家政学は，家庭生活を中心として，これと緊密な関係にある社会事象に延長し，さらにこれらと環境との相互作用について，人的・物的の両面から研究して，家庭生活の向上とともに人間開発をはかり，人類の幸福増進に貢献する実証的・実践的科学である」[9)]との定義を示した。これはわが国最初の公的機関による家政学の定義である。

1984(昭和59)年には，『家政学将来構想 1984』が公刊された。同書において家政学は前回の定義を土台として次の通り定義されている。「家政学は，家庭生活を中心とした人間生活における人と環境との相互作用について，人的・物的両面から，自然・社会・人文の諸科学を基盤として研究し，生活の向上とともに人類の福祉に貢献する実践的総合科学である」[10)]。この定義は，今日にも引き継がれている。

この時期は，（社）日本家政学会が日本学術会議への登録学術団体となり日本の学術振興の一翼を担う存在へと発展するとともに，家政学に関する大学院（修士課程・博士課程）が設立されるなど，学術研究の条件が各所で整備された時代である。家政学に関する刊行物・論文も数多くみられるが，「家政学」に関する体系的な刊行物として，以下の著作を挙げておこう。

お茶の水女子大学家政学講座（全15巻），1969(昭和44)～1971(昭和46)年

（社）日本家政学会『家政学将来構想 1984』1984(昭和59)年

(2) 平成期

この時期は，アメリカ家政学会の名称変更，少子化に伴う18歳人口の減少を背景に，家政系短期大学・大学における家政学系学部の改組，名称変更が相次いだ。時代・社会に求められる家政学はどのようにあるべきか，日本学術会議や国際家政学会との連携の下，家政学の存在意義を高めるべく，さまざまな取り組みが進められている。

1994(平成6)年には「家政学将来構想 1994」がまとめられ[11)]，『家政学将来構想 1984』以降

表 4-1　年表 第二次世界大戦後における日本の家政学をめぐる動き

年号	日本の家政学をめぐる動き	社会背景
昭和 20 年（1945 年）		終戦 「女子教育刷新要綱」が出される
昭和 22 年（1947 年）		大学設置基準設定協議会（2 月） 日本国憲法施行
昭和 23 年（1948 年）	新制大学（日本女子大学）において初めて家政学部の設置認可	
昭和 24 年（1949 年）	日本家政学会設立	
昭和 26 年（1951 年）	家政学雑誌第 1 巻第 1 号発行	日米安保条約調印 NHK テレビ本放送開始（1953 年）
昭和 29 年（1954 年）		神武景気，電気掃除機・冷蔵庫・洗濯機が三種の神器と呼ばれる
昭和 33 年（1958 年）	日本家庭科教育学会設立	岩戸景気，インスタントラーメン発売 小・中学校学習指導要領全面改訂
昭和 34 年（1959 年）		新「国民健康保険法」施行,「国民年金法」公布，合成洗剤の売り上げ伸びる
昭和 35 年（1960 年）	大阪市立大学に初めての家政系大学院修士課程（家政学研究科）開設 日本家政学会，大学における被服学関係の授業科目ならびにその講義内容に関する調査実施 日本繊維製品消費科学会発足	国民所得倍増計画 カラーテレビ本放送開始
昭和 36 年（1961 年）	日本家政学会，大学における食物学関係の授業科目ならびにその講義内容に関する調査実施	日本消費者協会発足
昭和 37 年（1962 年）	日本家政学会，大学における児童学，住居学関係の授業科目ならびにその講義内容に関する調査実施	過疎と過密問題起き始める 東京の水不足，スモッグ問題深刻化する
昭和 39 年（1964 年）		東海道新幹線開業，モノレール羽田線開通 東京オリンピック開催
昭和 40 年（1965 年）		家永三郎，教科書検定訴訟 大学生の数 100 万人を超える
昭和 41 年（1966 年）		人口 1 億人を突破，いざなぎ景気，カラーテレビ，カー，クーラーの 3C 時代到来，ミニスカートの流行
昭和 42 年（1967 年）	日本家政学会に住居学研究委員会発足	「公害対策基本法」公布 欧州共同体（EC）発足
昭和 43 年（1968 年）	日本家政学会に被服整理学，民族服飾，家政学原論，調理科学の各研究委員会発足	東大安田講堂事件，OPEC 結成，日米貿易摩擦発生，「消費者保護基本法」公布
昭和 44 年（1969 年）	日本家政学会に被服構成学，被服材料学，家庭経営学の各研究委員会発足	減反政策，全国サラリーマン同盟結成，初の原子力船むつ進水式，アメリカの宇宙船アポロ 11 号人類初の月面着陸
昭和 46 年（1971 年）	日本家政学会に児童学研究委員会発足	環境庁発足，日米貿易摩擦激化，T シャツ，ジーパン流行
昭和 47 年（1972 年）	第 12 回 IFHE 大会（フィンランド，ヘルシンキ）において「家政学の意義及び理念」を提案	札幌冬季オリンピック開催，沖縄，日本に復帰，日本列島改造論で土地値上げブーム，日中国交正常化
昭和 48 年（1973 年）		70 歳以上老人医療費無料化，オイルショック，石油，物不足による狂乱物価
昭和 49 年（1974 年）		高校進学率 90 %を超す
昭和 50 年（1975 年）	大阪市立大学に初めての家政系大学院博士課程（生活科学研究科）開設	東海道・山陽新幹線博多まで全線開通 国際婦人年世界会議開催
昭和 51 年（1976 年）	日本家政学会に家庭科教育と HEIB（ヒーブ）問題の特別委員会，被服衛生学研究委員会発足	戦後生まれの人口 1/2 を超える ロッキード事件，ジョギングブーム
昭和 53 年（1978 年）	日本家政学会に色彩・意匠学，ヒーブの研究委員会発足，なお，日本家政学会の部会・研究委員会規程変更により，従来の研究委員会の多くは部会となる 日本ヒーブ連絡協議会設立	新東京国際空港（成田）開港 サラ金地獄深刻化 女子労働者，既婚者の 60 %

昭和54年 (1979年)		国立大学共通一次試験開始，「ウサギ小屋」流行語となる，第二次オイルショック
昭和55年 (1980年)	日本家政学会に食品組織研究委員会，家族関係学部会発足 消費生活アドバイザー制度発足	都市銀行現金自動支払機のオンライン提携始まる，日本語ワードプロセッサー発売，家庭内暴力，校内暴力事件急増
昭和56年 (1981年)	日本家政学会に家政学将来構想特別委員会，国際交流特別委員会，ヒーブ問題特別委員会発足 日本消費者教育学会設立	死亡原因がんがトップに 宅配便始まる
昭和57年 (1982年)	日本家政学会，社団法人へ移行 家政学雑誌発行第33巻より年12回となる	500円硬貨発行
昭和58年 (1983年)	アジア地区家政学会（ARAHE）発足	東北大医学部で日本初の体外受精・着床に成功，サラ金規制2法成立，パソコン・ワープロ急激に普及，アフリカ飢餓深刻化
昭和59年 (1984年)	日本家政学会に国際交流委員会，家政学と家庭教育に関する特別委員会，被服心理学部会発足 日本家政学会，家政学将来構想特別委員会報告書『家政学将来構想1984』刊行	独居老人100万人超える 新札発行（1万円，5千円，千円） 中流意識90％に達する
昭和60年 (1985年)	日本学術会議に登録（第6部「家政学研究連絡委員会」に所属） 日本家政学会ヒーブ問題特別委員会報告書「消費者問題と家政学」を刊行，消費者問題委員会発足 日本調理科学会設立	「男女雇用機会均等法」公布（1986年施行） 「女子差別撤廃条約」批准 平均寿命，世界で初めて80歳を超える（日本女性80.18歳） 臨時教育審議会発足
昭和61年 (1986年)	日本家政学会に家庭経済学部会発足	65歳以上人口10.5％に達する
昭和62年 (1987年)	家政学雑誌，日本家政学会誌と名称変更 日本家政学会に食文化研究部会，家政学における大学設置基準に関する特別委員会，家政学データベース準備委員会発足 日本家政学会『和英・英和家政学用語集』刊行	臨時教育審議会最終答申出る 国鉄民営化
昭和63年 (1988年)	日本家政学会より家政学シリーズ逐次刊行開始 日本家政学会誌の英文誌初めて発行	瀬戸大橋開通，初の液晶カラーディスプレー
平成元年 (1989年)	日本家政学会に食と健康研究委員会発足 日本家政学会6支部において「家政学における大学設置基準に関するフォーラム」開催	昭和天皇崩御，平成と改元 消費税スタート ベルリンの壁崩壊
平成2年 (1990年)	日本家政学会『家政学事典』刊行	「1.57ショック」（合計特殊出生率） （財）消費者教育支援センター設立
平成3年 (1991年)	日本家政学会家政学における大学設置基準に関する特別委員会報告「家政学における大学教育充実のための指針」日本家政学会誌第42巻第4号に掲載 日本家政学会に国際家族年研究小委員会（国際交流委員会）発足	「育児休業法」公布（翌年施行） 湾岸戦争勃発 雲仙普賢岳の噴火
平成4年 (1992年)	国際家族年（1994年）に向けて国際交流委員会が活発な活動を行う 日本家政学会『家政学シソーラス』（第1版）を頒布 日本家政学会国際交流委員会編『家政学における国際交流10年の歩み』を頒布	外国人留学生45,000人突破 学校5日制（月1回）スタート 欧州連合（EU）発足（1993年）
平成6年 (1994年)	日本家政学会主催，日本学術会議後援による国際家族年をめぐるプレシンポジウムと特別講演会開催 日本家政学会家政学将来構想特別委員会報告書「家政学将来構想1994」 国際家族年にあたって，国際家族年への日本家政学会の貢献に対して国連から表彰状を受ける	初めて「児童虐待」対策検討 6～8月全国各地の気温観測史上最高，西日本では異常渇水 消費低迷で価格崩壊進む 国連国際家族年
平成7年 (1995年)	日本家政学会被服学関係部会合同夏季セミナーを初めて行う 日本家政学会環境問題特別委員会活動報告	阪神・淡路大震災，東京地下鉄サリン事件 「製造物責任法（PL法）」施行，第4回世界女性会議NGOフォーラム（中国・北京）
平成8年 (1996年)	日本家政学会高校生のための家政学講座「衣を科学する」開催 家政学研連シンポジウム「子どもと家族」（日本学術会議）	病原性大腸菌O-157患者6,000人を超す（大阪府堺市） 小中学生の不登校8万人を超える

平成 9 年（1997 年）	日本家政学会誌において家政学関連研究・教育機関紹介が始まる	消費税 5％引き上げ，「容器包装リサイクル法」施行
平成 10 年（1998 年）	日本家政学会国際交流セミナー「21 世紀の家政学の国際的役割」 日本家政学会 50 周年記念式典・記念講演 日本家政学会 50 周年記念出版『日本人の生活－ 50 年の軌跡と 21 世紀への展望』刊行	長野冬季オリンピック開催 和歌山カレー毒物混入事件
平成 11 年（1999 年）	日本家政学会国際交流セミナー「国際高齢者年と家政学」，年次大会シンポジウム「生活の質を問う」開催 第 10 回 ARAHE 会議，横浜で開催	「男女共同参画社会基本法」施行 欧州統一通貨「ユーロ」導入
平成 13 年（2001 年）	日本家政学会フォーラム「家政学の社会貢献と職域拡大を実現するためのフォーラム」	狂牛病感染牛発見 アメリカ同時多発テロ事件
平成 14 年（2002 年）	日本家政学会フォーラム「行政に生活者視点を－家政学の社会貢献をめざして－」開催	学習指導要領改訂，学校完全週 5 日制スタート
平成 15 年（2003 年）	日本家政学会国際交流セミナー「国際家政学会の現状と 2004 年京都会議」 日本学術会議家政学研究連絡委員会「循環型・共同参画型社会を目指すライフスタイルのあり方」に関するシンポジウム	中国で新型肺炎 SARS が大流行 「個人情報保護法」成立（2005 年完全施行） 住民基本台帳ネットワークシステム本格稼働
平成 16 年（2004 年）	日本家政学会「家政学将来構想特別委員会報告書」 日本家政学会『家政学事典―新版―』刊行 第 20 回 IFHE 会議，京都で開催	スマトラ島沖地震発生
平成 17 年（2005 年）	家政学文献データベース NACSIS-IR から国立情報学研究所学術研究データベース・リポジトリ（NII-DBR）に移行，公開 日本学術会議家政学研究連絡委員会第 57 回大会公開シンポジウム「生きる力を育むために－家政学からの提言－」開催	京都議定書発効 JR 福知山線脱線事故 合計特殊出生率 1.26（過去最低） 総人口が戦後初めて自然減少に転じる
平成 18 年（2006 年）	日本家政学会誌シリーズ「家政学と暮らしとの関わり」「くらしの最前線」 「ARAHE 設立 20 周年史（1983-2003）」出版	日本郵政株式会社発足 「教育基本法」改正
平成 19 年（2007 年）	J-STAGE による学会誌論文の公開開始 日本学術会議　健康・生活科学委員会生活科学分科会公開シンポジウム「生活科学とその独自性と課題」開催	新潟県中越沖地震 教育 3 法改正
平成 23 年（2011 年）	日本家政学会，一般社団法人となる	3.11 東日本大震災発生
平成 25 年（2013 年）	日本学術会議健康・生活科学委員会家政学分野の参照基準検討分科会「大学教育の分野別質保証のための教育課程編成上の参照基準　家政学分野」が出される	富士山が世界文化遺産に登録 日本の伝統的な食文化として和食が無形文化遺産に登録
平成 30 年（2018 年）	（一社）日本家政学会設立 70 周年	

注：「日本家政学会史年表」『日本家政学会誌』Vol.60，No.3（2009），pp.302-315 をもとに作成

の（社）日本家政学会の現状分析と，（社）日本家政学会の組織・運営，学会誌，家庭科教育・教員養成への対応，対社会・広報活動などの面における提言などが示された。特に，短期大学において家政学系学科が顕著に減少し，代わって生活学科，生活科学科，生活文化学科など，「生活」を冠した名称の学科が増加しつつあった。4 年制大学でも，家政学部は減少し，生活科学部，人間科学部などへの名称変更が始まっており，家政学部の改組・名称変更が急速に進むことが予想された。また，家政学は広く人間生活に関する諸問題に対し多様な角度から社会的にアピールできる立場にあるにもかかわらず，家政学や（社）日本家政学会に対する社会一般の誤解や無関心，学生の家政学離れなど，憂慮すべき事態が存在することも指摘されている。

社会貢献を活発化し，関連機関，他学会との密接な連携の下，行政など外部機関への積極的な提言，講演会などの実施，家政学データベースの構築・充実と情報提供，国際交流の活性化などの方向性が示された。

さらに，10年後の2004(平成16)年には，「家政学将来構想 2003年」[12]がまとめられた。ここでは，これまでの将来構想を受け，（社）日本家政学会の現状分析と，21世紀における家政学の将来を見通して，学会として力を注ぐ分野が示された。特に，分野の偏りとして，福祉関連の研究や同分野を専門とする会員が少ないことが指摘され，今後は高齢化の進展をふまえ，福祉分野への家政学プロパーの進出，大学の枠を越えた各種学校に対する働きかけなども提案されている。

家政学と日本学術会議との関わりは，1985(昭和60)年に（社）日本家政学会が日本学術会議の登録学術団体となったことに始まる。その後も家政学に対する社会的軽視が依然として存在したことは「家政学将来構想 1994」に記された通りである。2011(平成23)年には，家政学分野の質保証を検討するにあたり，従来の「日本学術会議健康・生活科学委員会生活科学分科会」は「日本学術会議健康・生活科学委員会家政学分科会」へと名称変更し，2013(平成25)年には，「大学教育の分野別質保証のための教育課程編成上の参照基準　家政学分野」[13]を報告している。同報告では，家政学固有の視点として，①常に変化する人と環境との関係が研究対象であるという視点，②変化するものとの関係の中で人間生活の本質的な価値は普遍的であるという視点，③人そのものに視点を置き生活の質の向上や持続可能な社会を実現するという視点が示されるとともに，方法論における独自性として，①多様な側面を持つ生活を考察・提案し，多種多様な学問分野の発展と連動して細心の研究成果を熟知し深化させるための学際的方法，②課題を実態調査，疫学調査，介入試験などの実践的な研究方法で実証することにより，家政学の研究は現実の質の高い生活に貢献し得る生きた理論となり，家庭や地域の生活の向上に寄与することができるという実践的方法が提示され，家政学の役割として，①生活の質の向上をめざす実践と提言，②教育と福祉の向上への貢献，③質が高く持続可能な社会構造の実現が挙げられている。

この時期に（社）日本家政学会により刊行された著作物を挙げておこう。

（社）日本家政学会（編）家政学シリーズ（25巻）1988(昭和63）～1992(平成4)年

（社）日本家政学会（編）『家政学事典』1990(平成2)年（新版；2004(平成16)年）

（社）日本家政学会（編）『日本人の生活―50年の軌跡と21世紀への展望―』1998(平成10)年

(3) 家政学のこれから

戦後，家政学諸領域の分化的研究が進展するなかで浮上した家政学の総合化・体系化という課題は，早急な問題解決を必要とする多様な生活問題が山積している今こそ，家政学に向けられた最大の課題といえる。現代社会においては，生活は多様化し人々の価値も多元化している。

こうした社会の下で，生活の質の向上や持続可能な社会の実現に貢献していくためには，本来，家政学の学際性は極めて有効である。また，社会全体の発展やグローバルな問題に対しても，家政学は生活に基盤を置いた独自の視点からアプローチすることができる。家政学諸領域が手を携えて生活を総合的な視点から研究し，実践的に問題解決にあたるべき時代が来ている。

演習問題

① 日本における家政学の展開過程について，社会的背景とともにまとめてみよう。
② 科学（学問）として家政学が成立するために求められた条件について考えてみよう。
③ 日本の家政学の将来像について考えよう。

〈引用文献〉

1）常見育男『家政学成立史』光生館（1971）
2）亀髙京子・仙波千代『家政学原論』光生館（1981）
3）亀髙京子・久武綾子「家政思想と家政学の発展」今井光映・堀田剛吉（編）『テキストブック家政学-やさしい家政学原論-』有斐閣（1984）pp.47-67
4）(社)日本家政学会（編）『家政学シリーズⅠ　家政学原論』朝倉書店（1990）
5）八幡（谷口）彩子『明治初期における翻訳家政書の研究』同文書院（2001）
6）木本尚美「わが国における「家政学原論」科目の形成過程に関する一考察」『広島大学　高等教育研究開発センター　大学論集』37（2006）pp.247-262
7）野坂尊子「戦後高等教育改革期における「家政学」理解-「家政学部設置基準」の制定過程に見る-」『大学教育学会誌』23 巻 2 号，（2001）pp.110-120
8）野坂尊子「新制大学創設直前における「家政学」-それを支えた人物と団体-」『日本家政学会誌』Vol.37（2003）pp.30-40
9）山本キク「家政学の意義」『家政学雑誌』22 巻 4 号（1971）pp.216-222
10）(社)日本家政学会（編）『家政学将来構想 1984 家政学将来構想特別委員会報告書』光生館（1984）
11）家政学将来構想特別委員会「家政学将来構想 1994」『日本家政学会誌』Vol.45，No.5（1994）pp.87-114
12）家政学将来構想特別委員会「家政学将来構想 2003 年」『日本家政学会誌』Vol.55，No.5（2004）pp.63-68
13）日本学術会議健康・生活科学委員会家政学分野の参照基準検討分科会「大学教育の分野別質保証のための教育課程編成上の参照基準　家政学分野」（2013）

（佐藤　裕紀子）

第5章 家政学における生活へのアプローチ

1. 生命・生活の論理と家政学

本節の目標

① 家政学が（家庭を中心とした）人間の「生活」の学であることを理解しよう。

②「生活」の基盤として「生命」があることを認識しよう。

(1) 東日本大震災 ― 失われた生命と生活 ―

2011（平成23）年3月11日14時46分，三陸沖を震源に震度7の大地震が発生し，大津波が東日本沿岸を襲った。この世のものとは思われないあの化け物のような黒い津波の映像を，私たちは決して忘れてはならない。東日本大震災から7年後の2018（平成30）年3月1日現在，震災による死者は1万5,895人，行方不明者はいまだ2,539人もおられる（警察庁，復興庁調べ）。

さらに，あろうことか，東京電力福島第一原子力発電所の緊急炉心冷却システムが動かず，第一原発1号機，2号機，3号機でメルトダウンが起った。多量の放射線漏れという人の生命に関するリスクが発生し，避難区域の住民は，住み慣れた家や地域，職場からの避難を余儀なくされた。東日本大震災から3年後には，約26万7千人，7年を経ても約7万3千人が今なお，避難生活を強いられている。阪神・淡路大震災と比べて，再建の遅れが指摘されている。それはなぜか。福島第一原子力発電所の放射線漏れの問題が加わっているからであろう。震災後の避難生活による体調悪化や自殺などによる「震災関連死」は，原発事故による避難が続く福島県で最も多く，地震や津波による直接の死者数を上回った（表5-1）。原発事故は天災ではなく人災である。

佐藤祐禎（ゆうてい）という歌人がいる。福島県大熊町に生まれ，東日本大震災で大熊町からいわき市に

表5-1　東日本大震災による被災状況　福島県の場合

	2014（平成26）年3月10日現在	2018（平成30）年3月1日現在
死者	1,607人	1,614人
行方不明者	207人	196人
震災関連死	1,660人	2,202人（2017年9月30日現在）

出典：「朝日新聞2014年3月11日朝刊，2018年3月11日朝刊」

避難してからも原発批判の作品を作り続けてきたが，2013（平成 25）年 3 月，83 歳で避難先にて帰らぬ人となった。過労の末の無念の逝去といわれる。祐禎(ゆうてい)さんの歌を二首。

眠れざる一夜は明けて聞くものか思はざりし原発の放射能漏れ

死の町とはかかるをいふか生き物の気配すらなく草の起き伏し

『短歌』2011(平成 23)年 10 月号

大切に切り抜いた東日本大震災の新聞記事から。

＊津波にのまれた自宅跡でトランペットを吹いた佐々木瑠璃(るり)さん（19 歳）。曲は ZARD(ザード) の「負けないで」　岩手県陸前高田市　2013（平成 25）年 3 月 12 日朝日新聞朝刊

市の嘱託職員として市民会館で避難者の世話をしていた母（当時 43）と祖父母，叔母，いとこを津波で失った。現在看護師をめざして勉学中。

いまも時折，心の栓が抜けてしまうような感覚に襲われる。母が好きだった缶コーヒーをコンビニエンスストアで見つけた時。…涙が止まらなくなる。

父に電話をかけると「思いっきり泣けばいいよ」と言ってくれる。大学には「瑠璃のつらさはわからないけど」と一緒に涙してくれる友だちもできた。「支えてくれる人がいる私は，まだ幸せ者。ひとしきり泣くと，少しだけ気持ちが楽になる。そうやって，少しずつ前に進んでいくしかないんだって思うんです」。

母とはまだ，夢でも会えない。布で丁寧に磨きながら，願いを込める。看護師になったら，このトランペットで患者さんを和ませたい。「その時，きっと，お母さんは『一人前になれたのね』と夢に出てきてくれるはず」。

＊聞きたい　祐太の「じいやん」　妻と 6 歳の孫，姉を津波で失った村上康雄さん（71 歳）
岩手県陸前高田市　2013（平成 25）年 3 月 3 日朝日新聞朝刊

保育所の送り迎えは村上さんの役目だった。2 年前のあの日，住民避難の手助けをしていた村上さんの代わりに妻が保育所に迎えに行き，戻らなかった。

「祐太も，妻も，姉もいない。『どうすればいい』って思った。でも，写真に話しかけることで祐太と一緒に生きられる」。

「夢さ出てくれると，うれしいんだな。会話できんだもん。『なに，じいやん』って」。

「忘れようとしても，忘れられないんだっちゃ。祐太と一緒に生きていく」。

＊会いたい，それだけです　宮城県名取市閖上(ゆりあげ)の自宅で妻めぐみさん（当時 36），長女綾香(あやか)さん（当時 14），次女愛香(まなか)さん（当時 10）を津波で失った桜井謙二さん（38 歳）
2013（平成 25）年 3 月 8 日朝日新聞朝刊

「気持ちは，ずっと変わっていません。1 人だけ残ってしまった。自分だけ生き残って，よかったんだろうか。思いは，いまも消えません」。

「落ち着ける場所がないんです。家がなくなってしまったからではない。いるべきはずの家族がいないから」。

「ただただ，家族に会いたい。それだけです」。

桜井さんは，時間があれば，閖上の自宅があった場所に行く。

「いまは更地です。でも，仕事から帰ってきたあと，夜にでも行く」。

「そこに行くと，家族と暮らした日々を感じることができるんです」。

東日本大震災が起こって間もなくの2011（平成23）年３月28日，小説家のあさのあつこさんは「試される言葉・問われる私」と題して，心に沁みる言葉を発した（朝日新聞夕刊）。

あらゆるものが剥き出しになった。人の高貴さも愚劣さも，優しさも姑息さも，国のあり方も人の生き方も，ことごとくが仮面を剥ぎ取られ，さらけ出された。そんな感覚がしてならない。

試されているのだと思う。言葉の力が試されている。

おまえはどんな言葉を今，発するのだとこれほど厳しく鋭く問われている時はないのではないか。被災地に必要なのは，今は言葉ではない。物資であり人材であり情報だ。けれど，まもなく本物の言葉が必要になってくる。半年後，１年後，10年後，どういう言葉で３月11日以降を語っているのか。語り続けられるのか。ただの悲劇や感動話や健気な物語に貶めてはいけない。ましては過去のものとして忘れ去ってはならない。剥き出しになったものと対峙し，言葉を綴り続ける。３月11日に拘り続ける。それができるのかどうか。問われているのは，わたし自身だ。

原子力発電に根源的な不安を抱きながらも，いつの間にかその発電を享受する側となり，東京電力福島第一原子力発電所の未曾有の人災で，ハッと気がつけば北は北海道の泊原発から，南は九州川内原発まで，日本列島が原子力発電所に包囲されていたのであった。生命・生活の論理を語る資格すらあやういわたくしがここにいる。何の責任もない子どもたちに対して，こころからあやまらなくてはならない。

反原発の研究者小出裕章は，以下のように「わたしの願い」を述べている。

起きてしまった原発の事故を起きなかったことにはできないし，過去を変えることはできないけれど，現在と未来をつくることができるのは，一人ひとりの「あなた」です[1)]。

現在と未来をつくることができるのは，一人ひとりの「あなた」であることは，生き方の基本としてしっかりと掲げつつ，原発を作り，今なお原発に頼ろうとする経済社会の仕組みや国（政治）のありようにも，クールな分析の目を向け学ばないと，以下の家政学の目的は果たせないことがわかる。

「家政学の研究目的は，よりよい生活を実現するために生活問題を予防し解決しようとする個人・家族・コミュニティをエンパワーする（励まし支援する）ことにある。家政学で行われた諸研究が教育を含む実践的な諸活動に生かされることによって，この目的は達成される」（本書付録 p.145）。

個人も家族もコミュニティも見失われそうになった（なっている）「3.11」を忘れてはならず，「家政学原論」の授業にあたっては，まず「3.11」を見据え，家政学の目的に迫っていきたい。

(2) 生活の基盤としての生命

忘れられない新聞記事の宮城県名取市閖上の桜井さんは，津波で妻も２人の子も失った。更地となった自宅跡に立ち，「そこに行くと，家族と暮らした日々を感じることができる」という。「家族と暮らした日々」は桜井さんの「生活」の不可欠な実在であったことがわかる。妻と子と自身の「生命」があってこその「生活（この場合は家庭生活）」の実在であったことが伝わって

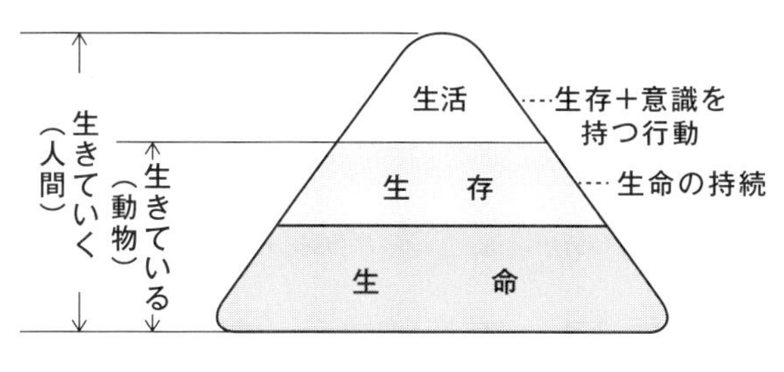

図 5-1　生活の基盤としての生命

くる。

図 5-1 は,「生活の基盤としての生命」という大前提を示したものである。私たちの生活は, 生存（生命・生きていること の持続）に支えられ, 生存は生命に裏づけられている。生命こそは生活の基盤なのである。私たち人間も, 18 世紀のスウェーデンの生物学者リンネによって, ホモ属（Homo はラテン語の人の意）サピエンス種（sapiens はラテン語で賢い・知恵あるの意）と分類された生物（動物）であることは紛れもない事実である。リンネは, ホモ・サピエンスの注釈として, ギリシャ時代の先哲の語録からとった「汝（なんじ）みずからを知れ」という言葉を書き添えたという。生物（動物）としての「汝みずからを知れ」というリンネからのメッセージは,「生きている」という生物（動物）の段階に支えられつつも, 意識を持ち, 文化を持ち「生きていく」存在でもある人間に向けて, 今こそ重たい。

図 5-2 は, 動物の生命維持機構について示したものである。動物は一般に食欲と性欲という 2 つの大きな本能的欲求を先天的に持っており, 主としてそれらの欲求を充足させることにより, 生命を維持することができるようになっている。食欲は個体維持に, 性欲は種族維持に直接的な役割をする。さらに防御本能ともいえる身体保全の本能的な欲求も個体維持につながっている。

人間の現代的病ともいえる摂食障害は, 2 大本能ともいえる食欲に関する, 意識を持つ, 知恵ある人ならではの病といえよう。人間は複雑な生きものなのであり, それゆえに愛しい存在なのである。

人類学の立場から生活をとらえた田辺義一（ぎいち）は, 生物・種（species）としての人という視点を大切にし, 生活を以下のように定義した[2)]。

生活とは, 生命を維持し, 生存を全うするもろもろの営みである。

文化地理学者で, 世界中の多くの人間の生活を見つめてきた別技（べっき）篤彦による生活の定義も, 素朴で奥深い[3)]。

生活は主として, 人間が生きていくための命の働きを実現していくための行為である。

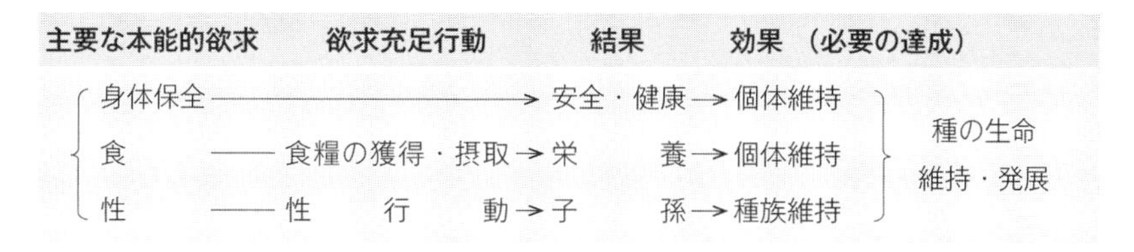

図 5-2　動物の生命維持機構

出典：田辺義一『家政学総論』光生館（1971）p.14

生命こそが最優先されるという，この当たり前とも思える価値観を，現実の社会で貫き通していくことは，たやすいことではない。たやすいどころか，決意を胸に闘い取っていくといってもよいくらいだ。

『大震災と子どもの貧困白書』から岩手県の公立小学校の養護教諭の報告[4)]。

*Aさんとの出会い

「着替えをしてこないため身体が臭う。給食時までにお腹がすいて授業に集中できない。気になるので，保健室で保健指導してほしい」と，担任といっしょに来室した。Aさんと2人になり，何気ない会話をし，「朝食は食べてきたの」と聞くと「エビフライにハンバーグを食べてきたよ」と答えた。「朝からすごいね。お母さん料理じょうずだね」と話すと，「先生に秘密教えるね。お母さんは作らないよ。想像して食べたんだよ」と笑って答えた。「すごい特技だね」と私も笑って答えた。「洋服は誰が洗濯しているの」「誰もしていないよ」「お母さんが忙しいときは，あなたが洗濯できるよね」「もちろんできるよ」「Aさんは，すごいね」「洗剤があればね」小さい声で答えた。今まで担任から着替えについて何度も言われてきたが，数日間着替えてくることはなかった。話を聞いていくと「お金がない」と話してくれた。洗剤を買うお金が今はないのだと言う。

*Bさんとの出会い

「元気が出ない」と来室した。夕食は寝てしまったために食べなかった。朝食もフライドポテトを兄弟で分けて食べたが，自分は4本食べただけなので元気が出ないと話した。母親が2人の子どもを育てている。体調も思わしくなく疲れているとBさんは母親を心配していた。

次に掲げるのは，大震災ではなく日本の戦争のとき，広島の原爆に遭った子ども（妹）のことを，小学5年生の姉が書いた詩である[5)]。

無　題

よしこちゃんが　やけどで　ねていて　とまとが　たべたいというので
お母ちゃんが　かいだしに　いっている間に　よしこちゃんは　死んでいた
いもばっかしたべさせて　ころしちゃったねと　お母ちゃんは　ないた
わたしも　ないた　みんなも　ないた

(3) 生活と家庭との関係

個体維持という表現からわかるように，最終的には個体・個人が社会の構成メンバーであることは，家政学原論研究者の田辺義一も述べている。しかし，田辺は「人の生活のしくみにおいては，個人個人が集まって社会をつくっているというのではなく，一般には家庭というものが現実の生活の基本的単位になっている」と考えている。田辺は，動物でもあるといえる人の生活を見究めると，家庭というものが，無視し得ない生活単位として存在するのではないかと分析し，家庭を「人間の生命維持機構」として位置づけた[2)]。そして，家政学を「家庭を中心とした人間の生活の学」ととらえた[2)]。家庭をとりわけ重視してのことではない。人の存在のありようを述べているだけだ。この位置づけに対して，家庭を持たない人もいるではないか，単身者は生活単位ではないのか，などの論は，論の位相が異なるといわねばならない。

『「生活」とは何か』という意欲的な示唆深い著書で，国際経済論が専門の徳永俊明は，以下のように記す[6)]。

私は，ある学術論文のなかに「社会の構成単位は家族である」という文章を見て仰天したことがあります。なんという事実誤認だろう。どのような社会も，その単位は個人です。もしそれを家族などとしてしまうなら，身寄りのない一人暮らしの人びとは，社会を構成する一員としての事実をうばわれてしまうではないですか。

論の位相が違うのだといってしまっては，家政学に携わるものとして怠慢のそしりを免れないであろう。徳永が考える「家族」という概念との丁寧なすり合わせが必要であろうし，「社会を構成する一員としての事実をうばわれる」というような，論理そのものが家政学からは生れてこないことを確認したい。

(4) 家族というもの

生命や生活は，死について考えるときに，より実体の輝きを増すように思われる。死にゆく人や死別を体験した人たちに，ファミリー・セラピストとして関わっている，E・グロールマンは，家族や死について次のような言葉を残している[7)]。

子どもの死　―　あなたの未来を失うこと
配偶者の死　―　あなたの現在を失うこと
親の死　―　あなたの過去を失うこと
友人の死　―　あなたの一部を失うこと

過去・現在・未来に関わっている家族という存在の不思議さにこころをめぐらしてみよう。子どもの死は，親にとって未来を失うほどにつらいことなのである。友人の死は，自身の一部を失うほどである，とグロールマンは言う。生きていく中には，そうした友人と出会い，生涯のつながりを育んでいく楽しみがあることも，この言葉は告げている。

生命・生活の論理は，「いじめ」をも許さず，決然として立ち向かう力を内包する。私たちはみな一枚ずつ，自分自身の内側に「いのちの切符」を持っていると，哲学者の森岡正博は言う。

「いのちの切符」握って　森岡正博　（「送る言葉」2012（平成24）年3月26日朝日新聞夕刊）

すべての人が，自分自身の内側に持っているはずのその「いのちの切符」の存在を信じながら，自分の幸せと，あらゆる人の幸せを願って，人生を前向きに切り開いていこうとするところに，本当の生きる意味があるのだと言うのです。

どんなにつらいことがあろうとも，落ち込んでいようとも，あなた自身を含めたすべての人にはこの「いのちの切符」が与えられており，私たちはそれを握りしめてまっすぐに歩んでいこうと決意することができる。私はそこにこそ「人間の尊厳」を見るのです。

さあ，「いのちの切符」をしっかり握って，人類の福祉に貢献する，実践的総合科学である家政学を身につけようではありませんか。

演習問題

① 「生活」と「生命」の関係について，具体例を挙げて説明してみよう。

② 「生活」のつく言葉を，できるだけ挙げてみよう。
「学生生活」のように後ろにつく場合も，「生活様式」のように前につく場合もある。

〈引用文献〉

1）小出裕章（監修），野村保子（著）『小出裕章さんのおはなし「子どもから大人まで，原発と放射能を考える」副読本』クレヨンハウス（2012）p.5
2）田辺義一『家政学総論』光生館（1971）p.12，p.181，p.187
3）別技篤彦『世界の生活文化』帝国書院（1990）p.65
4）「なくそう！子どもの貧困」全国ネットワーク編『大震災と子どもの貧困白書』かもがわ出版（2012）pp.23-24
5）長田新（編）〈原爆の子〉他より　岩崎ちひろ画『わたしがちいさかったときに』童心社（1967）pp.44-45
6）徳永俊明『「生活」とは何か-豊かさへの視点，そして幸福への道すじ』合同出版（2014）p.92
7）若林一美「家族のなかの死」『家族の解体と再生』岩波書店（1991）pp.241-242

（臼井　和恵）

2. 生活主体としての人間発達

本節の目標

① 家政学が対象とする生活の主体者は，個人・家族・コミュニティの一員として，生涯にわたって発達・変化し続けることを理解しよう。
② 生活主体の発達段階と発達課題について理解しよう。
③ 家政学が「生活主体としての人間発達」をどのように支援できるのか考えよう。

(1) 家政学における生活主体の概念

家政学において，「生活者」や「生活主体」は，生活を研究対象とする家政学におけるキーワードとして，多く使われてきている。その歴史的変遷や定義は以下の通りである。

1) 生活者とは

「生活者」とは，日本独自の言葉であり，時代によりさまざまな意味が含まれてきた。生活者論の源流をつくったといえる三木清は，生活が軽視されていた戦時体制下に，「生活文化という言葉のうちに含まれているのは積極的な態度である」「生活文化はあらゆる人間に関わるものであり，しかもこれにおいて創造的であることは他のいわゆる文化の創造におとらぬ価値のあることである」「新しい生活文化は我々自身の自主的な立場において作られなければならない」としており，生活への自主的，積極的，創造的な態度こそ生活文化であるとしている[1)]。

天野正子は，三木清，今和次郎等を紹介しながら，「『生活者』とは，それぞれの時代の支配的な価値から自律的な，いいかえれば『対抗的』（オルタナティブ）な生活を，隣り合って生きる他者との協同行為によって共に創ろうとする個人」[2)]と概念づけている。また，生活学の提唱者である今和次郎については，「戦後の生活困窮期に，生活を労働力の再生産活動にとどまらない，余暇活動や精神活動まで含む『活動の総体』としてとらえ，その全体としての生活を『よりよいものに』という自覚のもとに生活の質を問う人々のなかに，生活者像を探り当てようとした」と述べている[3)]。

以上を総括し，荒井紀子は「『生活者』の特質は，第一に生活の価値を自律的に判断できる個人であること，第二に，よりよい生活をつくろうとする自覚と意思，実践力を持つ個人であること，第三に，他者とともに（よりよい生活を）つくるという協同性への志向があること，の3点に集約できる」としている[4)]。

2) 生活主体とは

一方，生活主体については，伊藤セツによれば，「主体とは，認識し，行為する我をもった人間個々人のことであり，生活主体とは，生活を科学的に認識し，生活実践する個人である」と定義されている[5)]。さらに，「多くの場合個々人は，家庭生活という共同体にあっては，複数の個人の絡み合いにおいて考えられなければならない」として，個人のみならず，家族を生活主体ととらえることにも言及している。また，「生活主体とはまさに生活環境醸成の主体でもある」と述べており，自らの直接的な行動で生活環境を改善・改変し，その活動を通して社会を変革，創造していく能力を持つことが求められていると考えられる。

同様に，天野寛子は，「生活の問題に自ら身につけた生活技術をもって積極的に問題を解決してゆく実践的な生活者」とし，実践的に問題解決できる生活主体の形成が求められていることを述べている[6)]。

さらに，宮本みち子は，「家政学や家庭科教育において生活の主体形成がテーマとなるのは1970年代の中頃からであるが，その頃から子どもの発達の遅れやひずみが指摘され，家事労働の意義が人間発達の面から改めて注目された」と述べ，生活主体の形成が教育課題としても取り上げられていることを指摘している[7)]。

最近では，荒井紀子が，「人権を土台として，生活課題の改善や解決に一人で，また他と共同して主体的に取り組むとともに，社会を形成する主体としての自覚と実践力をもつ生活者」を生活主体者の具体像とし，生活者としてのみならず，社会の変革をめざした市民的資質を併せ持ったものとして，生活主体をとらえている[8)]。

以上，「生活を主体的に営む変革主体としての生活主体」[9)]は，家政学において従来から課題として挙げられ，特に産業化の進展とともに脆弱化している「生活主体」の育成が求められているといえよう。生涯，生活をしていく私たちは，生活主体としてどのように発達していくのか，その発達に家政学がどのように寄与できるのか，改めて考えていくことが求められている。

(2) 人間発達に関する基礎的理論

これまでの人間発達，生涯発達の研究の視点は，発達を外的な要因から説明しようとする立場（ライフサイクル理論やライフコース研究など），また，個人の生理的・心理的な内面を重視する立場（発達心理学など）にみるように，いずれも発達の過程に注目したものが主流であった。さらに，第三の立場として，発達を教育などの作用によってつくられていくものとしてみる立場もある[10)]。ここでは，人間発達に関する基礎的な理論として，以下の４つを簡潔に紹介する。

1) ピアジェの認知発達段階論

ピアジェは，外界を認識する「シェマ（スキーマ構造）」の質的変化が４つの段階を経て，認知機能が発達していくと提唱した。感覚運動期は，感覚と運動によって，外界を認知し，適応していく時期であり，前操作期は，抽象的思考が始まるが，「自己中心性」（物事を自分の見方・視点からしかとらえられない）が特徴的である。具体的操作期になると，具体的な事柄を論理的に考えられるようになり，「保存性」（見た目が変化しても，量や重さなどが変化しない）などについて，理解できるようになる。また，他者の視点を持つようになる。形式的操作期になると，抽象的なことが考えられるようになり，仮説を立て，演繹的な理論も考えられるようになる（表5-2）[11]。

表 5-2　ピアジェによる認知機能の発達段階

発達段階	期　間
感覚運動期	誕生～2 歳
前操作期	2 歳頃～7 歳頃
具体的操作期	7 歳頃～11，12 歳頃
形式的操作期	11，12 歳頃以降

出典：榎本博明（編著）『発達心理学』おうふう（2010）p.17

しかし，ピアジェの発達段階は，子ども期（乳幼児から青年期）までであり，生涯発達という視点が欠けていることが問題とされている[12]。

2) エリクソンのライフサイクル理論

エリクソンは，フロイトの生物的視点からの発達理論に，社会的視点を加え，ライフサイクル全般を視野に入れ，人生を 8 つの発達段階に分け，心理社会的発達理論をつくった。心理・社会的な自我という観点から人間の発達をとらえ，社会との関わりを重視し，人間の心は，生涯を通じて発達・成長していくものであると展望を示している。

また，図 5-3 に示すように，8 つの発達段階には，心理・社会的危機の考え方を示した。発達はそれまで，ただ前向きのものとしてとらえられてきたが，対抗的方向や病理的方向（危機）

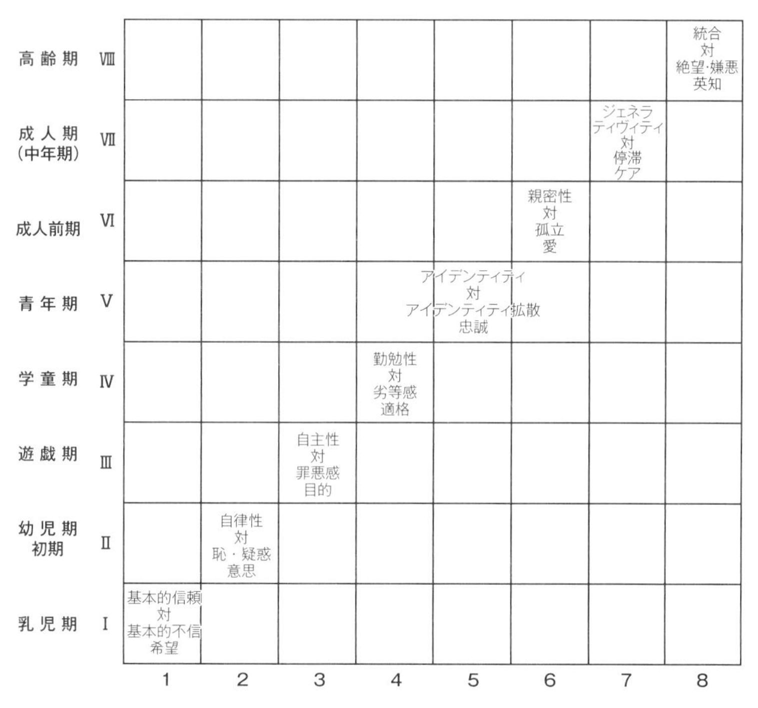

図 5-3　エリクソンの精神分析的個体発達分化の図式

出典：Erikson & Erikson（1997）邦訳文献を一部改変

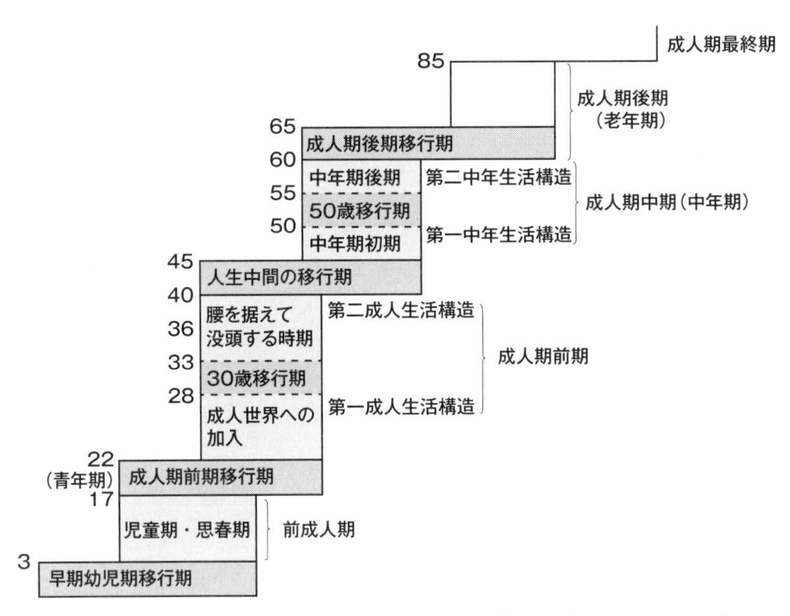

図5-4　レビンソンによる男性のライフサイクル（Levinson, 1979）

も含んでおり，ライフサイクルの8つのステージに固有の心理的・社会的危機が存在するととらえている。特に，第5段階　青年期の心理・社会的課題である自我同一性（アイデンティティ）（自分とは何者か，という問いに肯定的かつ革新的な回答をもっていること）の獲得が重視されている[13]。

3）レビンソンのライフサイクル理論

1970年代以降，レビンソンらアメリカの研究者によって，成人発達論が発表され，人間の生涯全体を発達的視点からとらえる視座が確立された。図5-4は，レビンソンが，40人の4つの職業群に属する中年男性の個人史を分析し，提唱した発達段階である。彼は，発達的変化の基本を個人の「生活構造」（ある時期におけるその人の生活の基本的パターンないし設計）の変化であるとしている。この生活構造の概念を用いて個人と外界の相互関係を分析し，各人の生活構造は成人期に比較的順序正しい段階を経て発達していくこと，成人期の生活構造の発達は安定期（生活構造が築かれる時期）と過渡期（生活構造が変わる時期）が交互に現れて進んでいくことなどを見いだした。しかし，男性を中心とした生活構造を示しており，女性を含めたライフサイクルの視点を含むことが課題とされている[14]。

4）ハヴィガーストの発達課題

ハヴィガーストは，次の発達段階にスムーズに移行するためには，それぞれの発達段階で修得しておくべき課題があると考え，発達課題と命名し，表5-3のように示した。しかし，現在，時代の変化に応じて発達課題が変化していることが指摘されている[15]。

表 5-3 ハヴィガーストの発達課題 (Havighurst, 1958)

発達階段	発 達 課 題	
乳幼児期	(1) 歩行の学習 (2) 固形の食べ物をとることの学習 (3) 話すことの学習 (4) 排泄の仕方を学ぶこと (5) 性の相違を知り性に対する慎みを学ぶこと (6) 生理的安定を得ること	(7) 社会や事物についての単純な概念を形成すること (8) 両親や兄弟姉妹や他人と情緒的に結びつくこと (9) 善悪を区別することの学習と良心を発達させること
児童期	(1) 日常の遊び (ボール遊びなど) に必要な身体的技能の学習 (2) 成長する生活体としての自己に対する健全な態度を養うこと (3) 友だちと仲よくすること (4) 男子または女子としての社会的役割を学ぶこと	(5) 読み・書き・計算の基礎的能力を発達させること (6) 日常生活に必要な概念を発達させること (7) 良心・道徳性・価値判断を発達させること (8) 人格の独立性を達成すること (9) 社会の諸機関や諸集団に対する社会的態度を発達させること
青年期	(1) 同年齢の男女との洗練された新しい交際を学ぶこと (2) 男性または女性としての社会的役割を学ぶこと (3) 自分の身体的変化を受け入れること (4) 両親や他の大人から情緒的に独立すること (5) 経済的な独立について自信をもつこと (6) 職業を選択し準備すること	(7) 結婚と家庭生活の準備をすること (8) 市民として必要な知識と態度を発達させること (9) 社会的に責任のある行動を求め, そしてそれを成し遂げること (10) 行動の指針としての価値や論理の体系を学ぶこと
壮年初期	(1) 配偶者を選択すること (2) 配偶者との生活を学ぶこと (3) 第一子を家族に加えること (4) 子どもを育てること	(5) 家庭を管理すること (6) 職業に就くこと (7) 市民的責任を負うこと (8) 適した社会集団を見つけること
中年期	(1) 大人としての市民的・社会的責任を達成すること (2) 一定の経済的生活水準を築き, それを維持すること (3) 10 代の子どもたちが信頼できる幸福な大人になれるよう助けること	(4) 余暇活動を充実させること (5) 自分と配偶者とが人間として結びつくこと (6) 中年期の生理的変化を受け入れ, それに適応すること (7) 年老いた両親に適応すること
老年期	(1) 肉体的な力と健康の衰退に適応すること (2) 隠退と収入の減少に適応すること (3) 配偶者の死に適応すること (4) 同年代の人々と明るい親密な関係を結ぶこと	(5) 社会的・市民的義務を引き受けること (6) 肉体的な生活を満足におくれるように準備すること

(3) 家政学における生活主体の人間発達に関する概念

人間は生活しながら発達し, また発達しながら生活をしている。生活主体としての人間の発達は総合的なものであり, 出生時から高齢期に至るまで発展的に継続している。家政学における人間発達とは, 個人・家族が生活主体として一生を通して発達していく過程, またはその考え方を指すととらえることが重要である[16)]。

従来, 家政学においては, 青年期までの発達は児童学, 青年期以降は家族関係学, 高齢者に関しては, 家庭経営学, 福祉等々と分断的にとらえられてきていた。しかし, 1970 年代以降, 生涯発達心理学や老年学などの成人期以降の, 特に中高年の新たな可能性に関する研究の蓄積

表 5-4　生涯発達の観点に立った家政学の体系化（試案）

・は発達課題あるいは達成すべき展開，★は家政学6領域，☆は家政学16領域を示す

研究対象の領域区分			年齢（歳）　4　10　20　30　40　50　60　70　80
人間領域	個人の生涯発達	個人の発達段階	胎児期／乳児期／幼児期／児童期／青年期／成年期／前期老年期／後期老年期
		おもな発達課題	・生理的安定・社会的役割の学習　・社会的役割の達成　・中高年期の心身の変化への対応　・退職後の生活基盤の確立　・健康喪失時の対応 ・歩行の学習・個人的独立・情緒的独立・市民としての知識・価値観の確立　・中高年期の生きがいの確立　・老年期の生きがいの確立 ・基本的生活行動　・価値観形成・結婚と職業生活の確立　・老年期へ向けての健康作り　・年金等経済基盤の獲得 ★☆児童学　・自我の確立　・母性，父性と親準備性
	家族の生涯発達	家族の発達段階1	※　定位家族期／結婚期／離婚後の生活期／老後期
		おもな発達課題	※個人の選択するライフコースにより，無数の家族の発達段階が設定される。　・離婚後の家族関係の調整　・離婚後の情緒的安定　・健やかな老後期の人間関係の形成
		家族の発達段階2	※　定位家族期／独身期／新婚期／育児期／教育期／子独立後／老後期／配偶者の喪失期
		おもな発達課題	・さまざまな家族関係における子どもの発達の達成・配偶者選択と結婚・家族計画・子育てとしつけ　・子独立後の生きがいの獲得　・老後期の家族関係の形成　・一人暮らしへの対応 ・夫婦の共同と責任，役割分担　・子どもの社会化，自立への支援　・老後期の生活自立への支援（家庭看護を含む） ☆家族関係学　・親からの自立と交流　・親役割の獲得　・女性の就業と家族関係
相互作用観	家庭経営	おもな達成課題	・親子関係の調整　・家族の共有時間やその他の生活時間，労働時間との調整　・離婚等家族関係の変化に伴う適切な意思決定　・退職後の生活時間の調整 ・子どもの発達を達成するための諸資源の調達　・職業とライフスタイルの選択　・マイホーム取得のための生涯設計　・老年期の生活課題に関する意思決定 ・さまざまな消費（購入）に関する意思決定　・家庭経済の基盤作りと貯蓄計画　・子独立後の生活時間の調整　・老年期の所得保障の達成 ・消費者としての行動形成　・経済的自立と職業　・子どもの教育資金の調達方法の確保 ★☆家庭経営学　☆家庭管理学　☆家庭経済学
環境領域	食生活	おもな達成課題	・子どもの心身の健康な発達を促進する食生活の設計　・各発達段階を考慮した食生活の設計　・成人病を予防する食生活の設計　・骨粗しょう症などの老年期の健康障害を予防する食生活からの支援 ・孤食・個食化への配慮 ★食物学　☆調理科学　☆栄養・食品学
	衣生活	おもな達成課題	・子どもの衣生活における習慣形成　・各発達段階を考慮した衣生活の設計　・多用な生活行動に対応した衣生活の設計　・高齢者の衣生活の機能性とデザイン性からの達成 ・子どもの体型変化を考慮した衣生活の設計　・個性の発達と衣生活のデザイン性への配慮 ★被服学　☆服飾美学・服飾史　☆民族服飾　☆被服材料学　☆被服整理学　☆被服構成学　☆被服衛生学
	住生活	おもな達成課題	・個人の居住性を考慮した住生活の設計　・家族のライフステージ・家族形態を考慮した住生活の設計　・子独立後の新しい住空間の創造　・老年期の快適な生活を実現する住空間の設計 ・家族のコミュニケーションを促進する住空間の設計　・障害者の生活を支援する住宅の設計　・老年期の住宅の確保 ★☆住居学
	社会生活と自然環境	おもな生活関連機関等	○福祉・・・母子福祉，児童福祉（保育園など），障害者福祉，老人福祉（老人ホームなど福祉・医療施設） ○教育・・・幼稚園，小学校，中学校，高等学校，大学，専門学校，社会教育，生涯教育，教育相談 ○行政・立法・・・社会保障，消費者保護政策，住宅等に関する諸政策，生活に関連する法の整備 ○消費者・・・消費者支援センター，国民生活センター，消費者センター ○企業・・・質の高い商品・サービスの提供 ○健康・・・保健・医療，衛生面への対応，家族療法，老人医療 ○地域社会・・・子育てネットワーク，ボランティア活動，一人暮らしお年寄りへの支援活動 ○環境・・・環境アセスメント，地球の食糧資源への配慮，自然環境の保護
専門領域	職業生活	おもな生活関連職業	○福祉・・・乳幼児の集団保育，児童福祉士　児童相談所カウンセラー，社会福祉士，ホームヘルパー ○教育・・・★☆家政教育（幼稚園，小中高校家庭科教員，大学教員），養護教諭，教育・発達相談員，社会教育主事 ○行政・立法・・・労務者・法務者などの心理職・教育職・家庭裁判所調査員 ○消費者・・・消費生活アドバイザー・コンサルタント・相談員，消費アドバイザー，トータルライフカウンセラー，食生活アドバイザー ○企業・・・衣料管理士，繊維製品品質管理士，販売コンサルタント，インテリアコーディネーター，建築士，ホームアドバイザー，ホテル・ルームサービス指導員，企業の市場調査担当者，ヒーブ，洋裁，和裁 ○健康・・・栄養士，管理栄養士，老人医療 ○地域社会・・・生活改良普及員，生活環境苦情処理委員 ○環境・・・よりよい環境づくりのための専門委員
研究方法			人文科学 社会科学 自然科学

統括領域：○生活論　○家政論　○価値論（人間が発達するうえで重要な価値観・一生涯にわたって貫き通す価値とは何か）　○精神と肉体のバランス　○方向づけ機能　☆家政学原論

方法論

心理的・精神的発達　経済的・社会的発達　身体的発達

意思決定　相互作用

個人・家族をとりまく生活環境

専門・職業教育

は生涯発達の概念に大きな転換をもたらし，家政学においても，時代の変化と社会の要請に応え，人間の生涯発達を統合してとらえる必要から，人間の生涯にわたる発達課題を解決する生活環境の達成課題を配置した家政学の体系化が試みられており，谷口はそれを表 5-4 のようにまとめている[17]。人間の生涯発達を，心理・精神的，社会・経済的，身体的の3つの観点からトータルにとらえ，人間の生涯にわたる発達課題を解決するための生活環境の達成課題を配置している。さらに，個人・家族の生涯にわたる発達を支援する家政学専門（プロフェッション）

表 5-5　各ライフステージにおける主な発達課題例

ライフステージ	乳幼児期	児童期	青年期	壮年期（成人期）	老年期（高齢期）
	誕生～就学前	6～12 歳頃	12 歳～ 20 歳代前半頃	20 歳代後半～ 60 歳代前半頃	65 歳頃～
発達課題の例	・外界との出会い ・食事・排泄等基本的生活習慣の形成 ・言語の習得 ・五感による感性の発達 ・周りの人との基本的信頼関係の築き ・ルールなどの社会的生活習慣の学習	・基礎的な学力の習得 ・自己表現ができる ・生活面の自立の基礎の習得 ・家族の一員としての自分の役割を担う ・集団生活等を通して社会性や良心を身に付ける ・地域行事に家族と参加する等，関心を持つ	・自我・アイデンティティの形成・確立 ・生活的・経済的・社会的自立の準備，達成 ・精神的自立をめざす ・職業観の形成・進路選択の準備，実践 ・生活設計に応じた学び ・親になるための精神的・身体的準備 ・自己役割の受容 ・地域活動への参加	・人として自立し，人生の目標を持つ ・職業上の責任を果たす ・家族間での責任を果たす ・子どもの自立を支援する ・納税の義務等，社会的責任を果たす ・地域社会の人々との関係を築く ・PTA 活動等に参加する	・生涯，生きがいとして学び，楽しみを設計する ・健康の維持を図る ・経済的自立を考える ・生活文化や職業に関する経験等の伝承 ・やがて迎えるパートナーや自分の死に対する心の準備をする ・地域社会活動に対応する

にどのようなものがあるのかを「専門領域」として下部に関連づけている。人がどのような環境との相互作用によって，どのように発達していくのか，人間の発達だけでなく，生活資源，人間関係，生活の仕組みと発達の関係を対象に含め総合的に生涯発達と関わらせていく視点が家政学独自の知見にあると考えられる[18]。

(4) ライフステージと発達課題

生まれてから亡くなるまでの一生をライフコースといい，前述したレビンソンが述べたようにある程度の定式化されたパターンがある。ライフコース上には，青年期，成人期などのライフステージ（段階）があり，それぞれの段階に応じて独自の目標，主要な社会的役割・活動，対人関係がある。個人のライフステージにおける課題はさまざまな視点からまとめられているが，生活主体の視点から，表 5-5 のようにまとめることができる。

生活主体として，個々の発達課題はもちろんのこと，家庭内での役割，職業上での役割，地域社会での役割を相互に関連させながら，しかも一定のライフサイクル（生活周期）を描きながら担い，生活を営み，生涯発達していると考えられる[19]。

(5) キャリア発達と生活主体の人間発達

キャリア発達とは，専門的な職業における発達のみを指しているのではなく，人の一生の中で，生活主体が，家庭生活，職業生活，地域生活といった，生活全般における生涯発達をする

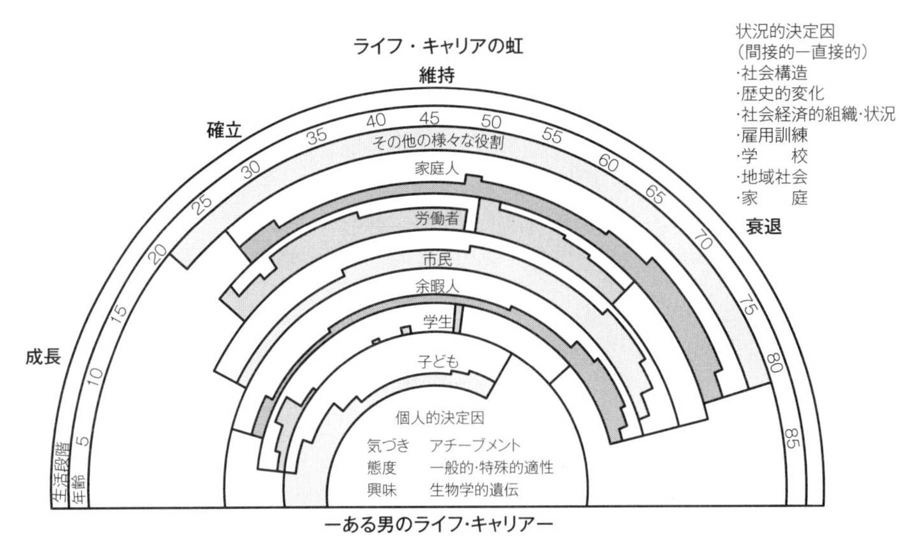

「22歳で大学を卒業し，すぐに就職。26歳で結婚して，27歳で1児の父親となる。47歳の時に1年間社外研修。57歳で両親を失い，67歳で退職。78歳の時妻を失い，81歳で生涯を終えた。」D.E. スーパーはこのようなライフ・キャリアを概念図化した。

図 5-5　ライフ・キャリアの虹

出典：文部省中学校・高等学校進路指導資料集第1分冊（1992）

ことを指している。

図5-5は，職業心理学の草分け的存在であるスーパーが示したライフ・キャリアの虹（ライフ・キャリアレインボー）である。スーパーは，キャリアを生涯発達の視点で検討し，職業を選択する人間の持つ可能性である発達と，職業と直接関連のない生活全体に注目して，キャリア発達理論的アプローチを展開した。キャリアを「人生のある年齢や場面のさまざまな役割の組み合わせ」であるととらえ，人々は，自分にとって重要な価値観を，仕事あるいはほかのライフ・ロール（役割）において達成しようとするとしている。生涯を出生から，成長→探索→確立→維持→衰退と段階に分けて説明し，その中で，人々は，「子ども」「生徒・学生」「余暇人」「市民」「労働者」「配偶者」「家庭人」「親」などのライフ・ロール（役割）の役割を1つあるいは，複数を並行して，「職場」，「家庭」，「地域」，「学校」を舞台として演じていると表した[20)]。

変動の時代といわれている現代には，生活主体の生涯発達として，キャリア発達の視点を取り入れ，将来を見通したキャリアデザイン，そしてライフデザインを行うことが，求められていると考えられる。

演習問題

① 現代における生活主体の特性について説明してみよう。

② 諸理論を参考に，各ライフステージの発達課題について話し合ってみよう。

③ 家政学が「生活主体としての人間発達」をどのように支援できるのか，まとめてみよう。

〈注・引用文献〉

1）三木清「生活文化と生活技術」『三木清全集第14巻』岩波書店（1967）pp.386-389（初出1941.1婦人公論）
2）天野正子『「生活者」とはだれか』中央公論社（1996）p.236
3）前掲書2）p.230
4）荒井紀子『生活主体の形成と家庭科教育』ドメス出版（2008）p.15
5）伊藤セツ「新しい生活様式の創造と選択のために」（社）日本家政学会（編）『家庭生活の経営と管理』朝倉書店（1989）pp.181-183
6）天野寛子「生活技術と生活主体の形成」宮崎礼子・伊藤セツ（編）『家庭管理論　新版』有斐閣（1989）p.161
7）宮本みち子「豊かな家庭生活の論理と構造」三東純子（編）『21世紀のライフスタイル』朝倉書店（1991）p.23
8）荒井紀子『生活主体の形成と家庭科教育』ドメス出版（2008）p.25
9）松葉口玲子「生活主体の構築と教育・学習」（社）日本家政学会生活経営部会（編）『福祉環境と生活経営』朝倉書店（2000）p.145
10）麻生誠（編著）『生涯発達と生涯学習』放送大学教育振興会（1997）pp.35-37
11）鈴木忠・飯牟礼悦子・滝口のぞみ『生涯発達心理学』有斐閣アルマ（2016）pp.8-11
12）金田利子・岡野雅子・室田洋子（編著）『生活者としての人間発達』家政教育社（1995）p.16
13）榎本博明（編著）『発達心理学』おうふう（2010）pp.21-22
14）岡本祐子・平田道憲・岩重博文（編著）『人間生活学』北大路書房（1998）pp.18-19
15）前掲書13）pp.18-20
なお，家族や個人の発達課題については，たとえば下記の文献を参照のこと．
（一社）日本家政学会家政教育部会（編）『家族生活の支援-理論と実践-』建帛社（2014）pp.31-34
望月嵩『家族社会学入門-結婚と家族-』培風館（1996）pp.15-25
エリザベス・J・ヒッテ，ジューン・ピアス・ユアット（著），中間美砂子（監訳）『現代家庭科教育法』大修館書店（2005）pp.34-65
レイン・H・パウエル，ドーン・キャシディ（著），倉元綾子・黒川衣代（監訳）『家族生活教育-人の一生と家族-』南方新社（2013）
16）前掲書12）p.11
17）谷口彩子「生涯発達の観点に立った家政学の体系化」『日本家政学会誌』Vol.48，No.11（1997）pp.1011-1019
18）中森千佳子「生涯発達と家政学」（社）日本家政学会（編）『新版　家政学事典』朝倉書店（2004）pp.12-13
19）宮本みち子「個人の生涯と家庭経営」（社）日本家政学会（編）『新版　家政学事典』朝倉書店（2004）pp.157
20）志村結美「キャリアデザイン」（一社）日本家政学会家政教育部会編『家族生活の支援-理論と実践-』建帛社（2014）pp.97-99

（志村　結美）

3. 家政学と家族

本節の目標

家政学を学ぶ上で，家族をどのようにとらえるべきか，考えよう。

(1) 家族とは

「家族」とは，訓示的解釈によると，「夫婦とその血縁関係を中心に構成され，共同生活の単位となる集団。近代家族では，夫婦とその未婚の子からなる核家族が一般的形態」[1]とある。現在，家族という概念を個人のライフスタイルの一つとしてみる見方と，家族は個人に分解するものではなくそのあり方は定型であるとみる見方が対立している。家族の見方には共通の理解があるわけではなく，これまでさまざまな論争が繰り返されてきた。

落合は，およそ1955（昭和30）年から1975（昭和50）年までを戦後家族の安定期とし「家族の戦後体制」と呼んでいる。その特徴として，(1) 女性の主婦化，(2) 再生産平等主義（多くが適齢期に結婚，子どもが2，3人いる家族をつくる），(3) 人口学的移行世代（昭和ひとけた世代から戦後生まれの団塊の世代）が担い手，の3項目を挙げている[2]。この，「家族の戦後体制」期は，日本における「近代家族」の定着期であり，目黒は，(1) 集団性，(2) 両親性・ジェンダー性（夫と妻，父親と母親がそろっていること），(3) 永続性（家族のメンバーシップが交替しないこと），が安定した家族の前提であったことを示す[3]。その後，既婚女性の就業化，婚姻率の低下，離婚率の上昇，少子化などの変化を経て，家族は個人化し，「家族生活は人の一生の中で当たり前の経験ではなく，ある時期に，ある特定の個人的つながりをもつ人々とでつくるもの」[4]といわれた。このように，家族を個人のライフスタイルの選択肢の一つとみる見方は，「個人を単位とする社会」[5]，「シングル単位社会」[6]などと呼ばれ，受け継がれている。

一方，現在の日本の家族政策は，家族は自明のものとし，あるべき家族モデルを示す傾向にある。税制，年金制度の専業主婦優遇は，落合がいう「家族の戦後体制」期に一般化した性別役割分業家族がモデルになっている。近年，家族の教育力の低下を指摘する声が大きく，2007（平成19）年に改正された教育基本法には，「家庭教育」に関する条文が新しく設置された。また，深刻な高齢化の中，高齢者介護は自宅での家族による介護をベースとした政策が進んでいる。国が主導する育児の社会的支援は必要不可欠であるが，国の家庭への介入，家庭教育力低下は女性の社会進出によるものといったジェンダーバッシングや，家族の高齢者介護に対する高負担などに具現化する国家家族観の高揚が懸念される。

(2) 家庭科における家族の見方

1) 学習指導要領における家族

家庭科は初等・中等教育において家族に関する学習を行う基幹教科である。家庭科の他にも小学校では生活科と道徳，中学校では道徳の学習指導要領に「家族」の文言がみられる。小・中学校における道徳の学習指導要領には，すべて「父母，祖父母を敬愛し」という文言を含み，家族との情緒的つながりを重視する内容である。従来は高等学校の「倫理」では，「現代の諸課題」として生命，環境などとともに「家族」が挙げられていたが，2018（平成 30）年の改訂では「家族」の文言は記載がなくなっている。一方，家庭科では，小・中・高等学校において段階的に，家族についての理解を深め，家族関係をよりよくし，男女が家族の一員として協力して家庭を築くことが示されている。

表 5-6 「家庭」の学習指導要領内容における「家族」の指導事項

小学校	○自分の成長を自覚し，家庭生活と家族の大切さや家庭生活が家族の協力によって営まれていることに気付くこと。 ○家族との触れ合いや団らんの大切さについて理解すること。 ○家族や地域の人々とのよりよい関わりについて考え，工夫すること。
中学校	○自分の成長と家族や家庭生活との関わりが分かり，家族・家庭の基本的な機能について理解するとともに，家族や地域の人々と協力・協働して家庭生活を営む必要があることに気付くこと。 ○家族の互いの立場や役割が分かり，協力することによって家族関係をよりよくできることについて理解すること。 ○家族関係をよりよくする方法及び高齢者など地域の人々と関わり，協働する方法について考え，工夫すること。 ○家族，幼児の生活又は地域の生活の中から問題を見いだして課題を設定し，その解決に向けてよりよい生活を考え，計画を立てて実践できること。
高等学校	【家庭基礎】 ○生涯発達の視点で青年期の課題を理解するとともに，家族・家庭の機能と家族関係，家族・家庭生活を取り巻く社会環境の変化や課題，家族・家庭と社会との関わりについて理解を深めること。 ○家庭や地域のよりよい生活を創造するために，自己の意思決定に基づき，責任をもって行動することや，男女が協力して，家族の一員としての役割を果たし家庭を築くことの重要性について考察すること。 【家庭総合】 ○生涯発達の視点から各ライフステージの特徴と課題について理解するとともに，青年期の課題である自立や男女の平等と協力，意思決定の重要性について理解を深めること。 ○家族・家庭の機能と家族関係，家族・家庭と法律，家庭生活と福祉などについて理解するとともに，家族・家庭の意義，家族・家庭と社会との関わり，家族・家庭を取り巻く社会環境の変化や課題について理解を深めること。 ○家庭や地域のよりよい生活を創造するために，自己の意思決定に基づき，責任をもって行動することや，男女が協力して，家族の一員としての役割を果たし家庭を築くことの重要性について考察すること。

文部科学省学習指導要領を基に筆者作成（小・中学校は平成 29 年 3 月，高等学校は平成 30 年 3 月告示）

2）家庭科教科書における家族

それでは実際に授業で使われている教科書では「家族」をどのように描いているだろうか（2017（平成29）年度現在）。2社が発行している小学校家庭科の現行教科書では，文章により家族は定義されていない。家族との団らんを学習するページでは，両親だけではなく，祖父や祖母が子どもたちと共にくつろぐ写真が使われている。一方，中学校教科書は現在3社から発行されているが，小学校教科書と同様に明確な家族の定義はみられない。開隆堂の中学校教科書では，「自分の成長と家族や家庭生活のかかわりを考える」として，自分の成長が家族や周囲の人々に支えられてきたことに気づかせる内容である。また，「心の安らぎを得たり，日々の活動力を蓄えたり，子どもを育てたりする」家庭の働きを支える条件として「家族が精神的に安らぐ関係であることや経済生活が安定していること」が必要であり，「家族の安らぐ関係」は，「子どもにとっても大切な関係」と述べている[7)]。

高等学校は，現在「家庭基礎」「家庭総合」各々10種前後の教科書が使われている。「家庭基礎」教科書の一例では，「結婚や血縁関係によって結ばれた人々の集まり」「居住の共同」といった従来からの関係性と生活共同を示す一方で，「現代では〈家族とは何か〉に対する答えは，生活状況や考え方によって，異なるもの」であり，「個人が選択するライフスタイルの一つ」とする。その関係性として「平等性・自立性・共同性・開放性・情緒性」の視点を持つことが必要と述べている[8)]。さらに詳しく家族について学習する「家庭総合」の教科書では，「結婚　する？しない？」「子どもを　もつ？　もたない？　子育てはだれがする？」をテーマに生徒に考えさせるページを設けている。その中には，結婚が生涯続くものではないことや（離婚・再婚について），子育てが母親に偏る現状など，現代の家族に関わる課題を含んでいる[9)]。

現行の家庭科教科書は，従来の固定化した家族の形にとらわれるのではなく，平等で自立した関係性を重視し，生徒自らが自分の幸せについて考え，これからの人生を選択する材料を提供する内容である。しかし，「家族の多様性を推進している」という批判もなされる。安部晋三第1次内閣の折に出版された『美しい国へ』では，家族の多様化を示す家庭科教科書が批判され，「お父さんとお母さんと子どもがいて，おじいちゃんもおばあちゃんも含めて，そういう家族が仲良く暮らすのがいちばんの幸せだという価値観」を守ることの重要性が説かれている[10)]。前項で述べたような，国がとらえる「家族」の形を具体的に示す言葉といえよう。

（3）家政学における家族の見方

1）家政学における家族の見方

家政学においては，従来より「家族」を家庭生活の主体としてとらえてきた。1984（昭和59）年に示された家政学の定義では，家政学の研究対象を「家庭生活を中心とした人間生活」としている。家族の生活の営みが「家庭生活」であり，家政学はその向上が人類の福祉につながるととらえ，研究を重ねてきた。生活の主体として，個人よりも「家族」を重視してきたといえよう。富田は「家政学における人間観」として，「家政学は（人間を）家族として把握している。

家政学での人間は何よりも家庭を構成する家族であった。家族は社会の基本単位でもあり，家政学は家族が生活をどう営むかという点に関心を集中させてきた。しかし最近は家族と言う視点よりも，その中の個人の方にウェイトがかかる傾向もある」と述べる[11]。また，住田は家族の持つ育児機能の重要性にふれ，さらに「家政学においては個人よりも家族概念が優先され，分かちあう幸福を目ざしている」という 1972（昭和 47）年の国際家政学会宣言の言葉を挙げている[12]。

その後 20 数年間に，社会は大きく様変わりし，人々の生活も変容した。「家政学における家族」は今岐路に立たされている。

2）家族関係学について

家政学における領域科学の一つが「家族関係学」である。

「家族関係学部会」は，日本家政学会の専門部会として 1980（昭和 55）年 6 月に発足した。「家族関係学」は，ウェブページ上の部会長の言葉を借りると，「生活者のウェルビーングの実現を目的とし，衣，食，住，経済，家族など多くの要素から構成されている人々の生活を研究する実践科学」である家政学の一分野として，「家族を主な研究対象とし，集団としての家族が，また，生活者としての個人が，よりよく生きるための条件を，人間関係のあり方，家族と個人を取り巻くさまざまな生活環境について研究する学問」である[13]。

また，過去からの「家族関係学」の学問としての独自性に関する論議では，以下のような言葉が残されている。「家族関係学が〈実践的固有性〉を確立するには，〈法則性探求の志向性〉のほか家族問題の解決という〈効用性探求の志向性〉を加える必要がある」（本村凡，1989），「家族成員の相互関係に対して，多様なアプローチを試みる学際的な学問領域であり，その特徴として，規範性・実証性・実践性の 3 点をあげることができる」（袖井孝子，1991），「家族の人間関係についての諸現象を分析・説明し，法則性を見出し，個々人がよりよく生きることに貢献する科学」（長津美代子，1998），「実証的研究を通して，家族関係の法則性を発見するとともに，実践的研究を通して，家族問題解決の方策を探求する」（中間美砂子，2004）[14]。現在の部会の示す学問的特徴も含めて，共通するのは，「生活の向上に資する」「家族問題の解決」「よりよく生きることに貢献する」など，実践性を強調する点である。近年，「日常的な家族生活で生じる具体的家族問題について取り上げ，その実態の理解を深めるとともに問題への現実的な対処や支援に関する方法を検討する」という「臨床家族社会学」なる学問が登場しているが[15]，従来からの家政学における家族関係学こそ，家族問題の解決方法を検討し，実践してきた学問といえる。

3）国際家政学会における家族の見方

国際家政学会（International Federation for Home Economics：IFHE）が掲げる家政学の目的は「個人・家族・コミュニティのエンパワーと福祉の実現」とされ，「個人」「家族」「コミュニティ」が併記されている。そして，研究，教育，日常生活，政策の４つの領域で，それぞれ目的を果たすべく実践を行う，としている。現在，IFHEは，国連が掲げたミレニアム開発目標（MDGs）の８つの目標（①貧困・飢餓，②教育，③ジェンダー，④幼児死亡率，⑤妊産婦，⑥疾病，⑦環境，⑧グローバルパートナーシップ）の各々において，IFHEが貢献できることを検討し，具体的方針を明示している。このような「実践」がIFHEの大きな使命である。また，分野別の委員会である“The Family and Gender Programme Committee”は，「家族はすべての社会においてもっとも基本的な単位であり，多面的な機能をもつ家族は，世界中の多様な文明の形において，社会と社会的発展のためにもっとも重要な機関の一つである。子どもやすべての年齢の女性，男性を含む個人の家族員の発展と幸せ（well-being）にとって，最良の社会的拠点である」と言明している[16)]。アメリカの家政学・家庭科教育が1994（平成6）年“Home Economics”から“Family and Consumer Sciences”に名称変更されたことからもわかるように，先進諸国では生活の個別化が進み，生活主体としての「個人（消費者）」を重視せざるを得なくなっている。それでもなお，IFHEは家族を「個人の発展と幸せ」にとって最良の社会的拠点とし，個人を家族のなかの個人と位置づけている。先にも述べた「家族概念が優先され，分かちあう幸福を目ざす」という1972（昭和47）年の国際家政学会宣言の精神を今も貫いている。家族を重視する考え方が，人類の福祉を向上させる実践につながると理解されているのであろう。

(4) 近年の家族の変化

1) 結婚の変化

初婚年齢が上がり，結婚しない若者が増えた。その結果，子どもを産む年齢も上昇し，少子化が進行している。国勢調査によると，平均世帯人員は年々減少し，2015（平成27）年には2.33人となった。また，一般世帯数を家族類型別にみると，単独世帯は34.6％，夫婦と子どもからなる世帯は26.9％，夫婦のみの世帯は20.1％，ひとり親と子どもからなる世帯は8.9％となっている。単独世帯はこの５年間で9.7％増加し，最も多い家族類型である。

結婚の形も変化している。法律で認められていない夫婦別姓を貫くなどの理由から，法律婚をしない事実婚夫婦が目立ち始めている。グローバル社会となり国際結婚の壁も低くなった。結婚しても同居せず，互いの生活の独立性を尊重する“コミュータ・マリッジ”といった結婚形態をとる夫婦も，少数派ではあるが現れている。アメリカのいくつかの州，オランダ，ベルギーなどでは同性婚が法的に認められている。日本では「性同一性障害」を持つ父親とその妻が生んだ子との親子関係を認める判決が出された。同性婚もやがて外国だけの問題ではなくなるだろう。

2) さまざまな親子関係

生殖医療による出産は日本でも広がってきている。不妊治療により夫婦の精子と卵子を体外受精させて母親の子宮に戻す方法は一般的である。第三者の精子を用いる場合，父親と子どもとの間に血のつながり（遺伝的親子関係）はない。ここまでは日本でも行われている。アメリカで第三者の卵子提供を受けた受精卵を自らの子宮で育て，パートナーの子どもを出産した国会議員が話題になった。夫婦の受精卵でも，母親の子宮に異常がある場合は,「代理母」に妊娠出産してもらうほかない。日本の法律では，分娩（出産）が戸籍上の実母の条件となるので，代理母のよる子どもは法的には実の親子と認められていない。第三者の精子，あるいは卵子提供を受けた場合，育ての親だけでなく，遺伝上の親との親子関係が発生する。子どもは遺伝上の親を知る権利があるのか，今，新たな問題が持ちあがっている。

このように，医学の力を利用して自分，あるいはパートナーの遺伝子を受け継ぐ子どもが欲しいと望む人が多い一方，血縁の親に育てられていない子どももいる。養子縁組をした子どもは，血のつながりはなくても法的には親子である。最近「児童虐待」や家族のさまざまな問題により，児童養護施設などで暮らす子どもが増えている。バブル崩壊期以降，特に都市部の児童養護施設は飽和状態であるが，日本では，里親や養子縁組が少ないことが現状である。

3）家族の関係性の変化

外から見た形は変化がなくても，家族の関係性が変わってきている。

2007（平成 19）年版『国民生活白書』は，平日に家族全員がそろう 1 日当たりの時間が 2 時間以下と回答した人の割合が，平日，休日ともに高まっているなど，全員が一堂に集まる時間を十分に持てない家族が増えていることを報告している。家族が一緒にいることを拒む要因として，依然として緩和しない長時間労働や，増加・長時間化する子どもの塾通いが挙げられる一方，自宅にいながら一人で過ごす若者が多いことが指摘されている。若者の生活の個別化には，従来からのテレビに加え，パソコン，携帯電話といった ICT 関連機器の急速な普及が大きな影響を及ぼしている。インターネット利用者の 1 日当たり平均利用時間は 1 時間 16 分，年齢層別では若い人ほどより長い時間インターネットを利用していた[17)]。さらに離婚に関しても,「離婚も止むを得ず，人生をやり直す再出発点である」「離婚をした方が得であり，夫婦関係がうまくいかなければ，子どものためにも離婚した方がよい」といった前向きな方向に意識が変化した[18)]。男女とも婚姻率がここ 20 年減少しているのに対し，国際的に低かった離婚率は現在上昇傾向にある。

家族の規模が縮小し，家族と暮らさない人が増えるとともに，同居している家族が一緒に家で過ごす時間が少ない，家にいても家族と過ごさないなど，家族の生活の個別化が進行している。家族コミュニケーションの減少が，家族の関係性にマイナスの影響を及ぼしているのが現状であろう。このような変化のなかで,「家族」は次世代を育てる人間にとって極めて重要な集団であること，ともに生活する「家族」の関係が人々の幸せと大きく関係することをここで再度確認したい。

(5) 家政学は家族をどうとらえるべきか

1) 規範科学と家政学

2013（平成 25）年５月に「日本学術会議　健康・生活科学委員会家政学分野の参照基準検討分科会」から提出された「大学教育の分野別質保証のための教育課程編成上の参照基準　家政学分野　報告書」では，家政学の研究対象を「人間生活における人と環境との相互作用」とした。(一社）日本家政学会が 1984（昭和 59）年より採用している定義にある「家庭生活を中心とした」という文言が除かれている。前項に述べたような現代の生活の現象をとらえ，時代の変化に則した形としたことが考えられる。しかし，家政学が従来中心に位置づけてきた「家庭生活」「日常生活」に注目することから離れると，生活主体としての「家族」の意味は大きく薄れ，単独世帯，あるいは共同生活であってもその中の個人の営みに重点が置かれるようになるだろう。

それではなぜ，現在の家政学は「家族・家庭を優先させる」と明言できないのだろう。従来から家政学は「規範科学」といわれてきた。規範科学は，あるべき価値を提示するものであり，ややもすれば価値の押し付けになるというおそれがある。事実，高度経済成長期には家庭科も含め，家政学は妻・母のあるべき姿を提示していたことは否めない。現代は人々の価値が多様化し，個人が生き方を選択できる時代である。先にも述べたように，家族はライフスタイルの一つとされ,「家族と共に生きる」という生き方のみを重視することは，公平性を欠くことになる。現在の政情とそれに同調する一部の社会が,「封建的」といってもよいような固定的な家族のあり方を国民に押しつける趨勢にあることが,「家族・家庭の重視」をしり込みさせることに拍車をかけているのかもしれない。

2) 家政学は家族をどうとらえるべきか

しかしながら，人は一人では生きられない。小さな集団，中ぐらいの集団，大きな集団のなかで，互いに助け合い，支え合わなければ生きられない。もっとも個人のそばにあり，小さく，関係が緊密な，そして子どもが育つ集団が家族である。家族員同士の関係性を高めることが，生活の向上へとつながり，ひいては人類の福祉を実現する。人類の福祉，個人の幸せの実現には，持続可能性や心身の健康など，価値の押しつけではない一定の方向性がある。一人暮らしやルームシェアなどが増えるなか，研究や教育，社会貢献により家族を最良の生活共同体にするのが，家政学の使命かもしれない。もちろん，家族の形にはとらわれない，ジェンダーマイノリティー，生殖医療による親子関係，血縁ではない関係も家族である。家族は一つのライフスタイルではあるが，そのライフスタイルを理想的に送ることに貢献できたならば,「実践科学」としての家政学の成功といえよう。

演習問題

① 家庭科において，家族がどのように位置づけられているのか，説明しよう。

② 家政学において，家族がどのように位置づけられてきたのか，説明しよう。

③ 家族の変化や家政学の役割を考え，家政学は家族をどのようにとらえるべきか考えよう。

〈注・引用文献〉

1）松村明（監修）『大辞泉［第二版］』上巻，小学館（2012）p.707
2）落合恵美子「家族の戦後体制」『21 世紀家族へ［新版］』有斐閣（2002）pp.97-114
3）目黒依子「総論：日本の家族の「近代性」：変化の収斂と多様化の行方」目黒依子・渡辺秀樹（編）『講座社会学 2　家族』東京大学出版会（1999）pp.1-19
4）目黒依子「はじめに」『個人化する家族』勁草書房（1987）p. iv
5）前掲書 2）「個人を単位とする社会へ」pp.228-252
6）井田広行「どうすべきか～カップル単位からシングル単位へ」『シングル単位の社会論 ジェンダーフリーな社会へ』世界思想社（1998）pp.100-124
7）『中学校技術・家庭』開隆堂出版（2017）p.23
8）大竹美登利 他『家庭基礎　明日の生活を築く』開隆堂出版（2012）pp.16-19
9）大竹美登利 他『家庭総合　明日の生活を築く』開隆堂出版（2012）pp.18-25
10）安部晋三「教育の再生」『美しい国へ』文藝春秋（2006）pp.202-228
11）富田守「家政学における人間観，自然観，生活観」（社）日本家政学会編『家政学事典』朝倉書店（1990）p.22
12）住田和子「家政学用語と概念」（社）日本家政学会（編）『家政学原論』朝倉書店（1990）pp.107-108
13）佐藤宏子「（一社）日本家政学会家族関係学部会ウェブページ」「家族関係学部会部会長挨拶」http://www.kazokukankeigaku.org/contents/aisatsu.html
14）中間美砂子「家政学における家族関係学　家族関係学の定義」（社）日本家政学会（編）『新版　家政学事典』（2004）p.54
15）清水新二「放送大学授業科目案内ウェブページ」「臨床家族社会学」http://www.ouj.ac.jp/hp/kamoku2014/H26/kyouyou/B/seikatu/1518895.html
16）IFHE ウェブページ http://www.ifhe.org/
17）内閣府『平成 19 年版国民生活白書　つながりが築く豊かな国民生活』（2007）pp.10-29
18）神原文子「離婚母子家庭の自立条件」神原文子編『家族のライフスタイルを問う』勁草書房（2004）pp.159-178

（表　真美）

4. 家庭生活論

本節の目標

① 家政学の研究対象である家庭生活の特質と現在の家庭生活の課題について考えよう。
②「家族・家庭・世帯」の概念の違い，世帯の動向，家族・家庭の機能について理解しよう。
③ 少子高齢化への対応や男女共同参画社会の実現に向けた家庭生活の今日的課題について，家政学的視点から考察しよう。

(1) 家族と家庭

1) 家族・家庭・世帯

家政学は「家庭生活を中心とした人間生活における人と環境との相互作用」を研究対象とする学問である。家庭生活を中心として人間生活をとらえているところに家政学の独自性をみることができる[1)]。また，環境との相互作用において，家庭を家族のための生命維持システム（life support system）として体系づけることによって，家庭を人間の基本的環境ととらえている。

「家庭」という言葉には，(a) 人間関係が維持・展開される場，集団としてのまとまりや人間関係の維持に必要とされる日常的な営みの場，(b) そこに展開される人間関係から生み出される「日常的営みの統合体」(成員がよりよく生きるための諸活動の統合システム)，(c) その場にかもしだされる心理的雰囲気，という意味が含まれている[2)]。

家庭（home）と類似した概念に家族（family）があるが，家庭が「場」，「営み」，「雰囲気」まで含む概念であるのに対し，家族は特定の人間の集団と関係を表す概念である。家族と家庭は異なる概念であるが，家政学では両者を厳密に区別することなく，「家族・家庭」という言葉で，家族の人間関係やそれが営まれる場や活動の総体を表すことも多い[2)]。

また，家族や家庭と類似した概念に「世帯」がある。世帯とは1910年代（明治の終わりから大正時代）に政府が国民の生活実態を把握する際に使用した単位であり，「住居及び生計を共にする者の集まり又は独立して住居を維持し，若しくは独立して生計を営む単身者」をいう。図5-6は世帯と家族との関係を示したものである[3, 4)]。

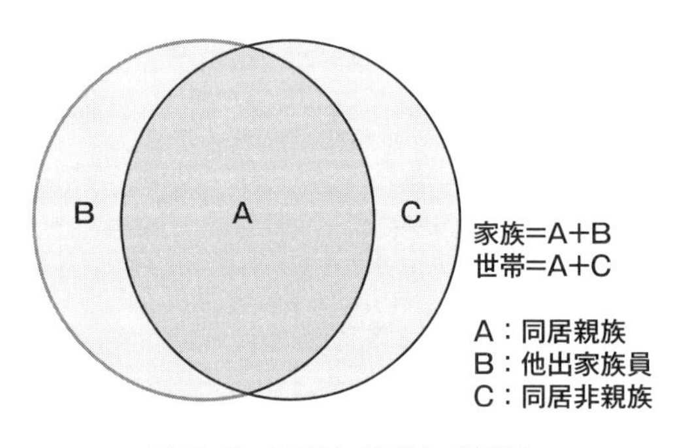

図5-6　家族と世帯との関連
出典：森岡清美・望月嵩『新しい家族社会学（三訂版）』培風館（1993）p.7

家族と世帯は重なる部分が多いが（「A. 同居親族」），家族ではあるが同居して生活を共にしていない人，たとえば単身赴任の父などは，「B. 他出家族員」にあたる。一方，家族ではないが同居して生活を共にしている人，たとえば，ルームシェアをしている友人などは，「C. 同居非親族」に含まれる。「だれを家族ととらえるのか」についての認識を共有することは意外と難しいことであり，現代のように家族のあり方が多様化している社会では，家族に対する認識も多様化している。そこで国民の生活を把握するための指標としては，「世帯」という概念が用いられている。

2) 世帯の動向

近代化による産業構造の変化に伴い，日本では高度経済成長期に核家族化が進行した。核家族とはアメリカの文化人類学者マードックによって提唱された概念で，「一組の夫婦と未婚の子からなる家族」のことである[5)]。核家族世帯には「夫婦のみ」「夫婦と未婚の子」「ひとり親と未婚の子」の世帯が含まれている。核家族化とは，これら核家族世帯の割合が，経年的に増加する傾向のことを指す。

総務省「国勢調査」から1980（昭和55）年以降の世帯構成割合の推移をみてみると（図5-7），高度経済成長期に進行した核家族化は1980年代でピークを迎え，1980年に60.3%であった核家族世帯割合は2010（平成22）年には56.4%となっており，減少傾向にある。核家族世帯の内訳をみると，「夫婦と未婚の子」世帯が減少し，「夫婦のみ」「ひとり親と未婚の子」は増加している。核家族化が頭打ちになるなか，近年増加しているのが単独世帯である。単独世帯は1980（昭和55）年の19.8%から2010（平成22）年には32.4%にまで増加しており，一般世帯の約3世帯に1世帯が単独世帯となっている。一方，その他の親族世帯（拡大家族）は19.9%（1980年）から11.1%（2010年）にまで減少している[4)]。

家族というと“夫婦と子ども”がイメージされるが，2010（平成22）年には，夫婦と子どもからなる世帯（27.9%）を超えて，単独世帯が最も多い世帯類型である。このような変化に伴って，

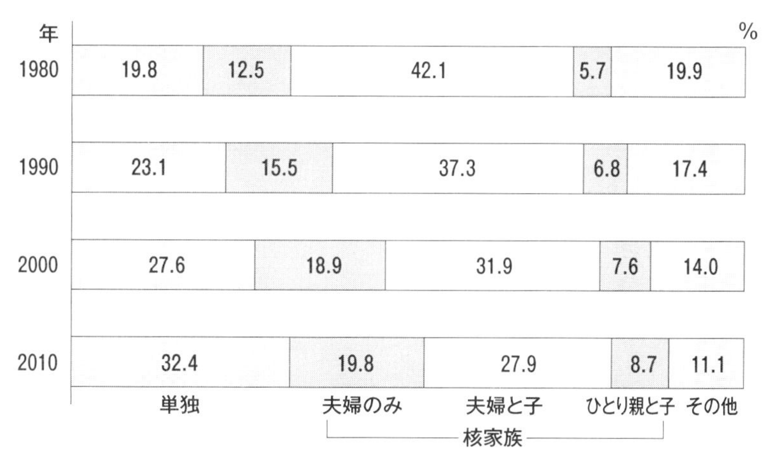

図5-7　家族類型別一般世帯割合の推移

出典：総務省「国勢調査」

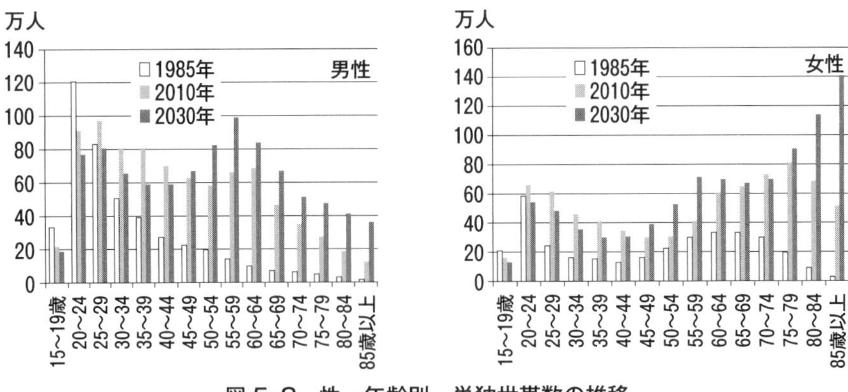

図5-8　性・年齢別　単独世帯数の推移

出典：総務省「国勢調査」，国立社会保障・人口問題研究所「将来推計世帯数」

世帯平均人員も1960（昭和35）年の4.14人，1980（昭和55）年の3.22人から，2010（平成22）年には2.42人にまで減少し，世帯規模の縮小（小家族化）が進行している[4)]。

今後2030年には，単独世帯割合が40%にまで上昇すると予測されている[6)]。単独世帯の増加の要因には，未婚率の上昇，高齢化による単身高齢者の増加，離婚の増加，家庭事情による別居などが挙げられるが，その背景には，経済不況による不安定雇用によって家族形成や維持が困難になっていることや，24時間営業のコンビニエンスストアなどによって一人でも生活に困らない生活環境があることなど，社会状況の変化がある。

また，1980（昭和55）年頃にはひとり暮らしといえば男女ともに20歳代が最も多く，65歳以上の高齢者のひとり暮らしは少数であったものが，2010（平成22）年には20歳代が最も多いものの，全年齢で単独世帯数が増加している[6)]。ひとり暮らしは若者の一時的な生活形態ではなくなり，今後は，高齢者のひとり暮らしがますます増えていくと予測されている（図5-8）[4)]。

性別や年齢にかかわらず，一人で生活できる自活力が必要な時代である。精神的自立を基盤とし，自分の生活を支えられるだけの経済的自立，衣食住を中心に身の回りの環境を整えられる生活的自立が，自分自身の生活を維持する上でも，家族を形成し，他者と共に生きていく上でも，求められている。これからの社会は，今まで以上に，自立した個人と個人が共生していく社会となるだろう。

(2)　家族・家庭の機能

1)　対社会的機能と対個人的機能

一人でも生きていくことが可能な生活状況にある現代社会においても，家族は必要なのであろうか。私たちにとって，私たちの社会にとって，家族とはどのような意味を持っているのか，家族の機能に着目して，考えてみたい。

機能とは，生物科学から生まれた概念で，もともとは「有機体の維持に役立つ（有機体構成要素の）生命的営み」を指すものであった。やがてこの考え方が，「社会もまた一種の有機体にほかならい」とみる社会有機体論へと引き継がれ，社会学者や社会人類学者に引き継がれた。

家族の機能とは，「家族（というシステム）が社会（というシステム）の存続と発展のために果たさなければならないさまざまな活動（それを怠ると社会が消滅・崩壊の危機を迎えるような活動）」を意味する。加えて，家族の機能という場合には，「家族（というシステム）が内部の家族メンバーの生理的・文化的欲求を充足する活動」も含められる。前者を家族の「対社会的機能または対外的機能」，後者を家族の「対個人的機能または対内的機能」という[7)]。

このように，家族とは，社会に対して機能を果たすと同時に，家族メンバー（個人）に対しても機能を果たしているのである。たとえば，私たちが結婚しようと決めるとき，多くの人は，愛する人と一緒にいたいという自分の欲求を満たすために結婚し，家族を形成するだろう。このとき，家族は，個人の愛情欲求や性的欲求などを満たすことで個人に対して機能している（対個人的機能）。と同時に，意識されてはいないかもしれないが，そのことが社会の性的秩序を統制し，家族が社会に対して機能しているのである（対社会的機能）。

家族は，社会に対しても個人に対しても機能を果たすことによって，代替不可能な社会システムの一つとして存在しているのである。

2）家族・家庭の機能

家族の機能を具体的にみるには，家族が果たしている活動を一つずつ挙げていくという方法もあるが，それでは細分化しすぎて，逆に特徴がつかみづらくなる。そこで，家族の機能を検討する際には，機能を分類することが一般的である[7)]。研究者によって分類は異なるが，家政学では，家族の基本的かつ普遍的な機能として，「基本的欲求の充足機能」，「経済的機能」，「人間形成的機能」，「生活文化の創造的機能」の4つが挙げられている。これら4つの機能を先に述べた対個人的機能と対社会的機能の両側面からまとめたものが表5-7である[8)]。

家庭は人間生活の拠点であり，衣食住の充足，人的エネルギーの再生産，次世代の生命を生み出す営みによって，人々の基本的欲求を充足している。衣食住の充足のあり方は個々の家庭の生活の質やライフスタイルを左右し，生活の安定や向上にも大きく影響する。

家庭はまた生活共同体として家族員の経済生活の安定を保障する機能を果たしている。かつては生産と消費の場であった家庭は，近代化による生産と消費の分離によって，自給自足的生活としての経済的活動から，労働者として会社に労働力を提供し，その対価を得るというかたちでの経済的活動を営むようになった。長期的に安定した収入を得て，計画的に支出することが，長期にわたる家庭生活の経済的安定にとって不可欠である。

家族の機能の中でも，他にとって代わることが難しいとされるのが，人間形成的機能である。社会学者のパーソンズはさまざまな機能が家族の外に委譲されていくなかで，家族でなければ果たせない機能が2つあると述べている[9)]。一つは，「子どもの社会化」である。人間は人の中で育つことによって人として育つ。未熟な状態で生まれてくる人間の子どもにとって，言葉を覚えることも，喜怒哀楽の感情を表出することも，立って二足歩行することも，学習の産物で

表 5-7　現代における家庭の機能

（対個人的）		（対社会的）
Ⅰ　基本的欲求の充足機能	⟺	Ⅰ　人間社会の維持継承的機能
生命の維持（食・住・衣）		人間社会の維持
生活エネルギーの再生産		労働力の再生産
性的充足		性的統制・安定
生殖・生命（人間）の再生産		種族保存・社会成員の再生産
Ⅱ　経済的安定機能	⟺	Ⅱ　人間社会の経済的機能
生産と消費（生活）		社会分業への参加
共産と共有		人材，労働力・資本の提供
生活保障（扶養）		生活保障
Ⅲ　人間形成的機能	⟺	Ⅲ　人間社会の向上発展的機能
1. 精神的安定作用		1. 社会の安定化
家族意識，人間性回復		民主的な社会
パーソナリティの安定		社会秩序の安寧
自己実現		
2. 教育的作用		2. 文化の伝承・発展
育児・子どもの社会適応化		社会道徳の維持
徳性涵養・文化の伝達		地域社会文化の伝承
3. 老人・病弱者の保護		3. 福祉社会への発展
Ⅳ　家庭生活文化の創造的機能	⟺	Ⅳ　文化の創造・社会の進歩発展的機能

出典：(社)日本家政学会編『家政学事典』朝倉書店（1990）p.38

ある。パーソンズは，「家族は人間をつくる工場である」とその機能の重要性を示している。もう一つは，「成人のパーソナリティの安定化」である。社会が複雑化し，ストレス社会といわれる現代社会にあって，家族や家庭に精神的安らぎを求める傾向は強まっている。

子どもを産み育てる場となる家庭はまた，生活文化を伝承し，創造し，次世代へと継承するという機能も果たしている。衣食住の生活習慣をはじめ，季節や地域の年中行事を継承することで，社会の文化を伝える役割を担っているのである。

家政学は「家庭生活の向上とともに人類の福祉に貢献する」ことを目的とする実践科学である[1)]。家族・家庭の意義を理解し，よりよい現在を創造し，よりよい未来へとつなげていきたい。

(3) 社会の変化と家庭生活の課題

1) 少子高齢化と家庭生活

総務省「国勢調査」によると，1950（昭和 25）年には約 400 万人，総人口の 4.9% に過ぎなかった高齢者人口（65 歳以上）は，戦後，一貫して増加し続け，1997（平成 9）年には年少人口（0~14 歳）を上回り，2015（平成 27）年には約 3,342 万人，総人口の 26.6% を占めるまでとなり，現在，日本社会は世界のどの国も経験したことのない高齢社会を迎えている[4)]。国立社会保障・人口問題研究所の「日本の将来推計人口」によると，高齢化率は今後さらに上昇し，2030 年には 31.6%（人口の 3 割），2065 年には 38.4%（人口の 4 割）になると予測されている[6)]。

高齢化の要因は，死亡率の低下に伴う平均寿命の伸長と，少子化の進行による年少人口の減少である。衛生，栄養状況の水準の向上や医療技術の進歩によって，日本は世界でも上位の長寿国となり，高齢者人口が増加した。一方で，1970年代後半以降，出生数・出生率が低下し，1950（昭和25）年には約3,000万人と総人口の35.4%を占めていた年少人口は，2015（平成27）年には約1,586万人，総人口に占める割合は12.6%にまで低下している[4)]。このような少子化の進行が高齢化率を上昇させ，高齢化の進行に拍車をかけているのである。

高齢化の進行に伴う生産年齢人口（15～64歳）の減少によって，労働力不足，年金制度などの社会保障制度の見直し，介護負担の問題などさまざまな問題に直面している。また，単身高齢者世帯が増加するなか，孤独死・孤立死の増加が社会問題となっている。高齢者の孤立をいかに防ぐかは，地域・社会全体で考えていかなければならない課題である。高齢者が孤立することなく，安心して暮らせる社会を形成していくために，地域のなかで人と人とのつながりをどのようにとり結んでいけばよいのか，考えなくてはならない。

これから日本社会は世界が経験したことのない高齢社会を迎える。社会としての課題への取り組みはもちろんだが，高齢者の日々の生活の質を高め，長期化する高齢期の生活を充実したものにするという観点からも，家政学の各分野の知見が多いに役立つはずである。

2）男女共同参画社会と家庭生活の課題

わが国では，戦後，日本国憲法に個人の尊重と法の下の平等がうたわれ，男女平等に向けたさまざまな取り組みが国際社会における取り組みとも連動しながら進められてきた。少子高齢化が進行し，社会経済情勢が急速に変化するなか，男女が，互いにその人権を尊重しつつ責任も分かち合い，性別にかかわらず，その個性と能力を十分に発揮することができる男女共同参画社会の実現を，21世紀の日本社会を決定する最重要課題と位置づけ，1999（平成11）年には男女共同参画社会基本法が制定されている。

高度経済成長期においては，「男は仕事，女は家庭」という性別役割分業を前提とした家族のあり方が一般的であり，性別役割分業を前提とした社会経済システムが構築されてきた。しかし，その後，女性の社会参加への意欲の高まりや経済状況の悪化による雇用の不安定さが増大するなか，女性の就労率は上昇し，共働き世帯が増加している（図5-9）[10, 11)]。

共働きが増加しているにもかかわらず，わが国の性別役割分業意識は根強く，いまだ，人々の生き方や働き方，家族のあり方に大きく影響し，そのことによって，さまざまな問題が生じている。働く女性が増加している一方で，男性の家事育児参加はあまり進んでいない。夫婦の家事育児時間の国際比較調査の結果をみると，日本の男性の家事育児時間の低さが際立っていることがわかるだろう（図5-10）[12)]。

女性の社会参加が進むなか，「男は仕事，女は仕事も家庭も」という新性別役割分業によって，女性には「仕事も家庭も」という二重負担がのしかかるようになった。女性が育児をしながら働き続けられるような雇用環境は整っておらず，待機児童問題にみられるように子どもを預ける保育施設も不足しているなかで，現代の女性は，仕事か家庭かという二者択一の選択をせま

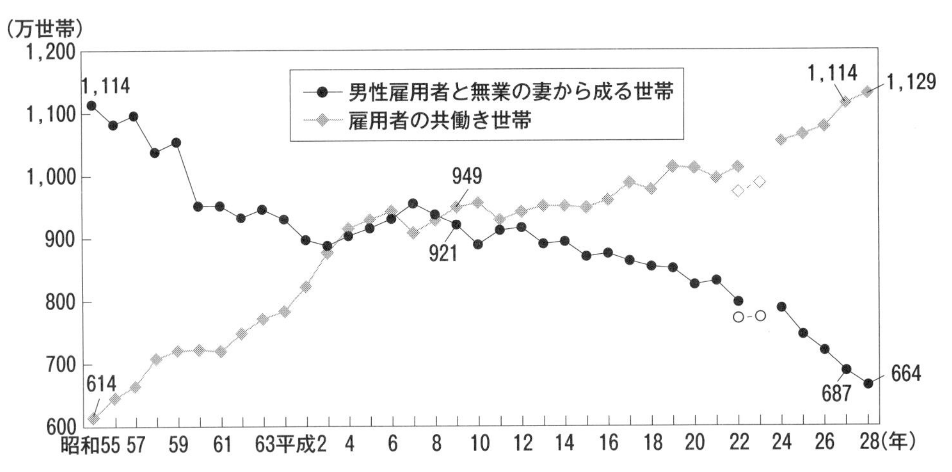

（備考）1．昭和55年から平成13年までは総務庁「労働力調査特別調査」（各年2月。ただし，昭和55年から57年は各年3月），平成14年以降は総務省「労働力調査（詳細集計）」より作成。「労働力調査特別調査」と「労働力調査（詳細集計）」とでは，調査方法，調査月等が相違することから，時系列比較には注意を要する。
2．「男性雇用者と無業の妻から成る世帯」とは，夫が非農林業雇用者で，妻が非就業者（非労働力人口及び完全失業者）の世帯。
3．「雇用者の共働き世帯」とは，夫婦共に非農林業雇用者（非正規の職員・従業員を含む）の世帯。
4．平成22年及び23年の値（白抜き表示）は，岩手県，宮城県及び福島県を除く全国の結果。

図5-9　共働き世帯数の推移

出典：内閣府『平成29年版男女共同参画白書』(2017)

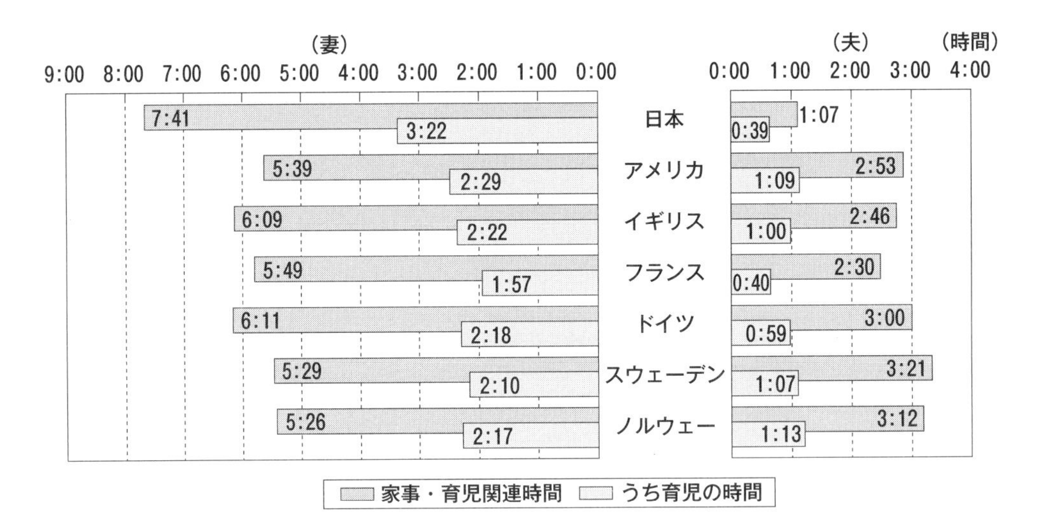

（備考）1. Eurostat "How Europeans Spend Their Time Everyday Life of Women and Men" (2004), Bureau of Labor Statistics of the U.S."American Time Use Survey"(2015) 及び総務省「社会生活基本調査」(2011（平成23）年）より作成。
2. 日本の数値は，「夫婦と子供の世帯」に限定した夫と妻の1日当たりの「家事」，「介護・看護」，「育児」及び「買い物」の合計時間（週全体）である。

図5-10　6歳未満の子どもを持つ夫婦の家事・育児関連時間（1日当たり・国際比較）

出典：内閣府『平成29年版少子化社会対策白書』(2017)

られ，結婚を先延ばしにするという選択をせざるを得ず，そのことが，晩婚化，ひいては少子化の要因にもなっている。

男性についても，一家の稼ぎ手としての役割を強く求められる日本社会では，非正規雇用や収入の低い男性の未婚率が高くなっており[12)]，性別役割分業意識の強さがうかがえる。また男性の長時間労働という働き方は，男性が家事や育児，介護といった家族的責任を果たす機会を奪っているともいえる。

男女共同参画社会の実現に向けて，社会のあらゆる分野におけるジェンダー平等のさらなる浸透が期待されている。なかでも家庭はジェンダー再生産の場として機能しており，次世代のジェンダー意識の形成に与える影響力は大きい。

日本でも近年，育児に積極的に参加する「イクメン」が注目されているが，父親が育児に積極的に参加するには，男性も含めた働き方の見直しが必要である。2007（平成19）年には「仕事と生活の調和（ワーク・ライフ・バランス）憲章」「仕事と生活の調和推進のための行動指針」が策定されるなど，ワーク・ライフ・バランスは重要な政策課題となっている。「国民一人ひとりがやりがいや充実感を感じながら働き，仕事上の責任を果たすとともに，家庭や地域社会などにおいても，子育て期，中年期といった人生の各段階に応じて多様な生き方が選択・実現できる社会」のために，私たち国民一人ひとり，国や地方公共団体，企業による積極的な取り組みが求められている[13)]。

家政学は，戦後，民主的な家庭生活の建設を目的として発展した学問である。日本女性の大学進学率を高め，女性の職業的自立にも大きく貢献してきた。家政学を学ぶ者として，これからの男女共同参画社会の実現に向け，家政学にできること，家政学の果たすべき役割を考え，実践していくことが期待される。

演習問題

① 各国の男性の育児休業取得率の現状について調べてみよう。また，男性の育児休業取得を促進する方法を考えてみよう。

② 高齢者の生活の質を高めるために，衣食住の各分野でできることを提案してみよう。

〈引用文献〉

1）（社）日本家政学会（編）『家政学原論』朝倉書店（1990）
2）石川実（編）『高校家庭科における家族・保育・福祉・経済』家政教育社（2002）
3）森岡清美・望月嵩『新しい家族社会学　改訂版』培風館（1987）
4）総務省「国勢調査」
5）G.P. マードック（内藤莞爾 監訳）『社会構造』洋泉社（1986）

6) 国立社会保障・人口問題研究所「日本の将来推計人口（2017 年 4 月推計）中位推計」
7) 石川実（編）『現代家族の社会学』有斐閣ブックス（1997）
8) (社)日本家政学会（編）『家政学事典』朝倉書店（1990）
9) T. パーソンズ・R.F. ベールズ（著）橋爪貞雄 他（訳）『家族―核家族と子どもの社会化―』，黎明書房（2001）
10) 内閣府『平成 29 年版男女共同参画白書』(2017)
11) 総務省「労働力調査」
12) 内閣府『平成 29 年版少子化社会対策白書』(2017)
13) 内閣府男女共同参画局仕事と生活の調和推進室「仕事と生活の調和（ワーク・ライフ・バランス）憲章」

（大石　美佳）

5. 家政学は生活をどのようにとらえてきたか
—生活を構成する要素と構造—

本節の目標

（家庭）生活はどのような要素で構成されているか，考えてみよう。

(1) 生活を全体的・総合的に把握することの意義

本節では，家政学が研究対象としている（家庭生活を中心とする）人間生活をどのように把握してきたのかを概観する。

家政学で用いられる生活のとらえ方としては，①家庭生活の機能的側面に注目するもの（機能論），②（家庭）生活がどのような要素から構成されるのか，という構造的な観点に立つもの（生活構造論），③（家庭）生活を構成する諸要素の関わり方，関係性（相互作用）をシステムとしてとらえようとするもの（システム論），④家族の周期的な変化に対応して家庭生活の変化をとらえようとするもの（家族周期論），などに分類することができる。このうち，機能論については本章4節で，システム論については本章6節で，家族周期論については本章2節で扱っているので，ここでは主に生活構造論の視点から，生活を全体的・総合的に把握することをめざす。

社会的変化が著しい現代社会においては，私たちはさまざまな新しい生活課題に直面することも多い。新たな生活問題の発生を予防し，あるいは新たな生活課題に直面したとき，問題解決を図るためには，生活を構成する諸要素を全体的に見渡しながら，それらの相互関係や仕組みを科学的・総合的に分析し，生活を再構築することが求められる。

以下，家政学において知られてきた代表的な生活のとらえ方を紹介する。

(2) 家政学における生活のとらえ方

1) 松原治郎による「家庭生活の構造」

松原治郎が『生活構造の理論』（1971）に掲載した表5-8は，「生活構造論」の典型的なものとして，家政学のみならず社会福祉などの分野でもよく紹介されている[1)]。

生産的行動，社会的行動，文化的行動，家政的行動，家事的行動，生理的行動などの生活行動側面と時間，空間，手段，金銭，役割，規範などの構造的要因を組み合わせることにより家庭生活の構造を把握しようとした。

2) 松平友子による生活構造のとらえ方

松平友子は『家政学原論』（1954），『松平家政学原論』（1968）において，生活時間を通して

表 5-8　松原治郎による「家庭生活の構造」

<table>
<tr><th colspan="2">構造的要因
生活行動の側面</th><th>時間</th><th>空間</th><th>手段</th><th>金銭</th><th>役割</th><th>規範</th></tr>
<tr><td>生産的行動</td><td>労働・勤め・作業</td><td rowspan="6">家庭生活の時間的配分</td><td rowspan="6">家庭生活の空間的拡がり、住居生活</td><td rowspan="6">衣食住など消費財の所有・配置</td><td rowspan="6">家計構造と生活水準</td><td rowspan="6">家族構成・家庭内役割分担</td><td rowspan="6">生活態度・生活規範</td></tr>
<tr><td>社会的行動</td><td>外出・交際・会合</td></tr>
<tr><td>文化的行動</td><td>教養・趣味・マスコミ・行動</td></tr>
<tr><td>家政的行動</td><td>家政・家族の統合・融和</td></tr>
<tr><td>家事的行動</td><td>家事労働・買物</td></tr>
<tr><td>生理的行動</td><td>睡眠・休養・食事・身のまわりの用事</td></tr>
</table>

出典：青井和夫・松原治郎・副田義也（編）『生活構造の理論』有斐閣（1971）p.118

家庭生活の構造を把握している（『家政学原論』（1954）第 4 章，『松平家政学原論』（1968）第 6 章）。人間がその生活において「最も強く制約を受けるのは，一日二十四時間の周期」である（『家政学原論』p.31；『松平家政学原論』p.77 同意）とし，①生理的生活，②作業的生活，③慰楽教養的生活を生活の三要素として生活の構造を分析している。今日においても，生活時間調査を用いて，生理的生活時間，拘束的生活時間，自由時間（あるいは社会的・文化的生活時間）などと分類して国民生活の実態を把握することは多い。松平は，特に自由時間に着目し，「家庭生活運営の在り方即ち家政においても，この第三要素の生活時間をより多く求めて，家族の個性の発展と幸福とを増進することを，その目標とするものではなかろうか」[2)]と述べている。

3）黒川喜太郎の「位層的発達段階説」

黒川喜太郎[3)]は，生活概念には，「物質，生命，生存，生活」などの異なる概念が含まれていることに着目し，複雑で多面的な要素を持つ「生活」を，歴史的（時間的），立体的に分析し，さらには統合することを試みた。生活概念構築のために黒川が提示したのが，図 5-11 に概要を示す 3 項目 6 原理からなる「位層的発達段階」と呼ばれる理論である。

黒川は，人間の生活を物質―生命―生存―生活の 4 段階から構成されるものとし（第 2 原理），「位層的発達段階」としてとらえようとした（第 3 原理）。また，人間は成長するにつれて，単に生存しているだけではなく，よりよい生き方をもとめようとする，と述べる（図 5-12）。

黒川の生活概念の特徴は，家政学の研究対象を自然現象・事物現象と人間現象・生現象との 2 つの視点からとらえている点にあり，「生活主体」と「生活客体」と「生活技術」の関係性において，生活の諸側面を把握しようとした（図 5-13）。

第 1 項　宇宙論的な発展原理

第 1 原理　万物は自然界の歴史的発展過程において，すべてのものが常に発達し変化することを認める。

第 2 原理　人間生活において発達変化の過程に物質・生命・生存・生活の 4 段階を認める。

第 2 項　生物的生存原理

第 3 原理　生物の発達変化は，その過程において各々位層的に様相を異にして生存する。

第 4 原理　生物的「生」はその発達変化の過程において精神が現われ，それが幼稚である場合は盲目的に行動し生存する。

第 3 項　人間的生活原理

第 5 原理　生の発達変化が高度に進むと意識・思惟が現われ，主体的行為や目的生活を営み，価値を追求するようになる。

第 6 原理　具体的人間生活は以上の諸原理の統一体すなわち生活統一体として構成される。

図 5-11　黒川喜太郎による「位層的発達段階」

出典：黒川喜太郎『家政学原論』（1962）pp.250-251

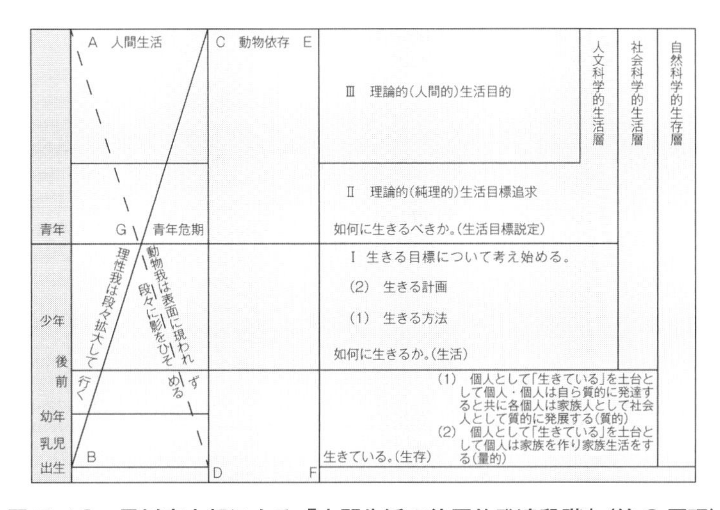

図 5-12　黒川喜太郎による「人間生活の位層的発達段階」（第 3 原理）

出典：黒川喜太郎『新版家政学原論』（1962）p.110

4）山本キクの生活のとらえ方

山本キク[4)]の『家政学原論』（1963），『改稿家政学原論』（1973）は，人間の欲求充足の観点から（家庭）生活の構造を論じたところに特徴がある。人間の自己保存と種族保存に関する欲求から，食生活，住生活などの生活の諸側面と関わって欲求充足が果たされる（図 5-14）。生活の主体である家族（family）と基点となる生活（living），欲求の対象とその欲求を満たす手段としての技術の相互関係により生活の構造をとらえようとした点は，家政学的視点から興味深い。

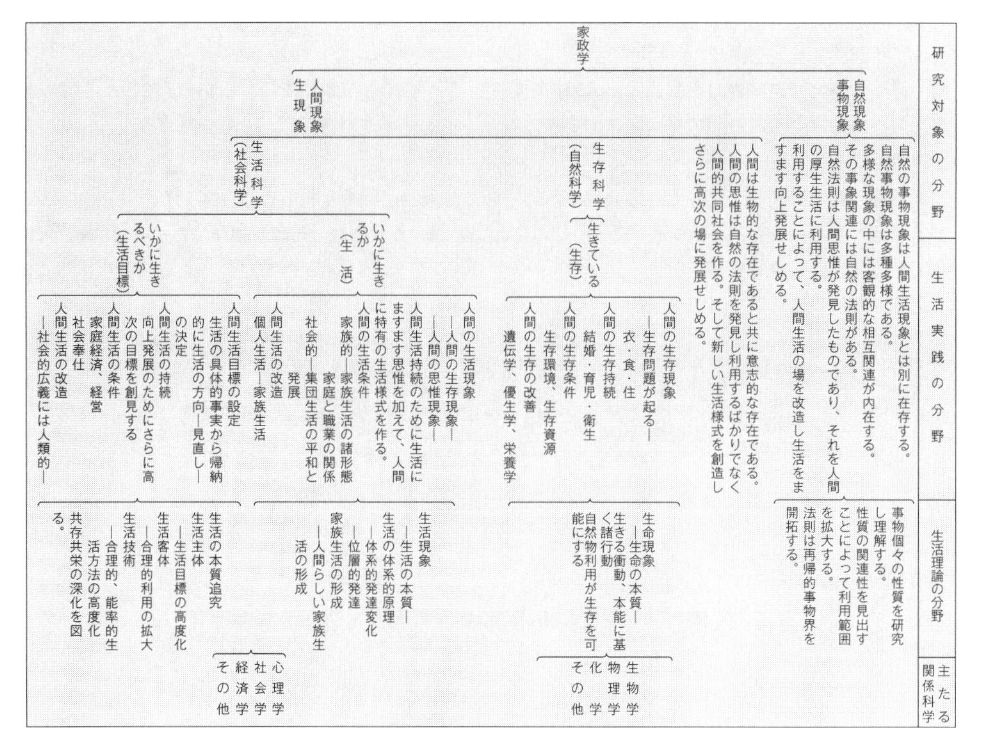

図 5-13　黒川喜太郎の生活概念

出典：黒川喜太郎『新版家政学原論』（1962）pp.62-63

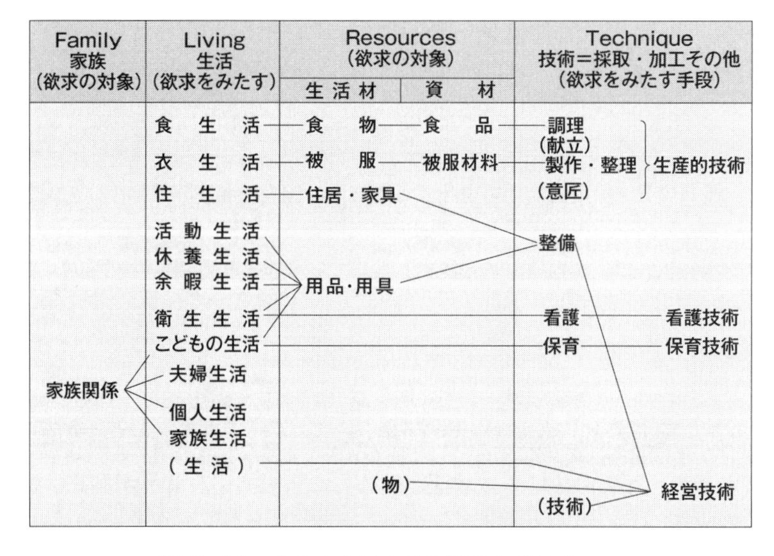

図 5-14　山本キクによる生活のとらえ方

出典：山本キク『改稿家政学原論』（1973）p.37

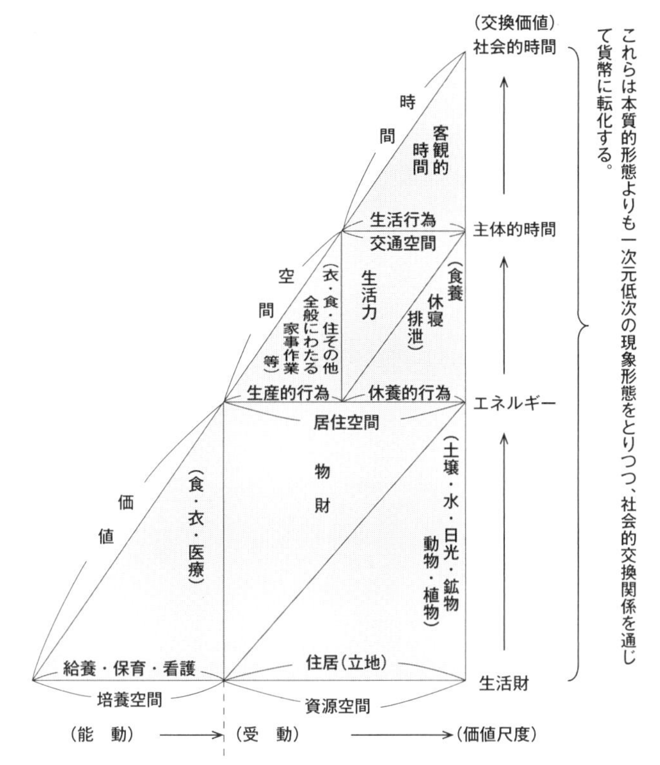

図 5-15 松下英夫による「家政学における家政現象の位相的構造」

出典：松下英夫『新家政学原論』(1968) p.194

5) 松下英夫の生活のとらえ方

松下英夫[5)]は『新家政学原論—生活経営論の基礎としての家政学の本質的研究—』(1968) において,「時間」(人生周期（生涯時間))と「空間」(自己維持と種族保存という生命の再生産の２つの作用から「家庭」が発現する過程を説明) と「価値」の３つの観点から生活の構造把握を行った (図 5-15)。

6) アメリカ・スコッツデイル会議において示された３つの学問名称と対象認識

1908 (明治 41) 年に設立されたアメリカ家政学会 (American Home Economics Association) の (専門) 名称の変更に決定的な影響を与えたスコッツデイル会議 (1993 年) では, 家族・消費者科学, ホーム・エコノミクス, 人間生態学, 人間科学／人間環境科学など, 家政学概念を表すのにふさわしい名称をいくつか挙げて, その概念モデルを示しながら議論が行われている[6)]。

その中から, 人間生態学 (Human Ecology), ホーム・エコノミクス (Home Economics), 家族・消費者科学 (Family and Consumer Sciences) の３つの名称に関する概念として示されたモデルの比較を通して, 対象認識がどのように異なるのか, 考えてみたい。

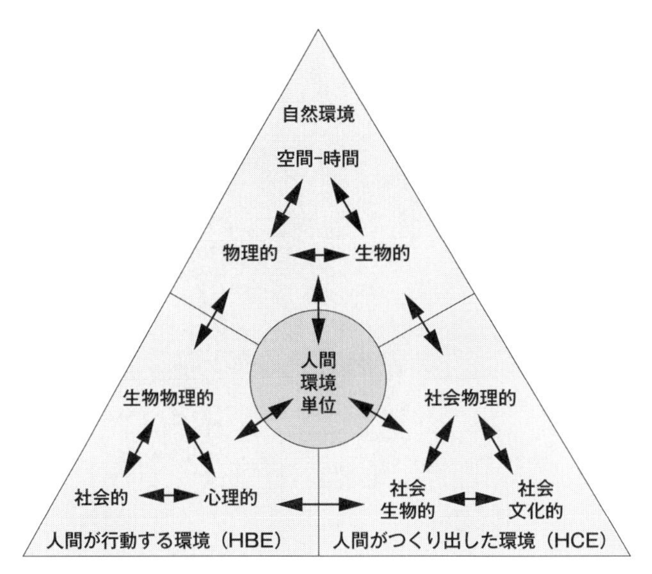

図 5-16　M・M・ブボルツらによる「人間エコシステム・モデル」

出典：(社)日本家政学会 家政学原論部会（翻訳・監修）『家政学未来への挑戦』建帛社（2002）p.203

a. 人間生態学（Human Ecology）の概念モデル

次のモデルは，スコッツデイル会議の資料として提供されたM・M・ブボルツらの「人間エコシステム・モデル」（『アメリカ家政学会誌』(1979) pp.28-31 所収）である（図 5-16）。人間生態学モデルは，生体をその環境と相互作用するものとしてみるもので，生体とその環境，そして両者の相互作用をエコシステムという。もともと生物学から出発し，心理学，社会学，地理学，健康科学，ホーム・エコノミクスなど多くの学問分野で，人間生態学の概念モデルが用いられるようになっている。そうした一般的なモデルであるだけに，家政学においても活用可能であるが，人間が創り出した環境（たとえば，家族・家庭，コミュニティ）において，具体的にどのような要素を位置づけるべきなのか，具体的に示されてはいない。

b. ホーム・エコノミクス（Home Economics）の概念モデル

一方，図 5-17 に示すのは，「ホーム・エコノミクスの主張」として，キンゼイ・B・グリーンが提示した資料にあるものである。グリーンは，「ホーム・エコノミクスの使命は，家族が相互依存的に機能を発揮し，個人が家族機能を遂行する能力を強化することになる」と述べる。

日本において，(家庭) 生活を構成する要素として考えられたものとの違いはあるものの，食事，衣服，住居，コミュニケーション，家族員の社会化，物とサービスの生産，生殖，世帯員のケア，資源の獲得と管理，価値の伝達など，家政学を専門とする者であれば，(家庭) 生活を構成する要素と容易に理解できる要素が挙げられている。

c. 家族・消費者科学（Family and Consumer Sciences）の概念モデル

さらに，図 5-18 は，ベベリー・J・クラツリーとアガサ・ヒュウペンベッカーが「分野のためのモデル―家族・消費者科学」として提示した資料に含まれるものである。少なくともこの資

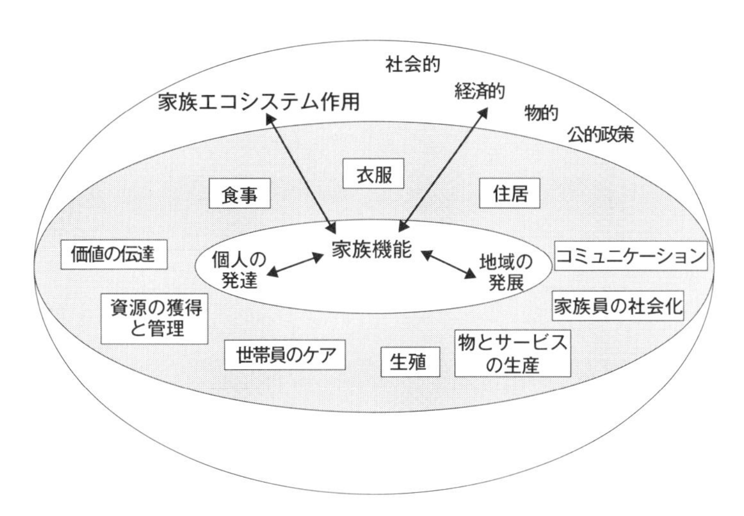

図 5-17　キンゼイ・B・グリーンによるホーム・エコノミクスの概念モデル

出典：(社)日本家政学会 家政学原論部会（翻訳・監修）『家政学未来への挑戦』建帛社（2002）p.44

家族・消費者科学

知識基盤は，分野の統一的焦点，一般教育，関連・支持学問
そして分野の専門（諸）領域を含む

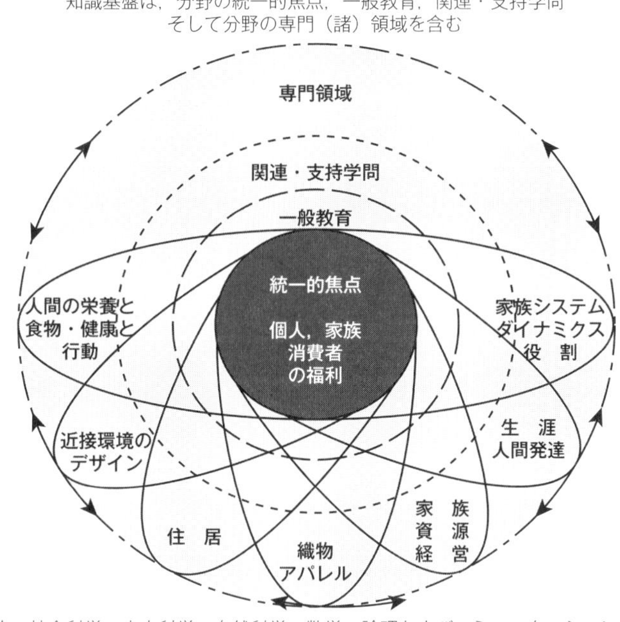

一般教育―社会科学，人文科学，自然科学，数学・論理およびコミュニケーション学の基礎
知識関係・支持学問―社会・行動・生物・物理科学，芸術および専門領域に関わる人文科学

図 5-18　ベベリー・J・クラツリーとアガサ・ヒュウペンベッカーによる家族・消費者科学の概念モデル

出典：(社)日本家政学会 家政学原論部会（翻訳・監修）『家政学未来への挑戦』建帛社（2002）p.60

料では，「家族・消費者科学」が対象とする生活モデルは示されていない。

すなわち，アメリカ家政学会が新しい名称としたアメリカ「家族・消費者科学」会とは，「個人，家族，消費者の福利増進ために」という使命を共有し，「個人，家族，消費者の福利」という統一的焦点を持つ専門分野の集合体，という性格を明確にモデル化しているといえるであろう。それぞれの専門分野において，どのように生活（あるいは個人，家族，消費者などの人間像）を構築しているのかはあまり問題としていないようにみえる。

(3) 家政学はどのような対象にアプローチしようとするのか

このようにみてくると，（家庭）生活のとらえ方は多様であり，生活がどのような要素によって構成されると考えるのかについては，時代や社会，文化によっても異なる。

家政学は，食物学，被服学，住居学，家庭経営学，家政教育学などの領域を抱えており，こうした分野の専門的知見を元に，生活の向上，よりよい生活の実現をめざす学問分野である。家政学の特性を生かしうる生活構造とはどのようなものなのか，個別分野を超えた家政学全体でのモデル構築が求められる。

演習問題

① 本節で紹介したさまざまな生活のとらえ方を参考に，（家庭）生活を構成する要素，ならびにそれらの要素はどのように関係し合って，（家庭）生活が構成されているのか，例を挙げて考えてみよう。

② 保育士，栄養士，生活改善普及員など，家政学の専門職が生活改善に関わるとき，これらの専門職が，生活を構成するどのような要素と関わるのか，できるだけ多くの家政学の専門職を挙げて考えてみよう。

〈引用文献〉

1）青井和夫・松原治郎・副田義也（編）『生活構造の理論』有斐閣（1971）p.118
2）松平友子『家政学原論』高陵社書店（1954）p.38，ならびに松平友子『松平家政学原論』光生館（1968）p.83 にほぼ同意の文章あり
3）黒川喜太郎『新版家政学原論』光生館（1962）
4）山本キク『家政学原論』光生館（1963），同『改稿家政学原論』光生館（1973）pp.135-158
5）松下英夫『新家政学原論』家政教育社（1968）
6）(社)日本家政学会 家政学原論部会（翻訳・監修）『家政学未来への挑戦―全米スッツデイル会議におけるホーム・エコノミストの選択』建帛社（2002）pp.43-47, pp.201-207

（小野瀬　裕子）

6.「家政」とは何か

本節の目標

①「家政」とは何か,「家政」をどのようにとらえたらよいか, 考えてみよう。
② 家政学が育成をめざす人物像について考えよう。

家政学部に学ぶ学生は, 他学部の学生から「家政って何するところ」と質問されることが多いという。「家政学」の学問名称になっている「家政」という言葉がどのような内容を指すのか, わかりにくいためであると思われる。『広辞苑(第6版)』によれば, ①一家のおさめかた, ②一家の経済　一家の整理　一家の暮らし向き, ③家庭生活を処理していく手段方法などと記されている。これによれば,「家政」には,「一家の治め方」(経営方法), 経済状況, 家事処理技術, などの内容を含むものと理解できる。

ここでは, これまで家政学において,「家政」をどのようにとらえられてきたのかを振り返りながら,「家政」をどのようにとらえたらよいのかについて考えていきたい。

(1)『家政学原論』諸著における家政学の研究対象のとらえ方

「家政学」という学問名称において,「家政」とはその研究対象を示していると理解される。表(おもて)[1)]は, 家政学の研究対象の変遷を文献から調査研究しており, (1)「家政」のみ, (2)「家政ならびにこれを中心とする人の生活」, (3)「家庭生活」のみ, (4)「家庭生活およびそれに類する集団生活」, (5)「家庭生活を中心とした人間生活」, (6) その他, と類型されると指摘している。また, 八幡は, 戦後刊行された『家政学原論』の著書において, 研究対象をどのようにとらえているのか, 分析結果をまとめている[2)]。表5-9は, その分析結果をまとめた表の中から,「家政」と言及したものを抜粋したものである。

このうち, ここでは,『家政学原論』の著書で家政学の研究対象を「家政」と論じた代表的な家政学原論研究者ととらえられる中原賢次, 今井光映, 松下千代野, 宮川満の4氏の家政論を取り上げる。

(2)「家政」はどのようにとらえられてきたか

1) 中原賢次の「家政」のとらえ方

表5-9に示したように, 中原は『家政学原論』世界社(1948)において,「家政学がその対象とするものは, 家政という人類生活の最も基本的な家庭に於ける生の営みである」(p.135)「家政とは, 人類生活の基本的形態たる家庭に於ける精神的, 技術的営みを謂う」(p.136)と述べている[3)]。「家政」を「家庭に於ける生の営み」とする言及は, home economics の語源になったと

表5-9 『家政学原論』諸著における家政学の研究対象のとらえ方

	著　者	書　名	出版社	刊行年	家政学の研究対象
1	中原　賢次	家政学原論	世界社	1948	家政学がその対象とするものは，家政という人類生活の最も基本的な家庭に於ける生の営みである（p.135）。家政とは，人類生活の基本的形態たる家庭に於ける精神的，技術的営みを謂う（p.136）。
2	松平　友子	家政学原論	高陵社書店	1954	家政学の研究対象は家政であり，家政は強いていえば，家庭生活の運営されている状態もしくは運営の仕方である（p.94，p.30）。
3	黒川喜太郎	家政学原論	光生館	1957	家政生活を抗議の研究対象とする。具体的には……第一表・第二表及び第十表において，一覧的に示されている……概括的に言えば家政学の研究対象は，具体的な家庭生活や，その生活に含まれる各種の現象及び事実を問題とする（p.157）。
4	山本　キク	家政学原論	光生館	1963	家庭生活（p.2，p.6）。家庭生活の研究から，これに類する施設（学校や工場の寮など）や，家政学に緊密な関係のある職業分野に研究を延長し拡大する（p.159）。
5	小池　行松	家政学原論	家政教育社	1965	家政学の対象が家庭の本質とその構造と機能並びに家庭生活現象を包含している（p.5）。家庭と家庭が持つ全機能（p.28）。
6	原田　　一	家政学の根本問題 —解説家政学原論—	家政教育社	1966	家庭生活ならびにこれに準ずる生活を対象（p.26）。
7	野口　サキ	家政学原論・家庭経営	朝倉書店	1966	家族および家庭生活（p.4）。
8	山崎　　進	家政学原論 ーこれからの生活経営の考え方ー	光生館	1967	分析の対象①人間の生活活動の基礎単位である家庭生活，ないし家族生活の意義とその運動法則　②家庭内での家事労働の技術と管理，および家庭内での整理生活とレジャー生活の管理，ならびに家族関係のあり方　③家庭と社会との関係，生活環境施設のあり方　④買いものの仕方（pp.6-7）。
9	松下　英夫	新家政学原論	家政教育社	1968	生命の再生産のための家庭における生活力の循環にもとづく生活の営み（p.150）。
10	今井　光映	家政学原理	ミネルヴァ書房	1969	家政学の認識対象は〈家政〉である（p.7）。家政という目的意思活動的構成体＝経営体とその作用の統一（p.7）。
11	青木　　茂	新・家政学原論	中教出版	1970	「家」を認識対象とし，「政」を認識方法（p.18）。家政学における「家」とは家庭である（p.20）。
12	柳原　文一・ 原田　　一・ 松島千代野	家政学原論	学文社	1970	家政学の対象を技術と考える・・・すべての個々の技術はみな平等に家政学という体系的技術学の要素（単位）としてある，と考えるべきである（p.52）。
13	中原　賢次・ 好本　照子	家政学原論	日本女子大学通信教育部	1972	家庭生活を構成する諸要素と家庭生活をとりまく環境との相互関係（p.4）。人間集団の基礎的単位としての家政学と家庭生活を中心的対象（pp.4-5）。家政学の対象も，家庭生活を中心として，環境条件を含め，広い視角で現実の問題にとりくむ学問でなければならない（p.5）。

	著者	書名	出版社	刊行年	家政学の研究対象
14	松島千代野	家政学原論集成	学文社	1974	家政であり，家庭生活である（p.5）。「家庭生活を中心として，これと関連する身近な社会事象におよぶ人間生活」（p.5）
15	嶋田　英男	家政学原論要説	家政教育社	1976	狭義の家政学は，家庭における家政（経営現象）を対象とする（p.52）。広義の家政学は，家庭経営を含む家庭生活の全過程を対象とする総合科学（p.53）。
16	平田　　昌	講義家政学原論	中教出版	1976	家庭生活としての活動それ自体（p.121）。その基本的視点を，「人の側」に据え，「人」＝生物体的条件を・・・というような重層的立体的関係図式としてとらえることが必要である，また有効である（p.121）。
17	今井　光映	テキストブック家政学－やさしい家政学原論－	有斐閣	1979	「家政」この場合の家政とは，家族・個人といった生活構成体とそれが営む合目的的な活動とを，つまり実体と作用とを統一した動態的な概念でとらえるとき，それを研究対象とする家政学は，家政という生活構成体とそれが必要とする環境との相互作用を研究する学問であると認識される（p.3）。
18	宮川　　満・宮下美智子	家政学原論	家政教育社	1981	家政を中核とした生活システム（p.68）。
19	亀髙　京子	家政学原論	光生館	1981	家庭生活を中心として，これと緊密な関係にある社会現象に延長し，さらに人と環境との相互作用について，研究する（p.106）。

いわれる古代ギリシア後の「oikos（家）」と「nomos（営み，秩序）」の合成による「oikonomos」（家政）の語義を想起させる。洋の東西を問わず，「家政」という語義には共通する概念が確認できる。しかし,「営み」という概念はわかりにくいという印象を持つ人も多いように思われる。中原は，家政の内容を，継承的内容，維持的内容，向上的内容，拡充的内容に分類している。その後，同じく中原は，『家政学原論』日本女子大学通信教育部（1961）において，「家政とは，家庭（という集団生活）における人間の営みである」（p.15）「家政を定義すれば，人間の，家庭における精神的・身体的・技術的・社会的営みである。営みとは，人間が生くるための働きである」（p.87）と説明している4)。中原はこうした家政観を生涯堅持した。日本女子大学通信教育テキストの『家政学原論』は，その後，好本照子と共著になる。中原・好本（共著）『家政学原論』日本女子大学通信教育部（1972）では，家政学の研究対象について，「家庭生活を構成する諸要素と家庭生活をとりまく環境との相互関係」（p.4）「人間集団の基礎的単位としての家政学と家庭生活を中心的対象」（pp.4–5）とする記述に変化している5)ことから，好本の家政観が反映されたものと考えられる。

2）今井光映における「家政」のとらえ方

今井光映は，『家政学原理』（1969）では，表5-9に示したように，今井が「家政」を家政学の認識対象としていることが述べられる。また，家政をどのようにとらえるのか，に関する方

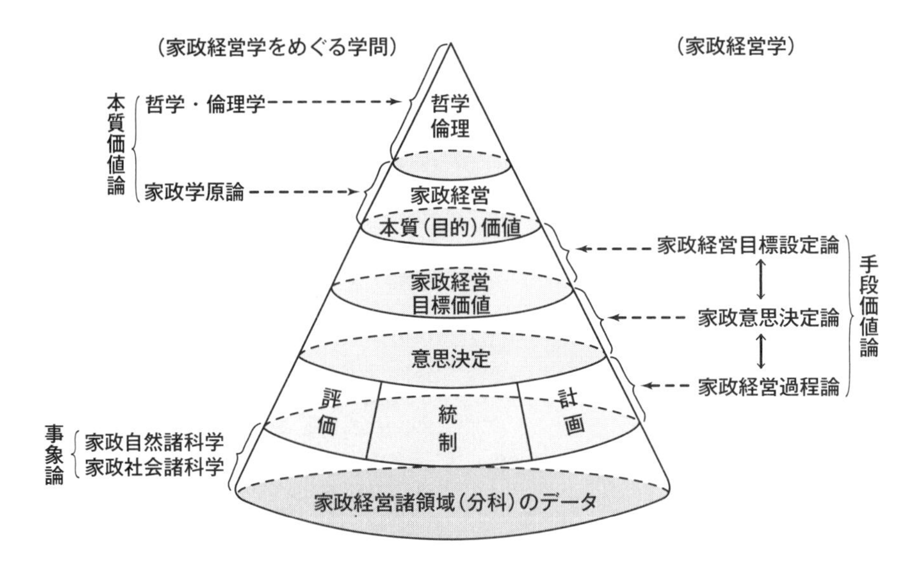

図 5-19　今井光映による家政のとらえ方
出典：今井光映『家政学原理』（1969）p.107

法として，「構造研究（目的・価値・構成などの解剖学的認識）と作用研究（経営活動などの生理学的認識）」によって家政を把握することを試み，「家政経営の構造関係」として図を用いて説明している（図 5-19）。これによると，家政学の科学的研究によって明らかになった諸データを根拠として，目的・価値に従って意思決定される家政経営の構造が示されている。そのモデルの中には，「計画—統制—評価」という管理のプロセス（現在では，マネジメントサイクルあるいはPDCA サイクルなどと呼ばれるシステムアプローチ）が組み込まれている。家政学において提示された科学的根拠が，実際の家政の場で，どのような生活のあり方を重視すべきか，という価値と関わらせながら意思決定されていくのかを示すものである[6)]。

また，『家政学原理』（p.44）では，アメリカ家政学者クリークモアによる家政学の概念図を紹介している（図 5-20）[7)]。これによると，家政学を構成する人的要素（家族，子ども，青年，老人などすべての発達段階を含む）と衣食住などに関する物的環境との相互作用（人的要素に関する知識・技術と衣食住など物的環境に関する知識・技術の総合化）を家政ととらえ，その相互作用（総合化）の過程（家政）に意思決定が関わっていることを示している。家政学のさまざまな研究成果をどのように総合化するのか，に関する見解として注目できる。

3）松島千代野の「家政」のとらえ方

松島は『家政学原論集成』（1974）において，家政学における学問性と家政性をどのように関連づけていくのかについて論じた興味深い論稿を掲載している。その中で「家政性」について次のような記述を行っている。

「個人・家族・社会の生活体系が相互に関連しあって，調和のとれた依存関係を保ちつつ進歩

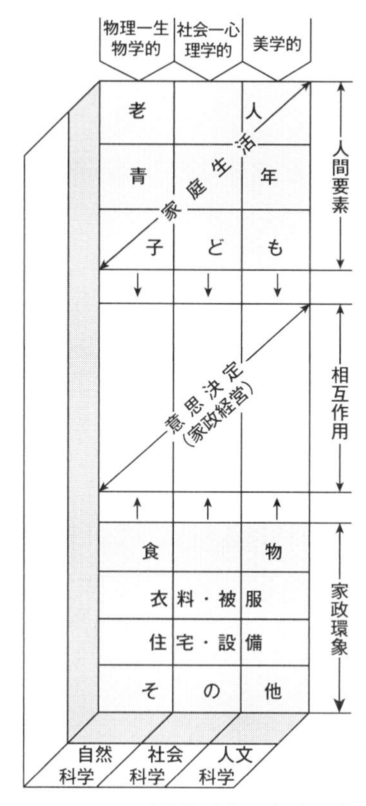

Creekmore, A. M., "The Concept basic to Home Economics", J. Home Economics, 60, No. 2 (1968), p. 97

図 5-20　クリークモアによる家政のとらえ方

出典：今井光映『家政学原理』(1979) p.44

してきた…この人間生活の営みの中で，特に家族に焦点をおいて，個人と家族と社会の結びつきを理解していこうとするとき，あらためて個人と社会の中間的存在にあって双方を融合的に維持しようとする，家族の人間らしい生活機能が浮かび上がってくる…個人と社会は，この家族の生活機能を媒介として，相互依存的に力動的な生活効果を維持しているのである。この家族中心の人間生活が「家政」であり，もろもろの生活集団の間に位置して，内在的な生活調節の役割を果たしている」(p.76)。

ここで，松島は，個人とそれを取り巻く社会とその中間に「家政」を位置づけ（図 5-21），エコロジカルに対象を認識していることに気づく。また松島は，家政学の独自性の究明には「家政性」の解明が必要であると述べる[8)]。

4）宮川満による「家政」のとらえ方

宮下美智子との共著になる『家政学原論』(1981) において，宮川満は，「家政システム」について次のように説明している。

「家政担当者を中心とする家族員たちは，各種の生活目的を実現するために，彼ら相互の間で，さらに家庭生活に必要な物資・施設・設備・金銭などの諸資源との間で，相互に緊密な相互作

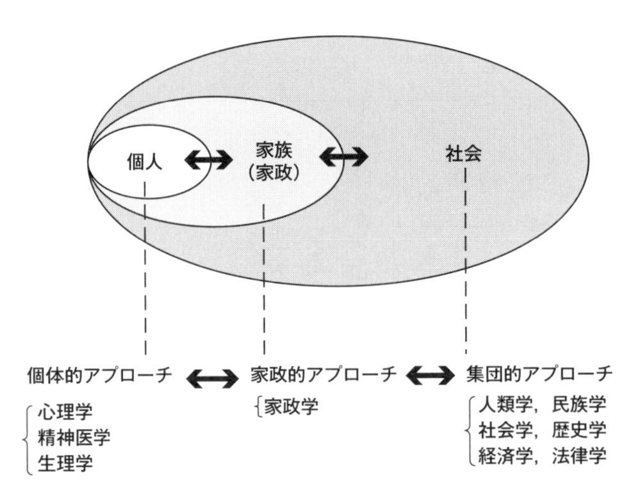

図 5-21　松島千代野による「生活体の相互関係」における家政の位置づけ

出典：松島千代野『家政学原論集成』（1974）p.77

図 5-22　宮川満による「生活システムの構造」と家政

出典：宮川満・宮下美智子『家政学原論』（1981）p.67

用の関係を持ち，組織的に均衡を保ちながら生活している。この生活の仕組みと運営が家政であり，それは経営学などで言われるシステムの一つである。家政は，上述のように構成要素が目的実現のために緊密な相互作用によって関連づけられた組織体でありシステムである。

家政システムにおいては，その内部で，個人的な知識・能力・健康・価値・信念などや協調性・拘束性・親密感・家族関係などを持って，家族員が相互間でサブシステムを構成しており，また各種の技能や目標設定・意思決定・計画立案・実践などの諸機能が，マネジメント・サブシステムとして含まれている。その外部には，家庭生活に必要な諸資源が，家政環境として存在する」[9]。

さらに「家政を中核とする生活システム」の構造を図5-22に示し，生活システムを構成する要素として以下のものを挙げている。

①家　政
- ⓐ　家族の個人的な要素（知識・技能・健康・信念など）や相互の関係などの家族サブシステム
- ⓑ　家政担当者の経営機能（各種の技術・意思決定・目標設定・計画立案・実践など）を中心とするマネジメント・サブシステム

②家政環境・・・家庭生活に必要なものとして，家政的配慮に裏づけられた物質・施設・設備・金銭など

③環　　境・・・家庭生活に緊密な関係にある社会的，自然的諸事象

(3) これからの「家政」と「家政者」の育成

中原，今井，松島，宮川らの「家政」のとらえ方をみると，以下のような共通点が確認できる。

①「家政」を「営み」「システム」「相互作用」などの人と家庭環境（を構成する物的環境）との動態的な概念として認識されていること。

②家政のプロセスにおいて，家政学という学問（科学）を根拠とする知識や技能が（時には批判的な検討を経て），どのように生活すべきかというその人の「価値観」とともに関わってくること。

③家政学の科学的知識・技能を価値観や生活に関する諸情報などとあわせて総合化し，生活のあり方を決定づけるのは，家政を行う人（家政者）の判断力（今井によれば「意思決定」）にかかっていると思われること。

ここでいう「家政者」とは，家庭環境・地域環境を良好な状況に維持できる人物像（老若男女を含む）であり，必要に応じて，社会環境，自然環境の諸資源を活用しながら，社会や自然環境に対して負荷の少ないライフスタイルを実現している人である。「生活者」の概念に近いが，より「家政学」で育成をめざす人物像として，家政学以外の学問分野の知識や技術についても活用する「生活者」と区別した用語である。

したがって，家政学においてどのような「家政者」の資質・能力の開発をめざすことが可能か，というと，以下の諸点を挙げることができるのではないだろうか。

①家庭環境・地域環境を良好な状況に維持できる能力を身につけている。

②（①のような能力を十分獲得できていない場合）家政学に依拠する科学的知識や技能の教育を受けることにより，家庭環境・地域環境を良好な状況にする知識と技術を獲得する。

③生活に関する価値を理解し，さまざまな状況に応じた適切な判断力（意思決定力）を備えている。

ここでは，「家政者」の育成にあたって，単に家政学の研究の成果を知識や技術の伝達にとどまらず，より踏み込んだ「家政者としての能力開発」をめざす家政学に関する教育の可能性が示されている。

演習問題

① 『家政学原論』の著書において，「家政」がどのようにとらえられてきたのか，比較研究してみよう。

② 「家政者」と「生活者」の概念の違いについて比較してみよう。

③ 日本における家政学の定義（1984）では，家政学の研究対象について「家庭生活を中心とした人間生活における人と環境との相互作用」と述べられている。「家政」の概念を用いて説明してみよう。

〈引用文献〉

1）表　真美「5. 家庭・家政を考える」『家政学原論―生活総合科学へのアプローチ』朝倉書店（2001）pp.126-129
2）亀髙京子（監修）『若手研究者が読む『家政学原論』2006』家政教育社（2006）pp.22-29
3）中原賢次『家政学原論』世界社（1948）
4）中原賢次『家政学原論』日本女子大学通信教育部（1961）
5）中原賢次・好本照子（共著）『家政学原論』日本女子大学通信教育部（1961）
6）今井光映『家政学原理』ミネルヴァ書房（1969）
7）前掲書6）p.44
8）松島千代野『家政学原論集成』学文社（1976）pp.76-84
9）宮川満・宮下美智子『家政学原論』家政教育社（1981）p.62

（齋藤　美保子）

7. 生活文化論

本節の目標

① 「生活文化」の意味内容や性質について具体的に理解しよう。

② 家政学における「生活文化」のとらえ方や課題について考えよう。

日常生活において「生活文化」という言葉を耳にする機会は多い。ところが,「生活文化の意味は？」と問われると，各種の辞書類にも収載されておらず，共通認識がないのが現状である。家政学において「生活文化」は重要な用語である。家政学と関連が深い家庭科教育でも，近年は「伝統的な生活文化」を重視する傾向がみられる。家政学では「生活文化」をどのようにとらえ，意義づけていくのか。本稿では「生活文化」の意味内容やそれが登場する社会的背景を多面的にとらえながら，家政学における「生活文化」の独自性について考えたい。

(1) 生活文化とは何だろう？

1)「生活」と「文化」の一般的な意味

生活文化を考える上で，まずは「生活」と「文化」について，一般的に理解されている意味内容をみてみよう。『広辞苑（第６版)』には,「生活」は「生存して活動すること。生きながらえること」，また「世の中で暮らしてゆくこと，またその手立て」とある。そして「文化」は「人間が自然に手を加えて形成してきた物心両面の成果。衣食住をはじめ科学・技術・学問・芸術・道徳・宗教・政治など生活形成の様式と内容とを含む」とある。２つの内容を見比べると，両者ともに広狭両義があってさまざまな意味を，そして互いに重なり合う意味を持つであろうことがわかる。

これらをふまえて宮下美智子は，生活文化の使用においては,「生活」と「文化」とが相互に強調し限定し合って「生活領域でつくられる文化」や「生活の文化的側面」のような重点の置き方や，両者の意味内容の広狭などの限定の仕方によって多様な使い方がなされる，と指摘している[1)]。また,「生活」,「文化」,「生活文化」は，これらを扱う諸学問や各研究者により定義づけが異なってくるため，その解釈が一層多様になるのは必然だろう。

このように，生活文化は多義的な用語ゆえに，使用する場面や立場（たとえば学問分野，行政，企業などの立場の違い)，目的などによって意味内容が異なってくる。そのことも定義を曖昧にさせる要因の一つと考えられる。

2)「生活」と「文化」の関係

生活文化を研究対象にする学問は，家政学のほかに歴史学，民俗学，文化人類学，生活学，などがある。こうした諸学問での見解もふまえて生活と文化の関係性をみていこう。

「生活」とは，衣食住，育児，などの総合的な営みを思い浮かべるが，まずここで学術的な概念整理をしておきたい。田辺義一は，生活について，生物が生命を持ち，生き続け，意識を持って生きるために何らかの活動をしている状態であり，「生命を維持し，生存をまっとうするもろもろのいとなみ」であるとした[2)]。すなわち，生活は「生命」「生存」を基盤にした意識的な行動（活動）といえる。

また，脳科学者の時実利彦は，生の営みを「生きている」「たくましく生きてゆく」「うまく生きてゆく」「よく生きてゆく」に区別し，これら全体を脳神経系の活動と対応づけたが，後者3つが意識的・動的な生活のことである[3)]。「たくましく」が，ヒトに先天的に備わっている本能行動と情緒行動，「うまく」が，学習を通じて個体が外部環境の変化に対応していく適応行動，「よく」が，新しい価値を追い求め，それに基づいて生きる目標をたえず更新しながら，その実現をめざそうとする創造的行動に該当するという。

寺出浩司は，この「うまく」「よく」生きていく行動が，「ある一定の環境条件の下で，習慣化し，制度化したものが文化であるとするならば，ヒトの生活というものが本来的に生命と文化との構造体である」との見解を示した[4)]。また，富田守はこの「よく生きてゆく」に関連して「いかに『よく』生きてゆくかということが家政学研究の重要な目的となっている」と述べている[5)]。

以上の論考からは，生活には段階があり，生命維持の延長にある意識的・価値的な活動が文化を形成し，かつその文化の下で生活が営まれるという，両者の連続的で双方向的な関係性が見いだせる。つまり，よりよい生活への欲求を原動力にして文化は形成されてきたといえるのではないか。実際，「文化」はラテン語の「cultura」に由来する西欧語の日本語訳で，本来は「耕作」といった意味を持つ。そこから，人間が自然や社会に対して快適に生活ができる環境を切り開き，ものをつくりあげていくことの意味へと発展した[6)]。

「文化」の概念もまた，各学問において多様性に富むが，その一つに「文化とは後天的に学習され，集団によって共有され，世代を通じて継承される行動様式と世界観である」というJ･H･スチュワードの定義がある[7)]。この定義を整理すると，文化は，①人間によって創造・習得される，②特定の人々や社会により共有される（たとえば，地域や時代などの範囲の中での共有），③世代間で継承される，との特徴が理解できる。

生活と文化の関係が密接であることから，たとえば生活学において，「『生活文化』ということは，単純明快に『生活』と『文化』を統合したもの」といえ，「生活とはすなわち文化のこと，また文化は生活のこと」であり，両者の価値観の制約を外すと「生活文化は同義反復」との考えもみられる[8)]。しかし，「生活文化」という固有の言葉には新たな意味や価値が生み出されるはずで，そこに着目し考究するのが家政学ではないだろうか。

3) 家政学における「生活文化」のとらえ方

家政学においては1980年代前後から，人々の生活の価値観の変化を背景に，生活の質や豊かさを問う意味において生活文化が再認識されることになった。1990年代を中心に家政学で検討されてきた生活文化の定義をみてみよう。

宮下は「①生け花，茶道，和・洋裁などの限られた領域の生活技術の洗練，芸をさすもの，②生命の維持・再生産に焦点づけられた生活諸様式の体系の二つ」の意味でとらえたが，今日問題となっているのは後者であるとした[9]。また，吉野正治は「生活文化」とは「衣食住，育児，家庭経営の仕方から自由時間の過ごし方までを含む生活の局面にかかる文化」，そして「文化」とは「特定の社会の人々によって習得され，共有され，伝達される行動様式ないし生活様式の体系である」と整理した。さらに，生活文化は環境への適応の体系でもあり，たとえば気候・風土などの自然環境，制度や経済体制などの社会環境の影響を受けるが「環境決定論」ではなく，あくまでも生活文化の最大の特徴は「生活要求を実現，充足するための処方せん，つまりそれは基本的に『生活者のもの』」としている[10]。

これらはいずれも生活文化を生活様式とほぼ同義でとらえているが，両者の違いについて天野寛子は「経済・制度・習慣・規範など有機的関係をつくりながら，ある様式が再生産され，次の世代に受け継がれる場合に＜生活文化＞となる」と説明している[11]。そして，斎藤悦子・伊藤セツは「現在の家政学で問題とされる生活文化の内容は，生産様式に対応する単なる生活様式ではなく，生活様式の伝承性や創造性に付帯する価値観についてである」，また「家政学における生活文化とは環境への適応を越え，『よりよい生活様式への志向』や『生活者としての主体性を育てていく方法』を包含している」と述べ，「生活文化とは伝統性と創造性を内包した生活様式の全過程」と仮に定義した[12]。

このように定義が検討される過程からは，各時代で問われている生活文化の課題の究明と，それに家政学としてどう向き合うべきかという問題意識がみえてくる。折しも，公害・環境問題が世界共通の課題となり，企業中心の消費社会の問題が明るみになるなど，人々の生活の価値観の変革が迫られる時代であった。生活文化の担い手は「生活者」であり，生活文化の「価値」にこだわる必要性を，家政学者は模索しつつ，発信していたといえる。

(2)「生活文化」の内容と登場する場面

1) 生活文化を構成する要素

生活文化からどのようなキーワードや具体的な内容が思い浮かぶだろうか。各種の定義にある「生活様式」はその一つだろう。それは「ある時代の，ある地域の，ある民族または社会集団が共有する，標準的な『生活の仕方』」で，洋風，和風などはその典型例となる[13]。

たとえば和風様式の住まいを想像してみよう。三角屋根の木造で高床式，室内は畳の部屋が襖や障子などの引き戸の建具で仕切られて隣接し，室内外の建具を開け放つと風が通る開放的なつくりである。部屋にはものをほとんどおかず，必要に応じて家具や調度品を持ち込み，空

表 5-10　生活文化の内容類別の事例

<table>
<tr><th>（1）非形象的生活文化</th><th colspan="2">（2）形象的生活文化</th><th>（3）制度的生活文化</th></tr>
<tr><td rowspan="2">① 地域独特の土着思想
② 国語・方言（単語）・イントネーション
③ 土着信仰
④ 生活の知恵
⑤ 技能・芸能・舞踊（形象化された作品を除く）</td><td>身体的形象</td><td>① 自己表現としての身体加工（化粧など）</td><td rowspan="2">① ジェスチャーや身振り
② 行動様式
③ 日常的慣習
④ マナー・エチケット
⑤ おとなや子どもの遊びに関わる慣習
⑥ 関係様式
⑦ 地域内や家族内における地位配分と役割の設定
⑧ 組織化の原理や集団の形
⑨ 地域共同体構成の形や運営方法
⑩ 種々の集団など</td></tr>
<tr><td>表象的・造影的・造形的形象</td><td>① 民謡
② 工芸品
③ 道具
④ 工具
⑤ 建造物　など</td></tr>
</table>

出典：石川実・井上忠司（編著）『生活文化を学ぶ人のために』世界思想社（1998）p.11 の本文内容を一部省略し，筆者作成

間を多目的に使用する。玄関で履物を脱いで室内に上がり，畳や床の上に直接座る床座の生活をする。家の内と外を緩やかにつなぐ縁側では，四季折々の自然を遠景の眺望や庭の景色から楽しみ，十五夜には月見団子とススキを供えて中秋の名月を鑑賞する…。

この事例から何がわかるだろう。日本の気候風土の特徴（豊富な木材資源，蒸し暑い夏，四季が明快，など）が生活文化に与える影響はもちろん，生活文化のさまざまな内容がみえてくる。建築物や家具・生活道具などのモノや技術のほか，空間の転用性や起居様式，年中行事などの暮らし方にみられる意識や行動，また簡易な間仕切りの部屋で，家族の気配を常に感じる生活から生み出された非言語的コミュニケーションや家族観の存在などである。

生活文化の内容は多種多様で，その類別は容易ではないが，石川実が内容類別の試みとしてまとめている（表 5-10）。思想，言語，信仰，知識，知恵，技術などの非形象的なもの，化粧，民謡，工芸品，道具，工具，建造物などのかたちで表現されるもの，行動様式，慣習，儀礼，年中行事，人間関係，などの制度的なもの，の３タイプである。また，この内容には，①官に対応する民の生みだしたもの，②地域社会とか家族といった＜私的生活システムの維持を第一義目的として生み出されたもの＞という含みもある[14)]。

一般的に「芸術文化」には，文学，絵画，音楽，演劇，舞踊，映画，工芸，などがある。たとえば舞踊は，民衆の芸能としておそらく農耕や狩猟における呪術的な行為だった舞が，芸術として自律した領域を形成したと考えられる[15)]。生活文化とは別次元に位置すると思える文化も始まりは生活であり，あらゆる文化は生活と連続性を持つといえそうである。

2）生活文化にみられる特性

生活文化を特徴づける条件を，これまで紹介した論考をもとに抽出してみたい。地域性や時代性を伴う特定の社会集団により創造され，学習され，共有され，伝承されるもので，自然環境（居住地域の気候や風土など）や社会環境（技術の発展や政治・経済など）といった環境への適応の体系ではあるが，よりよい生活への志向や価値観を含有するものである。また，身近

で日常的なものでもある。富田は，生活文化の特性として，①人間が集団として保有しているもの，②伝統的，保存性が強いこと，③伝達性…時間的伝達（世代間伝達＝生活文化の継承）と空間的伝達（集団的伝達＝生活文化の伝播）があること，④たくましく，うまく，よく，生きてゆく諸段階の全部が含まれていること，を挙げている[16)]。

ところで，上記にもある「伝統」や「伝承」は生活文化をめぐる代表的なキーワードで，先にみた和風様式の住まいは，いわゆる「伝統的な生活文化」の範疇に入る。もちろん現代の生活様式，たとえばファストフードやファストファッションも生活文化であり，日常生活に浸透し今日まで受け継がれている。ただ，将来的に次世代に継承すべきものかとの観点にたつと，違和感をおぼえるかもしれない。私たちが生活の中に求める価値は，時代により変化し，生活文化の意味する内容も変化している。そして，生活文化には，ある時代や限定された範囲で完成された伝統的な生活文化，現実的に形成された実態としての生活文化，これらから創造し将来的に継承させたい理想的な生活文化，があると考えられる。

3）生活文化と社会

生活文化は時代の影響を多分に受けるが，それが社会で注目される背景を探ってみたい。企業や行政が生活文化を取り上げ始めたのは1980年代半ばからである。企業は生活文化研究所を設立して，新たな顧客や新製品・サービスを開拓し，行政では通商産業省（現経済産業省）が1984（昭和59）年に生活文化ルネッサンス（①生活文化型産業の発展，②欲求水準の更新による内需拡大，③生活文化を通じた地域振興，④文化交流としての生活用品交易の活発化，により成立する）を提唱している。また1994（平成6）年には21世紀の産業構造の一部に「生活文化関連分野」が位置づけられた[17)]。このような行政と企業が足並みをそろえて生活文化を打ち出した動きは，人々の生活を豊かにするためというよりも，内需拡大と経済発展がねらいといえる。その際に「生活文化」は新しい生活スタイルを示すキーワードとして，生産者と消費者の両者ともに共有できる言葉だったのだろう。

文化庁とは文部科学省の外局で，文化芸術の振興・普及，文化財の保存・活用，宗教に関する行政事務などを行う国の行政機関である。その文化庁が示した1993（平成5）年の「我が国の文教政策」の中で生活文化は「人が生活するにあたり限られた時間・空間・ものを使って織り成す暮らしのスタイルとも言うべきもの」とあり，現在の日常的な生活様式という意味合いが強いが，関連法の「文化芸術基本法」では，文化芸術の一つに位置づけ，「茶道，華道，書道，食文化その他の生活に係る文化」とし限定的な内容である。また，文化芸術振興の基本方針を答申する文化庁に設置された「文化審議会」の「文化政策部会ワーキンググループ（WG）」には「くらしの文化WG」があり，生活文化の普及方策などが議論されている。担い手の育成を課題の一つに挙げ，使い手としての担い手の育成には，子どものころからいかに「くらしの文化」に触れさせるかが肝要で，きっかけづくりとして学校教育の場の活用が必要との提言がある。

現在，文化庁が実施している「伝統文化親子教室事業」の目的は，「次代を担う子どもたちが親とともに，民俗芸能，工芸技術，邦楽，日本舞踊，華道，茶道などの伝統文化・生活文化に関する活動を計画的・継続的に体験・修得できる機会を提供する取組に対して補助を行うことにより，伝統文化・生活文化の継承・発展と，子どもたちの豊かな人間性の涵養に資すること」とあり，狭義の生活文化が対象に含まれていることがわかる。

以上のように，文化芸術の振興・普及を目的とする中で語られる生活文化は「伝統的」な意味に限定され，伝承の目的として子どもの豊かな人間性の涵養を掲げている。

(3) 家庭科教育と生活文化

1) 家庭科教育での生活文化の位置づけ

家庭科教育の背景学問は家政学であるため，学校教育の中で家庭科は生活文化と関わりが深い教科といえる。一方，教科は学校教育全体のめざす方向性の影響を受けて学習目標や内容が変化する。生活文化をめぐる近年の学習指導要領と家庭科の動きをみてみよう。

家庭科の内容項目として生活文化が登場したのは 1999（平成 11）年告示の高等学校学習指導要領である。共通教科 3 科目のうち「家庭総合」において，改善の具体的事項で「衣食住の生活を科学的に理解し文化的な視点からとらえることに重点を置き」とされ，衣食住の内容が「(4) 生活の科学と文化」にまとめられた。また，「エ　生活文化の伝承と創造」の項目も立ち，「衣食住に関わる生活文化の背景について理解させるとともに，生活文化に関心をもたせ，それを伝承し創造しようとする意欲をもたせる」がねらいとされた[18)]。

2009（平成 21）年の改訂でも，改善の具体的事項の中に「日本の生活文化にかかわる内容を重視する」ことが明記された[19)]。高等学校では，生活文化は「家庭総合」の「(4) 生活の科学と環境」で扱われ，衣生活・食生活・住生活の各文化の小項目が立ち，その内容は，生活の文化に関心を持たせることがねらいである。また「エ　持続可能な社会を目指したライフスタイルの確立」では「生活文化を伝承・創造し」との文言が記されている（表 5-11）。

さらに，2016（平成 28）年 12 月の中央教育審議会（中教審）答申では，小・中・高の家庭科

表 5-11 「家庭総合」の内容項目にみる生活文化

1999（平成 11）年　改訂	2009（平成 21）年　改訂
(4)　生活の科学と文化	(4)　生活の科学と環境
ア　食生活の科学と文化	ア　食生活の科学と文化 (ウ) 食生活の文化
イ　衣生活の科学と文化	イ　衣生活の科学と文化 (ウ) 衣生活の文化と製作
ウ　住生活の科学と文化	ウ　住生活の科学と文化 (ウ) 住生活の文化
エ　生活文化の伝承と創造	エ　持続可能な社会を目指したライフスタイルの確立

表 5-12 家庭科校種別における生活文化の学習活動のねらい

<table>
<tr><th>小</th><th>中</th><th>高</th></tr>
<tr><td colspan="2">主として衣食住の生活において</td><td rowspan="2">日本の生活文化の継承・創造等に関する</td></tr>
<tr><td>日本の生活文化の大切さに気付く</td><td>日本の生活文化を継承する</td></tr>
<tr><td colspan="3">学習活動を充実する</td></tr>
</table>

に対し「生活の営みに係る見方・考え方」の4視点の一つとして「生活文化の継承・創造」が示された。また，その資質・能力として，小学校では「日本の生活文化」の「大切さに気付く」，中学校では「継承する」，高等学校では「継承・創造」というように，各校種で体系化された[20]（表5-12）。これは当然ながら2017（平成29）年告示の小・中学校の学習指導要領の内容に反映されており，「B　衣食住の生活」において「日本の伝統的な生活についても扱う」と記されている。小学校家庭科の内容事例には「伝統的な日常食である米飯及びみそ汁」，「和食の基本であるだし」，「日本の伝統的な衣服であるゆかた」，「住まい方における日本の生活文化」，などがあるが，従来以上に「日本」や「伝統性」が強調された記述になっている[21]。

2）なぜ伝統的な生活文化が見直されるのか

こうした「日本の伝統的な生活文化」の学習を強化する背景には，学校教育全体の基本的な方向性が深く関与している。1989（平成元）年の改訂時における教育課程の基準の改善提言の一つ，「国際理解を深め，我が国の文化と伝統を尊重する態度の育成を重視」は布石といえる。いわゆる新保守主義路線の始まりである。その後，改正教育基本法（2006（平成18）年）の第2条第5号で「伝統と文化を尊重し，それらをはぐくんできた我が国と郷土を愛するとともに，他国を尊重し，国際社会の平和と発展に寄与する態度を養うこと」が示され，学校教育法なども改正された。これを機に，愛国心教育の一助としての「伝統や文化に関する教育」が，道徳教育の充実の強化の動きとも相まってさらに加速したといえるだろう。

2008（平成20）年の中教審の答申では，教育内容に関する改善事項の一つに「伝統的な文化に関する教育の充実」が独立項目として明記された。「国際社会で活躍する日本人の育成を図る上で，我が国や郷土の伝統や文化を受け止め，そのよさを継承・発展させるための教育を充実する」必要性が示され，伝統や文化の理解について「各教科などで積極的に指導がなされる」必要性と具体的な関連事項が提示された[22]。2016（平成28）年の中教審の答申やその後に改訂された学習指導要領にもこの傾向は引き継がれている。

伝統や文化に関する教育は「国際社会で活躍する日本人の育成」が目的とされている。グローバル化社会の中で，自分と異なる文化や歴史を持つ人々と共存するためには，自国や郷土の伝統や文化の理解を深め，それを尊重しそれを育んできた自国や郷土への愛着や誇りを持ち，日本人としてのアイデンティティを確立することが必要との主旨である。家庭科でも伝統的な生活文化の学習が充実する傾向にあるが，社会全体の動きをとらえ，どのような文脈の中で出てきたのかを見極めねばならない。仮に，偏狭な愛国心を育む方向ならば家政学や家庭科教育の理念に反する。改めて，家政学が追究する生活文化とは何だろうかと，考えさせられる。

（4）生活文化の伝承と創造に向けて

1）家政学と生活文化の伝承をどうとらえるか

生活文化とは多義的で，使用する立場や場面によって意味が異なる。しかし，伝統的であれ現代的であれ，担い手は生活者で，よりよい生活を求める中で形成され定着したものということは確かである。特定の社会集団により習得，共有，伝達された生活様式には何らかの価値が含まれる。つまり，生活の質や文化になりえた意味が必ず存在する。伝統的な生活文化が再評価されるのは，現代に生きる私たちの生活の質を問い直す上で示唆的な内容を含むからであろう。

現代の年中行事の多くは本来的な意味が薄れ，商業主義とも結びついて形骸化しているかもしれない。しかし，定期的に季節を感じ，室礼を施して暮らしを彩り，家族の健康を願うなど，精神的な豊かさをもたらす機会となっている。気候風土に適応した生活様式には，たとえば衣食住の和風様式の物事をいくつか思い浮かべてみても，長期にわたる知恵と技術の結晶から生み出された合理的な仕組みに気づいたり，素材や地域性を生かした特有のデザインに美しさを感じたり，修練を積んだ手仕事に人間のなしうる高度な技術や使いやすさ，あたたかさを実感したりする。また，持続可能な社会をめざす中で，自然と共生する価値観の中で築かれた日本の伝統的な生活文化は世界的にも注目されている。

伝統的な生活文化は懐古主義でとらえるものではない。生活文化の形成要因，また，経済性や利便性を重視する生活の中で喪失されたものは何か，これから何をどう継承するべきかなどの考究と解明こそが大切であり，それは生活の価値を追究する家政学の役割の一つといえる。

2）家政学は生活文化の創造にどう寄与するか

なぜ家政学は「生活文化」を考えなければならないのか。そこに生活の価値が問われるからである。そして家政学は生活の創造をエンパワーメントする学問であるからである。1990年代初頭に吉野は，資源の浪費と人間疎外の問題に言及し，現代を生きる生活文化が不十分なことがさまざまな生活問題を拡大し深刻なものにしていると指摘したが，その指摘は現代にも通じる[23)]。むしろ，生活文化の原点である生命や生存，人間存在が危ぶまれる問題がより深刻化してはいないだろうか。生活文化の重要な要素でもある「生活を楽しみ味わうこと」ができているだろうか。

家政学は生活の諸問題を取扱い，その課題解決とともに生活の質の向上をめざす実践的総合科学である。また，人間の生活基盤である家庭生活の安定的で持続的な発展をめざしている。健康・安全・安心・快適・平等など，人間らしい暮らしに関わる価値観に基づいた生活文化の創造に向けて，家政学や家庭科での関連する研究と教育が一層求められる。

演習問題

① 「生活文化」から想像することがらやイメージをたくさん挙げてみよう。

② 具体的な「生活文化」を取り上げ，家政学的な視点でみた特徴や課題をまとめよう。

〈注・引用文献〉

1）(社)日本家政学会家政学原論部会関西地区会『生活研究に関わる家政学のキー概念』(1996) p.28
2）田辺義一『家政学総論』光生館（1971）p.12
3）時実利彦『人間であること』岩波新書（1970）pp.38-40
4）足立己幸・寺出浩司（編著）『講座生活学 5　生活文化論』光生館（1995）p.3
5）(社)日本家政学会編『生活文化論』朝倉書店（1991）p.9
6）鍵和田務（編著）『ライブラリー生活の科学 9　生活と文化―生活文化論へのいざない―』コロナ社（1999）p.4
7）石川実・井上忠司（編著）『生活文化を学ぶ人のために』世界思想社（1998）p.3
8）前掲書 4）p.11
9）前掲書 1）p.34
10）前掲書 5）pp.2-4
11）天野寛子・伊藤セツ・森ます美・堀内かおる・天野春子『生活時間と生活文化』光生館（1994）p.111
12）斎藤悦子・伊藤セツ「企業文化と生活文化の関連―家政学における生活文化論の意義」『日本家政学会誌』, Vol.47, No.4（1996）p.305
13）吉野正治『生活様式の理論』光生館（1980）p.82
14）前掲書 7）p.10
15）高橋準「生活文化論（へ）の挑戦」福島大学行政社会学部『行政社会論集』8（4）（1996）p.304
16）前掲書 5）pp.12-13
17）前掲書 12）p.308
18）文部科学省「高等学校学習指導要領解説　家庭編」開隆堂出版（2000）p.65
19）文部科学省「高等学校学習指導要領解説　家庭編」開隆堂出版（2010）p.4
20）中央教育審議会「幼稚園，小学校，中学校，高等学校及び特別支援学校の学習指導要領等の改善及び必要な方策等について（答申）」(2016) pp.182-183
21）文部科学省「小学校学習指導要領解説　家庭編」(2017) p.58
22）中央教育審議会「幼稚園，小学校，中学校，高等学校及び特別支援学校の学習指導要領等の改善について（答申）」(2010) p.57
23）前掲書 5）p.7

（宮﨑　陽子）

第６章　現代社会における家政学の普及・社会貢献

1. 家政学と教育

本節の目標

① 家政学は教育を通してどのように普及が図られるのか，理解しよう。
② 家庭科教育や消費者教育が家政学の本質とどのように関連するのか考えよう。
③ 家庭生活を支援する新しい専門職として創設された「家庭生活アドバイザー」の役割と意義について考えよう。

本節では，家政学が教育を通してどのように普及が図られるのか，①家政学を親学問とし，教科として学校教育に位置づけられている「家庭科教育」，②社会教育としての「消費者教育」，さらに，③家庭生活を支援する新しい専門職として創設された「家庭生活アドバイザー」について，その概要を述べる。

(1) 家政学の新たな教育的役割

家政学は家庭を中心とした人間の生活が，「快適」かつ「安全」で，「健康に過ごせること」を目標としている。人間は「生活の主体」であり，同時に「家族の一員」でもある。日常生活を共にする中で，他者との関係性を学び，人の成長や発達の基盤となるところが「家庭」である。子育ての場面以外にも，夫婦間や高齢の親などとの関係性において，「家庭のあり方」「関係性の良し悪し」が人格形成や心身の健康に与える影響は大きい。人の成長や発達の基盤となる家庭生活を，家族員それぞれの心の拠り所となるような場所にするために，家政学の学びを通してすべての人が自らのよりよい家族形成の能力を身につけることが家政学の重要な教育的役割といえる。

岸本は，社会生活と家庭生活の関係を図 6-1 のように示し，生産的営みである社会生活における活動は，家庭生活の事象の安定化とその存続に寄与できてこそ意義のある存在であるとし，家庭生活の営みを「社会を発展させる本質的活動」と位置づけている[1)]。

家庭生活が社会を発展させる装置，つまり家庭生活が家族員それぞれの心の拠り所になっているか，社会生活の営みが家庭生活の生存的営みを歪めるものになっていないか，これらが対立関係にならないよう，2つの「生活」を統一的に進めていくことが求められている。また，社会の仕組みや生産，情報，技術などに関わるさまざまな課題を家庭生活や人の成長・発達の視点から検証し直すことが重要で，このことが家政学の新たな役割といえよう。

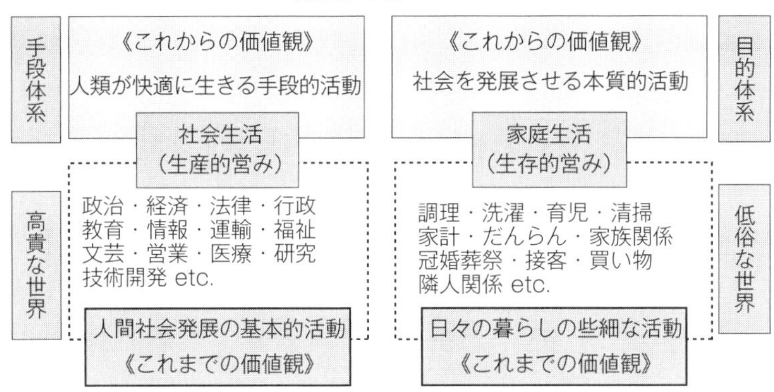

図 6-1　社会生活と家庭生活の関係

そこでこのような「生活を守る」家政学が教育に対して，どのように社会貢献できるのか，以下に述べる。

(2) 家庭科教育と家政学

はじめに，家政学と学校「家庭科」がどのような関係にあるのか，家庭科教育の内容や目標を整理しながら，家政学の教育に対する社会貢献について考えてみたい。

家庭科とは，学校教育における教育課程の中の一つの教科であり，小学校は「家庭」，中学校は「技術・家庭（家庭分野)」，高等学校は必修教科としての「家庭」(各学科に共通する生活者教育，家庭基礎・家庭総合）と，主として専門学科において開設される教科としての「家庭」(家政に関する職業のための専門教育，消費生活・住生活デザイン・フードデザインなど 21 科目）に位置づけられている。その学習内容はどのようなものであろうか。

小・中学校は「A 家族・家庭生活」「B 衣食住の生活」「C 消費生活・環境」[2, 3]，高等学校は，「家庭基礎」を例に挙げると「A 人の一生と家族・家庭及び福祉」「B 衣食住の生活の自立と設計」「C 持続可能な消費生活・環境」「D ホームプロジェクトと学校家庭クラブ活動」[4] が学習内容として学習指導要領に明記されている（表 6-1)。

家政学の学問領域には，食物学，被服学，住居学，児童学，生活経営学などがあり，個人・家族の生活を中心に，地域や地球規模のコミュニティを含む広い生活環境全般を研究対象としている。つまり個人・家族・コミュニティの生活全般の人と人，人とモノとの相互作用を対象にライフスタイルや家庭生活の諸事象を学習内容・研究対象としているところが家政学と家庭科の共通点であるといえる。また細分化された領域を総合して家政学的価値を実現すること，つまり一生を通して家庭生活を中心とする人間生活の質の向上，福祉をめざしていることも共通している。

家庭生活の生活手段と生活主体を柱に学問領域を考えると，図 6-2 に示すような領域構成の考え方も可能となる[5]。この考え方で家庭科の学習内容をとらえると「生活経営」を中心とし

表 6-1　学習指導要領　小学校・中学校技術・家庭（家庭分野）の内容一覧

<table>
<tr><th colspan="2">キーワード</th><th>小学校</th><th>中学校（家庭分野）</th><th>高等学校（家庭基礎）</th></tr>
<tr><td rowspan="5">人</td><td></td><td>A　家族・家庭生活</td><td>A　家族・家庭生活</td><td>A　人の一生と家族・家庭及び福祉</td></tr>
<tr><td>家　族</td><td>(1) 自分の成長と家族・家庭生活</td><td>(1) 自分の成長と家族・家庭生活</td><td>(1) 生涯の生活設計
(2) 青年期の自立と家族・家庭</td></tr>
<tr><td>幼　児</td><td>(2) 家庭生活と仕事</td><td>(2) 幼児の生活と家族</td><td>(3) 子供の生活と保育</td></tr>
<tr><td>福　祉</td><td>(3) 家族や地域の人々との関わり</td><td>(3) 家族・家庭や地域との関わり</td><td>(4) 高齢期の生活と福祉
(5) 共生社会と福祉</td></tr>
<tr><td>地　域</td><td>(4) 家族・家庭生活についての課題と実践</td><td>(4) 家族・家庭生活についての課題と実践</td><td></td></tr>
<tr><td rowspan="4">モノ</td><td></td><td>B　衣食住の生活</td><td>B　衣食住の生活</td><td>B　衣食住の生活の自立と設計（家庭総合は衣食住の生活の科学と文化）</td></tr>
<tr><td>食生活</td><td>(1) 食事の役割
(2) 調理の基礎
(3) 栄養を考えた食事</td><td>(1) 食事の役割と中学生の栄養の特徴
(2) 中学生に必要な栄養を満たす食事
(3) 日常食の調理と地域の食文化</td><td>(1) 食生活と健康</td></tr>
<tr><td>衣生活</td><td>(4) 衣服の着用と手入れ
(5) 生活を豊かにするための布を用いた製作</td><td>(4) 衣服の選択と手入れ
(5) 生活を豊かにするための布を用いた製作</td><td>(2) 衣生活と健康</td></tr>
<tr><td>住生活</td><td>(6) 快適な住まい方</td><td>(6) 住居の機能と安全な住まい方
(7) 衣食住の生活についての課題と実践</td><td>(3) 住生活と住環境</td></tr>
<tr><td rowspan="3">金銭　ライフスタイル</td><td></td><td>C　消費生活・環境</td><td>C　消費生活・環境</td><td>C　持続可能な消費生活・環境</td></tr>
<tr><td>消費生活・経済
生活設計</td><td>(1) 物や金銭の使い方と買物</td><td>(1) 金銭の管理と購入
(2) 消費者の権利と責任</td><td>(1) 生活における経済の計画
(2) 消費行動と意思決定</td></tr>
<tr><td>環　境</td><td>(2) 環境に配慮した生活</td><td>(3) 消費生活・環境についての課題と実践</td><td>(3) 持続可能なライフスタイルと環境
D　ホームプロジェクトと学校家庭クラブ活動</td></tr>
</table>

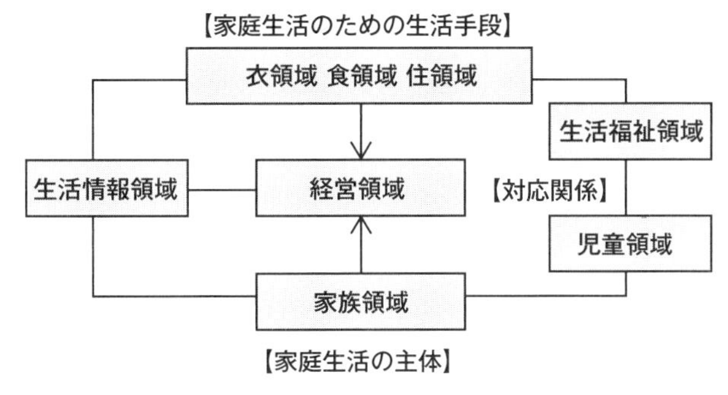

図 6-2 家政学の領域構成の考え方

て,「児童・生活福祉」や「生活情報」領域を家庭生活の生活手段と生活主体に対応させ,より充実させることがこれからの家庭科教育の課題である。

次に家庭科の教育価値,すなわち家庭科の授業を通して身につけることのできる力とは何か,家庭科の教育目標から考えてみたい。

小学校学習指導要領第2章第8節家庭の目標は「生活の営みに係る見方・考え方を働かせ,衣食住などに関する実践的・体験的な活動を通して,生活をよりよくしようと工夫する資質・能力を次のとおり育成することを目指す(略)」[6]とあり,(1)知識・技能の獲得,(2)思考力,判断力,表現力等,(3)学びに向かう力,人間性等に対応させ,「日常生活に必要な家族や家庭,衣食住,消費や環境等についての基礎的な理解と技能」「課題を設定し,解決する力」「生活をよりよく工夫する実践的な態度」の3つの具体的な目標が掲げられている。

同様に,中学校の技術・家庭科の家庭分野の目標は,「生活の営みに係る見方・考え方を働かせ,衣食住などに関する実践的・体験的な活動を通して,よりよい生活の実現に向けて,生活を工夫し創造する資質・能力を次のとおり育成することを目指す(略)」[7]であり,さらに高等学校家庭は「生活の営みに係る見方・考え方を働かせ,実践的・体験的な学習活動を通して,様々な人々と協働し,よりよい社会の構築に向けて,男女が協力して主体的に家庭や地域の生活を創造する資質・能力を次のとおり育成することを目指す(略)」[8]となっている。

目標文を要約すると,家庭科では,生活の自立に必要な基礎的・基本的な知識と技能を体験的,実践的,問題解決的に学ぶことを通して,自らの生活課題や家族・地域社会の生活課題を解決し,生活を自立的に営む力や生活をよりよくしようとする力の育成をめざしているといえよう。

家庭科で育成したい資質・能力を図6-3に示した。子どもたちは,家族の存在や家庭生活の営みや仕組みといった諸事象をあまり意識せずに毎日を過ごしている。家庭科の授業では,まず自らの家族・家庭生活,食生活・衣生活・住生活にしっかりと向き合わせ,生活技能や生活原理を学ばせ,さまざまな生活事象を社会的,科学的に認識でき,生活をトータルにみることができるように子どもたちを導くことが求められている。そのためには,子どもたちの心身の

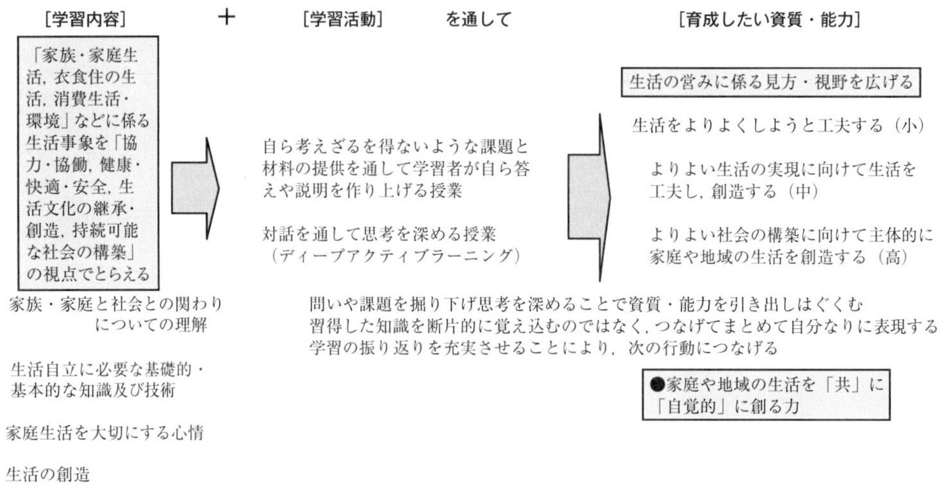

［学習内容］　＋　［学習活動］　を通して　［育成したい資質・能力］

「家族・家庭生活，衣食住の生活，消費生活・環境」などに係る生活事象を「協力・協働，健康・快適・安全，生活文化の継承・創造，持続可能な社会の構築」の視点でとらえる

自ら考えざるを得ないような課題と材料の提供を通して学習者が自ら答えや説明を作り上げる授業

対話を通して思考を深める授業
（ディープアクティブラーニング）

生活の営みに係る見方・視野を広げる

生活をよりよくしようと工夫する（小）

よりよい生活の実現に向けて生活を工夫し，創造する（中）

よりよい社会の構築に向けて主体的に家庭や地域の生活を創造する（高）

家族・家庭と社会との関わりについての理解

生活自立に必要な基礎的・基本的な知識及び技術

家庭生活を大切にする心情

生活の創造

問いや課題を掘り下げ思考を深めることで資質・能力を引き出しはぐくむ
習得した知識を断片的に覚え込むのではなく，つなげてまとめて自分なりに表現する
学習の振り返りを充実させることにより，次の行動につなげる

●家庭や地域の生活を「共」に「自覚的」に創る力

図 6-3　家庭科で育成したい資質・能力

発達段階に応じた学習目標や学習内容，教材開発や授業のつくり方，指導方法などの教育学研究も必要になる。家庭科の教科の目標を達成するために，子どもたちや授業のあり方をより望ましい方向に導く一連の教育活動が家庭科教育である。家庭科を担当する教員が，生活の具体性や個別性を理解し，児童・生徒の日常生活から課題（問題点）をみつけ，その解決を図る手段として家政学から得た知識や原理，法則性などを活用しながら教育学の視点を加え，学習者が学習成果を自らの生活に戻し，実生活に活かせるような授業を提供できるよう，家庭科を担当する教員の教育力を向上させることが重要である。

生活に関わる知識や技能を「伝達」するだけではなく，家政学を学問背景とした教科理論をしっかりと学んだ教員が，子どもたちに「生活問題解決力」や「生活実践力」を育むこと，何を大切にした生活がしたいのか，その生活を実現するために何をどのように整えることが必要かを考える，つまり「生活主体」としてよりよい生活を営む力を育むことをめざした家庭科の授業実践が期待される。

家政学の「家政」を「家族及び社会への配慮に基づく生活管理，生活経営」と定義づけ，市民社会を形成する子どもたちに「生活主体」として自己満足的な生活ではなく，社会性のある生活を営むことができる力を育むことができるならば，家庭科の授業を通じて，健全な社会の構成員を育成するということになる[9)]。このことは，家庭科教育，家政学が果たす大きな社会貢献といえる。

人間生活にとっての豊かさの指標とは，「次世代を育み，日々の生活を営み続けられること」への貢献度であり，生活を守るための科学である家政学は，科学や技術の発展が家庭生活を脅かす方向に進まないことや，豊かに生活することの手段と目的を取り違えないことを提言しなければならない。学校教育の中で「命を育み，人とつながり，持続可能な暮らし」を直接題材として扱うことができる教科は家庭科のみである。「今」住んでいる地域や自らの生活課題に目を向けて，「生活」の意味を問うことや「これから」の持続可能な家族や家庭生活のあり方を問題解決的に考えていく家庭科教育によって，生活重視の価値観を育成したい。家政学の本質的価値を重視し，よりよい生命力を再生産することが家庭生活の向上につながることを再確認し，このような家庭科教育の必要性を広く共有することが重要であることを改めて強調しておきたい。

(3) 消費者教育と家政学

次に家政学の本質理念とその教育実践の担い手として位置づけられる「消費者教育」に焦点を当てて，家政学との関連を整理する。

2008（平成20）年に改訂された教育課程の主な改善事項では，社会の変化への対応の観点から，「情報教育」「環境教育」「食育」「健康教育」「消費者教育」など，教科横断的な学習内容を充実させることが求められていた。2017（平成29）年改訂の学習指導要領においても，主権者教育，防災・安全教育などと並列で，消費者教育の充実が明記され[10]，学校教育の中で消費者教育に取り組む必要性は高まりをみせている。

一方，2012（平成24）年に「消費者教育の推進に関する法律」が制定された。その中で消費者教育は次のように定義されている（第2条第1項）。

> 消費者の自立を支援するために行われる消費生活に関する教育（消費者が主体的に消費者市民社会の形成に参画することの重要性について理解及び関心を深めるための教育を含む。）及びこれに順ずる啓発活動をいう。

さらにこの法律では，幼児期から高齢期まですべてのライフステージにおいて，学校，家庭，地域，職場などさまざまな場所で消費者教育を実施することが求められている。消費者教育の体系イメージマップでは，4つの重点領域別10項目のライフステージ別達成目標が示されている[11]（図6-4）。つまり，学校教育のみならず，家庭教育や地域教育のあらゆる場所で生涯学習として消費生活一般に関する学びや，消費者が主体的に消費者市民社会の形成に参画することの重要性について理解および関心を深めるための学びが法律によって国民全体に保障された。今後は，この法律に示された内容の消費者教育を具体的に「誰」が「どこで」「どのように」提供していくのかが最大の課題となる。

消費生活は，家庭生活と重なる部分が多い。消費生活に関する教育は，食育，環境教育，法教育，金融教育などの関連教育とも密接な関係にあり，多くの学問との関わりも深い。家政学は，家庭生活を中心とした人間生活を研究対象としていることから，消費生活のあり方も研究対象となり，消費生活に関する教育である消費者教育との重なりがここにある。また，家政学も消費者教育も最終目的は実践的な面にあることも共通している。さらに家政学は，生活の価値を守る学問として，快適，安全，健康，平等に過ごせることなどを目標にしているが，消費

Ver.1.0（平成 25 年 1 月公表），消費者庁

重点領域		幼児期	小学生期	中学生期	高校生期	成人期 特に若者	成人期 成人一般	成人期 特に高齢者
各期の特徴		様々な気づきの体験を通じて，家族や身の回りの物事に関心をもち，それを取り入れる時期	主体的な行動，社会や環境への興味を通して，消費者としての素地の形成が望まれる時期	行動の範囲が広がり，権利と責任を理解し，トラブル解決方法の理解が望まれる時期	生涯を見通した生活の管理や計画の重要性，社会的責任を理解し，主体的な判断が望まれる時期	生活において自立を進め，消費生活のスタイルや価値観を確立し自らの行動を始める時期	精神的，経済的に自立し，消費者市民社会の構築に，様々な人々と協働し取り組む時期	周囲の支援を受けつつも人生での豊富な経験や知識を消費者市民社会構築に活かす時期
消費者市民社会の構築	消費がもつ影響力の理解	おつかいや買い物に関心を持とう	消費をめぐる物と金銭の流れを考えよう	消費者の行動が環境や経済に与える影響を考えよう	生産・流通・消費・廃棄が環境，経済や社会に与える影響を考えよう	生産・流通・消費・廃棄が環境，経済，社会に与える影響を考える習慣を身に付けよう	生産・流通・消費・廃棄が環境，経済，社会に与える影響に配慮して行動しよう	消費者の行動が環境，経済，社会に与える影響に配慮することの大切さを伝え合おう
消費者市民社会の構築	持続可能な消費の実践	身の回りのものを大切にしよう	自分の生活と身近な環境とのかかわりに気づき，物の使い方などを工夫しよう	消費生活が環境に与える影響を考え，環境に配慮した生活を実践しよう	持続可能な社会を目指して，ライフスタイルを考えよう	持続可能な社会を目指したライフスタイルを探そう	持続可能な社会を目指したライフスタイルを実践しよう	持続可能な社会に役立つライフスタイルについて伝え合おう
消費者市民社会の構築	消費者の参画・協働	協力することの大切さを知ろう	身近な消費者問題に目を向けよう	身近な消費者問題及び社会課題の解決や，公正な社会の形成について考えよう	身近な消費者問題及び社会課題の解決や，公正な社会の形成に協働して取り組むことの重要性を理解しよう	消費者問題その他の社会問題の解決や，公正な社会の形成に向けた行動の場を広げよう	地域や職場で協働して消費者問題その他の社会課題を解決し，公正な社会をつくろう	支え合いながら協働して消費者問題その他の社会課題を解決し，公正な社会をつくろう
商品等の安全	商品安全の理解と危険を回避する能力	くらしの中の危険や，ものの安全な使い方に気づこう	危険を回避し，物を安全に使う手がかりを知ろう	危険を回避し，物を安全に使う手段を知り，使おう	安全で危険の少ないくらしと消費社会を目指すことの大切さを理解しよう	安全で危険の少ないくらし方をする習慣を付けよう	安全で危険の少ないくらしと消費社会をつくろう	安全で危険の少ないくらしの大切さを伝え合おう
商品等の安全	トラブル対応能力	困ったことがあったら身近な人に伝えよう	困ったことがあったら身近な人に相談しよう	販売方法の特徴を知り，トラブル解決の法律や制度，相談機関を知ろう	トラブル解決の法律や制度，相談機関の利用法を知ろう	トラブル解決の法律や制度，相談機関を利用する習慣を付けよう	トラブル解決の法律や制度，相談機関を利用しやすい社会をつくろう	支え合いながらトラブル解決の法律や制度，相談機関を利用しよう
生活の管理と契約	選択し，契約することへの理解と考える態度	約束やきまりを守ろう	物の選び方，買い方を考え適切に購入しよう 約束やきまりの大切さを知り，考えよう	商品を適切に選択するとともに，契約とそのルールを知り，よりよい契約の仕方を考えよう	適切な意思決定に基づいて行動しよう 契約とそのルールの活用について理解しよう	契約の内容・ルールを理解し，よく確認して契約する習慣を付けよう	契約とそのルールを理解し，くらしに活かそう	契約トラブルに遭遇しない暮らしの知恵を伝え合おう
生活の管理と契約	生活を設計・管理する能力	欲しいものがあったときは，よく考え，時には我慢することをおぼえよう	物や金銭の大切さに気づき，計画的な使い方を考えよう お小遣いを考えて使おう	消費に関する生活管理の技能を活用しよう 買い物や貯金を計画的にしよう	主体的に生活設計を立ててみよう 生涯を見通した生活経済の管理や計画を考えよう	生涯を見通した計画的なくらしを目指して，生活設計・管理を実践しよう	経済社会の変化に対応し，生涯を見通した計画的なくらしをしよう	生活環境の変化に対応し支え合いながら生活を管理しよう
情報とメディア	情報の収集・処理・発信能力	身の回りのさまざまな情報に気づこう	消費に関する情報の集め方や活用の仕方を知ろう	消費生活に関する情報の収集と発信の技能を身に付けよう	情報と情報技術の適切な利用法や，国内だけでなく国際社会との関係を考えよう	情報と情報技術を適切に利用する習慣を身に付けよう	情報と情報技術を適切に利用するくらしをしよう	支え合いながら情報と情報技術を適切に利用しよう
情報とメディア	情報社会のルールや情報モラルの理解	自分や家族を大切にしよう	自分や知人の個人情報を守るなど，情報モラルを知ろう	著作権や発信した情報への責任を知ろう	望ましい情報社会のあり方や，情報モラル，セキュリティについて考えよう	情報社会のルールや情報モラルを守る習慣を付けよう	トラブルが少なく，情報モラルが守られる情報社会をつくろう	支え合いながら，トラブルが少なく，情報モラルが守られる情報社会をつくろう
情報とメディア	消費生活情報に対する批判的思考力	身の回りの情報から「なぜ」「どうして」を考えよう	消費生活情報の目的や特徴，選択の大切さを知ろう	消費生活情報の評価，選択の方法について学び，意思決定の大切さを知ろう	消費生活情報を評価，選択の方法について学び，社会との関連を理解しよう	消費生活情報を主体的に吟味する習慣を付けよう	消費生活情報を主体的に評価して行動しよう	支え合いながら消費生活情報を上手に取り入れよう

※　本イメージマップで示す内容は，学校，家庭，地域における学習内容について体系的に組み立て，理解を進めやすいように整理したものであり，学習指導要領との対応関係を示すものではない。

図 6-4　消費者教育の体系イメージマップ

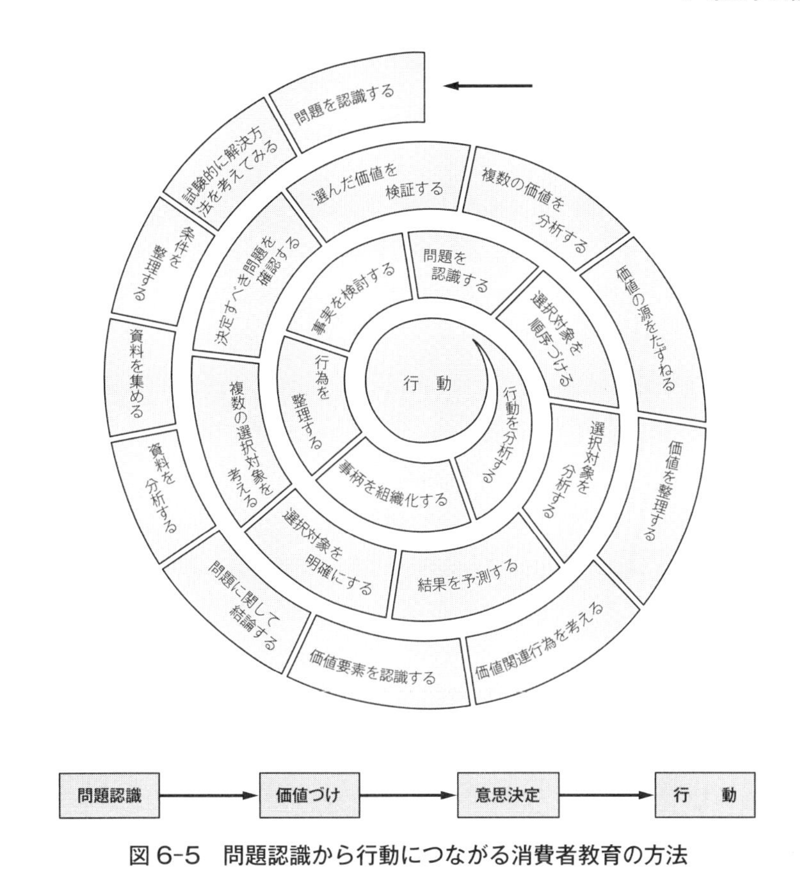

図 6-5 問題認識から行動につながる消費者教育の方法

出典：Consumer Education Curriculum Modules— A Spiral Process Approach, North Dakota State University (1974)

者教育においても健康・安全・安心などの価値を重視している。単に「だまされない消費者」や「賢く買う消費者」の育成ではなく，個人としても社会の一員としても自立した消費者の育成を通して，個人および社会の質の高いライフスタイルを実現することが消費者教育の目的となっている。つまり，「生活を守る」家政学の理念を実践におろし，具体化するのが消費者教育と言い換えることもできる。

今井は，「消費者教育の基本は『生活を大切にする』という哲学である。消費者教育は全体的存在である人間としての消費者が生命・健康という生活の基本的な価値を守り，自己実現していくためのものであるが，生活の価値を守るとは，生活を大切にすることに他ならない」[12]と述べている。

「価値」とは，そのものにどのような意義（価値）を求めるかについての，それぞれの人の考え方で，人がその行為の様式や手段および目標を選択する際に影響を与えるところの望ましいものについての概念ととらえることができる。

図 6-5 が示す消費者教育の方法は「螺旋過程の教育であり，『点』である知識・情報を意思決定の過程へインプットして，各人がおかれている状況に照らして意思決定する。この方法は，家政経営の教育の方法と同じである」[13]と小木らは指摘している。この生活「価値」を守り，行

動に結びつける方法に照らして，消費者教育を実践することができるならば，消費者教育は家政学の教育方法と共通しているといえる。

そこでこの消費者教育と家政学の共通する「問題認識から行動につながる」教育の方法を具体的な事例で考えてみたい。

私たちはさまざまな商品やサービスを利用しながら日常生活を営んでいる。日ごろから生活全般に関わる学習や情報収集に努め，商品やサービスの必要性，安全性，価格，品質などを検討し，何を選択するのか，常に自らの価値観に基づいて意思決定し，行動に反映させる習慣を身につけておくことが肝要である。

消費者教育推進法の制定を受け，消費者教育に関わりのある研究者がさまざまな場面で政策への提言や立案に関わるケースも増加してきている。法律の専門家とは違う立場で，家政学の理論，本質的な理念をこれからの学校教育や社会教育にどのように活かしていくのかが期待される。社会の変化に応じた消費者のあり方，生活の豊かさを考える消費者教育は，「持続可能な消費と環境」「安全で健康な生活」などの生活問題の解決と生活の質の向上をゴールとして掲げている家政学と重なり合う教育であり，消費者教育は家政学の成果を社会に還元する有効で具体的な手段であるといえよう。中森は，家政学の研究から得られた知見を具体的なプログラムにおろす，つまり理論から実践への橋渡しが重要であり，家政学の本質理念を生活技術としてどのように設定し，具現化するかということで，家政学の成果をさまざまな分野に還元することができると述べている[14)]。総合性が反映された家政学の理論と実践を媒介する人材は，生活者の視点に立った消費者市民社会の構築にとっても有為な人材である。家政学が家庭科教育や消費者教育を通して社会貢献できる理由がここにある。

アメリカ家政学会においては，1923（大正12）年に生活者と企業のパイプ役を果たすことを目的に企業内家政学士 HEIB（Home Economists in Business）が設立された。大学で家政学を修め，企業のなかで生活者としての視点を尊重しつつ商品開発などを行う女性のことである。日本では，企業の消費者関連部門で働く女性を「ヒーブ」と呼んでいる（日本ヒーブ協会は，1978（昭和53）年に創設された。生活者と企業のパイプ役としてさまざまな活動を行っている）。このような貢献も家政学の社会貢献の一つである。

最後に家族・家庭を取り巻く深刻な状況を改善するために創設された新しい家政学の専門職「家庭生活アドバイザー」について述べる。

(4) 家庭生活を支援する新しい専門職「家庭生活アドバイザー」

すでに諸外国では，個人・家族・コミュニティにおける生活問題を予防し解決するための能力の開発・向上をめざすことにより，生涯にわたって家族・家庭生活を支援する家政学・家族研究を基礎とする専門職が創設されている。

アメリカでは，世界に先駆けて，アメリカ家族関係学会（NCFR：National Council on Family Relations）が1985（昭和60）年に家族生活教育の専門家 Family Life Educator（FLE）の資格認証を始めた。このFLEは，個人・家族・コミュニティを対象に，以下の5つの目的を持って活動する専門職である。

① 生活の中で生じる多様な課題について自ら問題を解決する能力を開発する。
② 家族を強化し，家族の生活を安定したよりよく豊かなものにする。
③ 生涯にわたって，人間の成長・発達・行動に関する学習を行う。
④ 現在および将来における家族員としての自らの役割可能性を開発する。
⑤ 個人と家族の問題が発生するのを予防し，問題が発生した場合でもその悪影響を最小にする。

アメリカ・カナダではすでに125大学で認証カリキュラムが位置づけられており，約1,500名が世界で活躍している[15)]。

一方，こうしたアメリカFLEの影響を受けて，台湾・韓国でも，2003（平成15）年にそれぞれ「家庭教育法」，「健康家庭基本法」を制定し，家庭教育センター・家庭教育士，健康家庭支援センター・健康家庭士として活動する専門職を誕生させて，国家的に生活問題に取り組んできている。台湾・韓国におけるこれらの制度化には，家政学者が10年以上にわたって強力に関与したことが知られている[16)]。

日本においても，2004（平成16）年から同様の専門職を模索する活動が始まった。2016（平成28）年には（一社）日本家政学会レベルで，家政学や家族問題に関する専門的知識とスキルを持ち，家族エコシステムなどの理論を学んだ「家庭生活アドバイザー」の養成・認証システムの本格的な検討が開始された。2017（平成29）年8月，2018（平成30）年3月のパイロット事業を経て，2018年度から本格稼動する[17)]。（一社）日本家政学会が認定する「家庭生活アドバイザー」とは，「家政学の知識・技能を活用して，人々が生活環境を整え，自ら生活課題を乗

表6-2 「家庭生活アドバイザー」の基礎資格に必要な科目（案）

家政系課程の卒業者（予定者）で，以下の科目の中から，必修科目（3科目・6単位），選択科目（12科目24単位）を履修または履修予定の者

区　分	科　　目
必修科目（3科目6単位）	家族・家庭生活論 家族・家庭生活教育方法論 家族・家庭生活教育実習
選択科目（12科目24単位）	家政学原論　食生活論　衣生活論　住生活論　家庭経済学　生活経営学　家族（理）論　家庭生活福祉論　家族法　家族政策　家族心理学　家族コミュニケーション　家族関係論　児童学　保育学　高齢者と家庭　老年学　老人福祉論　家庭科教育法　女性学　ボランティア論　福祉論　栄養指導・教育　消費者教育　家庭生活と情報　衣生活管理　社会福祉論　地域社会福祉論　女性と教育　社会福祉実践論など

・必修科目については，学会が主催する資格認定研修に参加して科目を履修しなければならない。
・選択科目の中で，既習の科目と類似するものに関しては，履修したシラバスを検討して単位互換をする。
・類似の既習科目についてはシラバスを検討して読み替える。

表6-3　資格認定者の活動分野（例）

対　象	活動分野
子ども・親・養育者	子育て支援センター　児童相談所　市民生活相談所　児童養護施設等における育児，児童相談等
児童・生徒・保護者（学校教育関係）	児童・生徒の生活指導　保護者の生活相談
高齢者・介護家族	地域包括支援センター　市民生活相談所等での高齢者や高齢者介護家族の生活相談等
女　性	男女共同参画センター等での生活相談，DV相談，母子自立支援の相談等

注：調停委員，民生委員，児童委員等は，職業ではないが，適任と考えられるので，関係機関に推薦することはできる。

り越える力を高めるのを支援し，個人・家族・コミュニティのウェルビーイングの向上のために活動する専門家」と定義されている。

現在のところ，資格の申請要件（基礎資格）としては，（一社）日本家政学会の会員歴が1年以上であること，家政学部や生活科学部，教育学部（家庭コースなど）などの家政系課程卒業者（見込み者を含む）であることとされている。これらの基礎資格に必要な科目（表6-2）によれば，必修科目として，家族・家庭生活論，家族・家庭生活教育方法論，家族・家庭生活教育実習の3科目が挙げられ，家政学原論，食生活論，衣生活論，住生活論，児童学などの家政学に一般的な科目群が挙げられており，家族・家庭生活全体を見通して，家庭生活の問題解決に資する専門職という性格を持っていることが理解できる。さらに，「家庭生活アドバイザー」の資格認定には，資格認定研修の修了と，資格認定試験の合格が必要である。

なお，「家庭生活アドバイザー」の資格認定者の活動分野としては，表6-3のような分野が考えられる。

新しい家政学の専門職「家庭生活アドバイザー」の資格創設により，個人・家族・コミュニティにおける生活問題を予防し解決する能力を高め，生活の質の向上に寄与すること，および家政学の社会貢献（職業）への道筋が開かれることが期待される。

演習問題

① 家政学と家庭科の共通点と相違点を整理しよう。

② 消費者教育の目標は何か，また家政学の本質理念や教育方法とどのように関連しているのかまとめてみよう。

③ 家政学が職業とどうかかわっているか，家政学を学んだ人が社会でどのように活躍できるか，考えてみよう。

④ 「家庭生活アドバイザー」が家族・家庭生活問題を予防し解決するにあたって求められる専門的知識とスキルとはどのようなものか，考えてみよう。

〈注・引用文献〉

1）岸本幸臣「序章　生活するということ」『今こそ家政学　くらしを創る11のヒント』ナカニシヤ出版（2012）pp.1-11
2）文部科学省編『小学校学習指導要領解説　家庭編』（2017）
3）文部科学省編『中学校学習指導要領解説　技術・家庭編』（2017）
4）文部科学省『高等学校学習指導要領案』（2017）
5）前掲書1）
6）前掲書2）
7）前掲書3）
8）前掲書4）
9）大本久美子「今こそ家庭科！-「生活」することの意味を問う」『家政学の時間』編集委員会（編）『楽しもう家政学　あなたの生活に寄り添う身近な学問』開隆堂出版（2017）pp.119-130
10）文部科学省「幼稚園教育要領，小中学校　学習指導要領の改訂のポイント」（2017）
11）消費者庁「消費者教育の体系イメージマップ」
http://www.cao.go.jp/consumer/iinkai/2016/217/doc/20160405_shirou1_2_2.pdf
12）今井光映「消費者教育の課題と展望」日本消費者教育学会編『消費者教育』第1冊（1983）pp.1-27
13）小木紀之・木全敬止「消費者教育」『テキストブック家政学』有斐閣ブックス（1982）pp.255-273
14）中森千佳子「家政学と消費者教育」『家政学原論　生活総合科学へのアプローチ』朝倉書店（2001）pp.148-172
15）アメリカの大学における家族生活教育の内容については，アメリカ家族関係学会員のレイン・H・パウエルとドーン・キャシディによる以下の教科書を参照のこと。
Lane H. Powell and Dawn Cassidy（eds.）Family Life Education: Working with Family across the Life Span（Second edition）. Waveland Press, Inc., Long Grove, Illinois（2007）（レイン・H・パウエル，ドーン・キャシディ（著），倉元綾子・黒川衣代（監訳）『家族生活教育　人の一生と家族（第2版）』南方新社（2013））
16）台湾，韓国における家政学専門職の現状については，以下の論文を参照のこと。
正保正惠・山下いづみ・倉元綾子・山口厚子・鈴木真由子・木村範子・中間美砂子「台湾における「家庭教育」」『家政学原論研究』No.42（2008）pp.129-139

正保正惠・倉元綾子・山下いづみ「家庭教育法に基づく家族生活教育システムの実態（1）」『家政学原論研究』No.44（2010）pp.23-31
倉元綾子「韓国における「健康家庭基本法」（2003年）の成立と展開」『家政学原論研究』No.45（2011）pp.2-8
倉元綾子「韓国における家族・家庭生活支援としての健康家庭基本法の展開と成果」『家政学原論研究』No.50（2016）pp.22-29
17）（一社）日本家政学会第69回大会　家族・家庭生活アドバイザー（仮称）検討委員会企画　シンポジウム「8月実施のパイロット事業に向けて」配布資料（2017）
なお，「家庭生活アドバイザー」のための参考書として以下の文献を挙げておく。
（社）日本家政学会家政教育部会（編著）『家族生活支援の理論と実践』（冊子体）（2011）
（一社）日本家政学会家政教育部会（編）『家族生活の支援—理論と実践—』建帛社（2014）
木村範子（研究代表者）『生涯学習としての「家族生活教育」のカリキュラム開発研究』（課題番号21500703）平成21～24年度文部科学省科学研究費補助金基盤研究（C）研究成果報告書（2014）
エリザベス・J・ヒッチ，ジューン・ピアス・ユアット（著），中間美砂子（監訳）『現代家庭科教育法　個人・家族・地域社会のウェルビーイング向上をめざして』大修館書店（2005）

（大本　久美子）

2. 現代社会の生活者と家政学
—サスティナブル（持続可能）な社会の創造—

本節の目標

① 「持続可能な社会を創る」という観点から家政学の社会貢献（できること）を考えよう。

② 現代社会における「生活者」とはどのような人物像なのか考えよう。

「家政学とは何か，家政学のできることを，図・イラストなどで示し，また，簡単な説明文をつけること」。家政学原論の授業での学生への課題である。

ある学生が描いた一筆書きの地球を紹介しよう（図 6-6）。家の近くには子どもから高齢者まで異なった世代の人が集まり，洗濯物が干され，左にアジア・ヨーロッパ・アフリカが描かれ，学校があり，アメリカが近づくと工場があり，車が走り，森の上で稲妻がひかり，太陽が照っている。そして一本の線は，はじまった家という原点にもどり，結ばれて，一筆で囲まれた世界が続いていく。

学生が付けた説明は以下の通り。

家政学のできること

「ひと」と「ひと」をつなぐこと

「ひと」と「モノ」をつなぐこと

時代の文化をつなぐこと

図 6-6 「家政学のできること」学生が描いた一筆書き

(1) 持続可能性 “sustainability” と家政学

「生きる」という言葉には，自然科学的「生命（いのち）」，社会科学的「生活（暮らし）」，そして人文科学的「生涯（人生）」など多様な意味が含まれる。

「環境と開発に関する世界委員会」の報告書「Our Common Future」（1987（昭和 62）年）[1]において「sustainable development（持続可能な開発）とは将来の世代の欲求を満たしつつ，現在の世代の欲求も満足させるような開発である」と提示され，その後の国際的な取り組みの指針となった。sustainability という概念は，一般的に地球規模の環境問題の深刻な影響を分析し緩和する際に使用されてきた。現在を，未来につなぐ持続可能性を脅かすものは，環境問題だけに限らない[2]。少子高齢化，格差社会など，持続可能性を脅かす内容が多岐にわたり変化のスピードは加速しようとしている。松村は，sustain という用語には，「維持・持続」の他，「支援する」という意味がある点に注目する[3)]。

家政学は衣食住，家族・消費者，保育，生活経営など，支えあって生きることと正面から向き合ってきた。結婚・仕事・地域・生と死……。現実の事象が当事者に問いを投げかけてくる。私たちが自分の能力の限界にチャレンジしながら「生きる」こと，そのエンパワメントが「生きる」を支える道筋となる。道筋を示す一筆の絵は，次世代にいのちをつなぐことが家政学のできることだと示している。

家政学のできること，「ひと」と「ひと」をつなぐこと，「ひと」と「モノ」をつなぐこと，「時代の文化」をつなぐこと，現時点ではベストアンサー，今後これを超える解答が出てくることを期待しつつ，つなぐ力を育む家政学・家政学原論，持続可能性“sustainability”をテーマに現代社会の家政学を考えてみたい。

1）リカレント（回帰性の連続化する）社会

『「生活者」とはだれか』[4)]で生活者研究を拓いた社会学者の天野正子（1938～2015）は，2012（平成24）年11月7日，科学研究費の特別公開研究会で，「生活者」概念の系譜～戦時体制期から21世紀～と題する講演を行った。生活者が求める5つのリカレント（循環）型社会像を提示し，リカレントとは，回帰性の，循環性の，連続化すると説明した。

天野によるリカレント社会の説明を聞いて，連想されたのは「つなぐ」という共通項で学生の一筆書きの地球の絵である。生活者の視点とは生命（いのち）の維持・生活（暮らし）の質の尊重[5)]であり，現代生活学は，他の学問とは違い，生活を理解し分析しようとするものが，同時に生活を営んでいる当事者でもある。言い換えれば認識主体が同時に認識対象であり，自らが生活を営むことによって，主体の位置や認識内容が異なってくる。

2）家政学のミッション

2013（平成25）年「大学教育の分野別質保証のための教育課程編成上の参照基準　家政学分野」（日本学術会議健康・生活科学委員会家政学分野の参照基準検討分科会）でも，家政学固有の視点は，①常に変化する人と環境との関係が研究対象，②変化するものとの関係の中で人間生活の本質的な価値は普遍的，③人そのものに視点を置き生活の質の向上や持続可能な社会を実現[6)]と，基本は天野と同様の方向を示している。

不確実性が高まるリスク社会での家政学の最大の社会貢献は，③生活の質の向上と持続可能な社会の実現といえよう。家政学のミッション（使命）を，持続可能な生活の継承・創造として，第一に「ひと」と「ひと」をつなぐこと，第二に「ひと」と「モノ」をつなぐこと　第三に「時代の文化」をつなぐことの3点から持続可能性“sustainability”に注目し，家政学らしく生活を創造し，持続可能な社会を実現する意義を説明したい。

(2) 家政学にできること（その1）「ひと」と「ひと」をつなぐこと

1）先祖になる

『＜老いがい＞の時代―日本映画に読む―』[7]の本の扉に，東日本大震災の津波被害が最も大きかった岩手県陸前高田市気仙で，60年以上きこりとして働いてきた佐藤直志さん（77歳）のドキュメンタリーが登場する。震災後39日目から始まるドキュメンタリーである。「「山に帰る」。人が亡くなることを，彼はそう表現する。「仮設住宅から山に帰りたくない。先祖が生きてきた元の土地に家を建て直し，自分が先祖になる」と宣言する」。

「死にがい」から「生きがい」へ，そして＜老いがい＞へ，天野は老いることの意味を日本映画から読み解き，岩波新書として自分自身の死の1年前に世に問うた。日本映画から老いをテーマに3つのメッセージが読み取れるという。第一に，老いることは喪失だけではなく，別の何かを得ることである。老年になって人が得るものは，それまで知りえなかった新しい人生の見方である。第二に，ライフコースを老いと死の非合理性から出発し，とらえ直す視点をとりもどす。老人 ― 成人 ― 青年 ― 子どもの四世代構造を社会的に意味づけること，老いと死と生の循環性を世代間の継承性のなかに位置づけ直すことである。第三に老いの意味，老いへの豊かな感受性や想像力と互いに「迷惑をかけあう」関係づくり，生命の相互ケアの仕組みづくりとする。個々の＜老いがい＞を相互ケアの仕組みづくりにおきかえることで，＜老いがい＞は個人性から社会性へ広がっていく可能性を持っている。

さらに「『昭和』を老いる」では，戦争を経験した世代が，彼（女）らにとって昭和を終えることが取り上げられる。昭和は，自分の歴史であるとともに，日本という国の歴史であるとする。昭和を終えることこそが＜老いがい＞であるという文章は，国家がつくる歴史は個々人の経験の集積ということを思い起こさせる。

岩崎稔・上野千鶴子・成田龍一編『戦後思想の名著50』[8]という分厚い本がある。50冊の解説で，はじめに取り上げられたのは，柳田國男『先祖の話』1946（昭和21）年であった。解説者の磯前順一は，戦後の言説空間は，柳田『先祖の話』から連なるなだらかな歩みのなかで，見事に死を封じ込めたかの感があるとする。家政学・現代生活学のなかには，日常生活の生活選択のなかで，忘れられた老いと死を忘れないものにする試みが含まれている。

2）生活者になる

生活者の概念を，はじめて「消費者」のそれと対置し，「消費者という一つのことばは経済学に返納して，日常生活ではわたしたちは生活者である，という新しい自覚に立」とうと提案したのは大熊信行である[9]。大熊は青年時代から繰り返し読んだ，イギリスの経済学者であり美学者でもあるジョン・ラスキン（1819～1900）の芸術批評の影響を受けていた。特に『この後の者にも』[10]の一節「富，何者ぞ，ただ生あるのみ」は大熊の経済学のキーコンセプトであった。大熊は，生活者とは「生活の基本が人間の自己生産（生命の再生産）であることを自覚しているものであり，時間と金銭における必要と自由を設定し，つねに識別し，あくまでも必要を守りながら」，高度大衆消費社会の「営利主義的戦略論の対象としての消費者であることを自ら最低限にとどめよう」とするものだ，と定義した[11, 12]。

3）生活福祉リカレント社会と持続可能性

家政学や現代生活学でのリカレント社会では，科学の論理によって生活に外側から接近し解釈するのではなく，人びとの日常生活の営みを内在的に理解することを出発点とする。生活の変化と，社会の変化とは，相互に影響をし合うが，イコールではない[13]。自分の生き方をひとの生き方につなぐ，「ひと」と「ひと」をつなぐことは，生命の維持，次世代の生活の尊重，生命をつなぐように生活を変える社会をかえることである。

・生命の再生産：今日の生活と明日の生活をつなぐ

・世代の再生産：私たち世代の生涯とこれからの世代の生涯をつなぐ

(3) 家政学にできること（その２）「ひと」と「モノ」をつなぐこと

1）一人６次産業を起業する

青森県五所川原市金木町は津軽平野のほぼ中央に位置する。作家太宰治の出身地で，津軽三味線発祥の地である。桑田ミサオさんが，勤めていた保育所を退職し，自己資金の加工施設を設置し起業したのは75歳のときである。自分の母親がつくってくれたおやつを再現し，自分なりに工夫して加工し，笹餅，よし餅，焼き餅，大福，赤飯などを販売する。一番人気の笹餅は１日平均100個近く「ミサオおばあちゃんの笹餅」と親しまれている。年間原材料，全部で餅米20俵，小豆２俵は自分で生産する。足りない分は地域の農家から購入し，粉挽き，あん作り，笹の葉取りも全部自分一人で行う。「津鉄を元気に　地域を元気に　自分を元気に」を合言葉に津軽鉄道のサポーター「津鉄応援直売会」に参加し，84歳でも車内販売で，津軽弁で話しかけ，車内を和やかにしてお客さんとふれあうスタイルを定着させた。

津鉄ストーブ列車で謡う『津軽ジョンガラ節』は，「１次産業の農業」「２次産業の加工」「３次産業のサービス」の集大成である。桑田さん一人で畑から食べる場面まで，農業も，加工も，販売もそれを食べる人とのつながりだと楽しむ１次×２次×３次＝６次産業型のビジネスすべてが完結する。原点は，親から子に伝承された子ども時代に食べた味と，自分の五本の指が宝の山と伝えた母親ゆずりの生産技術，地域のひとと支え合って生きていく知恵。そして畑からの生産物である。

一人６次産業は，多くの人とのつながりがあって可能になる。生産者と消費者が顔をあわせて，確認しあえる人間関係。生活が社会化される前には家庭や地域がもっていた農産物を「食べモノ」に加工・販売する技など，地域のビジネスのなかに残されている。

2）調理を学び生産と消費をつなぐ

2013（平成25）年12月４日「和食：日本の伝統的食文化—正月を例として—」がユネスコ

(国際連合教育科学文化機関）の無形文化遺産に登録された。和食は日本の自然を背景として形成，変化してきた日本の伝統的食文化を指し，食事という空間の中で「自然の尊重」という精神を体現した「社会的慣習」とされている。「和食」について，理解を深め，今後の保護・継承に寄与するために，一般に理解されやすいようカラー写真などを多くしたテキスト「和食」が A4 判全 34 頁で農林水産省から刊行された[14]。テキストは 2014(平成 26)年 11 月に完成し，江原は編集委員を務めたことから，江原絢子「和食文化テキストを用いた日本の食文化の習得について」(平成 25 年度生活文化 ESC 報告書，2014）が，その効果を検証している[15]。

調理により，食材にはなかった新たな価値を食物の形で創生することができる。さらに，異なる家庭や地域で調理されることにより同じ食材から多様な付加価値が生みだされて，それぞれの「好みにあった」食べものへと変化する。そして，続く最終消費段階（＝食べる）で，より高い満足（効用）が得られることになる。このように，生活文化の学びは，自分の好みに合う新たな価値を生み出すことにつながる学び，自分らしいスタイルをつくり上げていく学びであるとなる[16]。

3）衣食住を教える・学ぶ

21 世紀に入り，消費者教育の動きが活性化した。国際的には経済協力開発機構（OECD）が 2009（平成 21）年『消費者教育の推進に向けて―傾向，政策と先進事例』[17]，続いて，北欧閣僚評議会が，2010（平成 22）年『消費者教育戦略（消費者教育の目標および内容の提案)』[18]を発表した。「持続可能な消費」を中心テーマとした組織が形成され，地球規模での活動が世界の各地で始動した。

日本国内では，政府の規制改革の進行と歩調をあわせ，消費者に「自立」を求める動きが顕在化してきた。制定後 35 年以上経過した消費者保護基本法は 2004（平成 16）年に改正され「保護」の 2 文字が削除されて消費者基本法となり，消費者教育は消費者の自立支援の柱に，位置づけされるようになった。2008（平成 20）年版国民生活白書が「消費者」を焦点に発行され[19]，2009（平成 21）年消費者行政の司令塔の消費者庁が設置されて，日本の消費者行政は急激に展開を始めた。

2010（平成 22）年度，文部科学省生涯学習政策局に消費者教育推進委員会が置かれ，2011（平成 23）年 2 月 22 日・23 日には文部科学省講堂で消費者教育フェスタが開催され，さらに 3 月 30 日消費者教育推進委員会による「大学等及び社会教育における消費者教育の指針」が発表された。国内の多様な主体の連携・協働による消費者教育の推進体制の枠組みは，明確になってきた。2012（平成 24）年 8 月 10 日に「消費者教育の推進に関する法律」(以下「推進法」）が可決・成立し，同年 12 月 13 日に施行された。推進法では，消費者教育とは「消費者の自立を支援するために行われる消費生活に関する教育」とされた。消費者市民社会の概念が示され，消費者庁に消費者教育推進会議が置かれた。消費者教育をめぐる状況も消費経済の内容も変化を加速していった。

「消費者」と「消費者市民」と「生活者」は，同じなのか，違うのかが疑問になる。天野は「生活者」は消費者や市民と異なる日本の自生え（独自）の言葉である点に注目する。生活者という言葉は，外務省の訳では，消費者（consumer）であり，曖昧であるので，お守り言葉として使われるが，本来は弱い個人が他者との共感をもとに，時代の価値にオルタナティブな生活の価値を，身近なひととつくり上げていく，それが生活者とする。

(4) 家政学にできること（その３）「時代の文化」をつなぐこと

1) 価値あると，選んだ人生を生きる

一人の学生の事例を挙げてみよう。入学前Ｋさんは「途上国の貧しい人々を支援する」という夢を持ち，チャリティ活動をするサークル参加を念頭に本学に入学した。しかし，めざしたサークルが活動を中止し，グローバルに活躍する大学生活の目標を見失ってしまう。悶々とした思いで地産地消を展開する女性農業者の東日本大震災復興支援活動に参加する。

それまで支援する側に立っていた日本が，震災復興では支援を受ける側にあることへの認識が深まっていく。また，女性農業者との交流や支援活動のなかで，祖母の時代には，地域の頼母子講や結などの助け合いの下で，女性たちが農業生産の主体的な担い手として自分の家族や地域の暮らしを支えてきた歴史を学ぶ。グローバルな金融市場とローカルな地域の金融のあり方を，対比的にとらえる方法まで学び取っていく。

日本人＝支援する側，途上国の人＝支援される側という図式的な線引きをしていたことを自覚したＫさんは，卒業研究論文の主題に，最貧国バングラデシュの女性たちが「自らが価値あると選んだ人生を有意義に生きる」ための，マイクロファイナンスを提供するグラミン銀行の役割とミッションを選ぶまでに成長する[20)]。

天野は生活者が，消費と生産を循環する総合性から生活の持つ触発力を引き出し，弱い個人がローカルな場で隣り合った他者との関係づくりをしていく社会を求めているという[20)]。

2) オルタナティブな学びを伝える

佐藤裕紀子は本書において亀高の区分を参考に家政学の歴史を，第Ⅰ期　家政学の胎動期（江戸時代〜1871（明治４）年），第Ⅱ期　家政学の未成年期（1872（明治５）年〜1946（昭和21）年），第Ⅲ期　家政学の成年期（1947（昭和22）年〜）と整理した。

家政学の胎動期は，封建的な地域社会のなかで人間が暮らした時代である。「明治」「大正」と近代日本の大学が教育・研究の主導権を握る。主流とされた既存の学問あるいは科学は，暮らしや生活を思索の対象ではないと考えた。合理化・近代化時代の科学は社会全体の発展をめざしたが，個々の生活を学問の対象としなかった。

20世紀の前半，1925（大正14）年日本初の女性経済学者である松平友子は『家事経済学―家庭生活の経済的研究―』を著した。1918（大正７）年に東京女子高等師範学校研究科生となり，1919（大正８）年９月から1922（大正11）年３月まで同校からの「依託学生」として東京帝国

大学経済学部において経済学を学んだ。松平の家事経済学上巻（理論篇）が「第1篇　総論」「第2篇　収入論」「第3篇　支出論」，下巻（実際篇）が「第4篇　会計論」「第5篇　貯蓄論」であり，消費や無償の家事労働について論じた[21)]。

日本の「昭和」という時代は，1926年に始まり，1989（昭和64）年に幕を閉じた。戦前，日本の大学は，多様で包括的な日常生活を正面からとらえようとはせず，家政学や生活の学は，法学や経済学の下にみられてきた。日本初の女性経済学者松平友子の研究資料で，日本の終戦間際に東京女子高等師範学校の授業に使われていた『家事経済教科書』上巻（1942（昭和17）年3月30日）には松平が戦時下の講義用に，国民経済と家庭経済の循環図を手書きで書き込みをしていた。東京家政学院大学で松平の後継者として家政学原論を担当する亀髙（大浦）京子が戦時下に，松平から講義を受けた際に授業で使った教科書も手元にあった。

1945（昭和20）年，第二次世界大戦の敗戦国となった日本は，戦後生産性向上に取り組んだ。日本の生活は「経済」を軸として激変し，大量生産・大量消費・大量廃棄の経済社会，持続可能性を脅かし，グローバル経済の進展で危険度が加速していることに注目する科学が出現した。1987（昭和62）年の環境と開発に関する世界委員会「Our Common Future」は未来に警鐘をならす報告書であった。家政学出身の研究者である御船美智子（1953～2009）は，生命系の経済をもとに経済学の領域から持続可能な生活に関する理論構築をした。時代は「平成」となり，生活の豊かさの条件が経済成長（経済の量的拡大）から，生活の質（生活の価値）へと転換しようとしている[22)]。

人間が自分の生涯を自分らしくまっとうするには，自助・互助・共助・公助などの生活保障が必須であり，助け合いが継続するような循環リカレントが必要となる。自然科学・人文科学・社会科学を総合的に生命の維持・生活の継続をもとにする，家政学，家政の「家」には家庭のみではなく，地域・コミュニティにおける経営・意思決定も含まれる。

3）生活者をエンパワメントする

御船美智子は戦後の生活を大きく，「生活問題解決時代」「標準（家庭）生活実現時代」「生活創造時代」3段階に分けて説明している[23)]。

まず，生活問題解決時代は1945（昭和20）年から1967（昭和42）年ごろであり，一般の衣食住の日常生活に貧困という問題状況があり，毎日，毎月のやりくりである家計管理で生活課題を解決しようとした。次いで，1967（昭和42）年から1992（平成4）年は，日々の生活の心配はなくなり，「人並み」の暮らしの実現をめざして教育，住宅，老後などの貯蓄目的が明確化した。右肩上がりの経済成長が当然の目標であり「所得は年々上昇」「人口は増加」と考えられ，生活水準の向上が感じられた時代であり，生涯家計の見通しを持って標準的な生活設計を実現していこうとした。第3の時代では，第2の時代に築かれた将来像が崩れ，明らかな標準型がなくなりつつある。情報通信技術が発達して，世界規模の物流革新で財やサービスやあるいは資本は活発に動き，グローバル経済が進展した。消費が成熟化して，社会やものごとの「多様化」がいわれるようになった。

御船は，従来の「経済」は，個計・家計部分しか説明できていないだけでなく，その下には膨大な経済構造があること，そしてそこが個人・家庭経済，生活者の経済にあたると述べた。

天野は生命の維持・生活の質を重視する生活者の視点から，現代生活学を定義した。「現代生活学とは，生命の維持，生活の質を重視する生活者の視点から，人間生活における個々人の日常的行為と生活の諸条件（社会・環境・歴史的条件）の相互作用について，自然・社会・人文の諸科学を基盤として研究し，持続可能な生活の創造に貢献する実践的総合科学である」[24]。家政学の定義の延長線上にこの定義がある。リカレントさらに，人間としての生活の質が保障される持続可能な社会にむけて５つのリカレント社会を提示した。

① 人生と生活選択の自己決定「ライフサイクルリカレント型」
② 都市の「食と農をつなぐ共生型」
③ 資源の有限性と環境倫理を核にする「環境循環型」
④ 世代間公正や次世代育成を重視する「生活福祉型」
⑤ ペイドワーク・アンペイドワーク貨幣・非貨幣相互評価　「男女共同参画型」

自分の生活選択を起点に，生活者が自分の求めている社会像を明確にし，生活を創造するための教育といえる。選択が他の人の暮らしや未来の社会にどのような影響を与えるのか，社会の変化は自分の生活選択にどのような影響を及ぼすのか，学びのなかから持続可能なリカレントな流れを編集し，循環型で回帰的また連続化する道筋をつなぐことで生活者となっていく。

(5) 家政学と持続可能な社会

1995（平成7）年，家政学原論部会の夏期セミナーで当時の部会長 亀高は，セミナーのテーマ「岐路に立つ家政学」の趣旨について次のように説明した。人類の生活，生存すら危惧される問題が地球規模で山積し，近代文明に対する反省，人類不遍の価値をふまえた新しい世界共通の倫理の確立が模索されている。家政学原論部会は手段が目的化しないように本質的価値と手段的価値を再確認し，専門化・細分化に終始せず全体的統合することが重要である[25]。

家政学のできること，「ひと」と「ひと」をつなぐこと，「ひと」と「モノ」をつなぐこと，「時代の文化」をつなぐことが示すように，家政学の特徴は，起点が自分自身の「生きる」ことである。先祖になることをめざすきこり，6次産業を75歳で起業した女性，グローカル（glocal）な学びを獲得した学生，家政学や生活者の学により人の可能性を引き出す学として確立しようとした研究・教育者，いずれも持続可能な社会を形成する本質的価値を理解し，自分自身の暮らしと，社会をつなぎ，また自分自身の生活選択にもどしていくという流れを自分自身で設計する主体といえる。

演習問題

① 持続可能な開発目標 SDGs (2015 年国連で策定された 2030 年を期限とする開発目標) の 17 の目標にはどのようなものがあるのか。複数の目標を調べて説明しよう。

② SDGs17 の目標のなかで，あなたにできる（やっている）具体的な社会貢献を考えてみよう。

〈注・引用文献〉

1) World Commission on Environment and Development "Our common future", Oxford University Press (1987)
2) 上村協子「生活創造時代の消費者教育：消費生活創造論 試論」『生活福祉研究』85 (2013)
3) 松村祥子「Sustainability という概念を生活経営の視点で読み解く」(特集 "Sustainability" への生活経営学的アプローチ：社会を変革していく創造的生活の提案に向けて)『生活経営学研究』47 (2012) pp.3-10
4) 天野正子『「生活者」とはだれか：自律的市民像の系譜』中公新書 (1996)
5) 天野正子「「生活者」概念の系譜～戦時体制期から 21 世紀へ～」科研 No.23300262 上村協子他「生活文化の世代間伝承による持続可能な消費」(2012) pp.86-89
6) 健康・生活科学委員会「大学教育の分野別質保証のための教育課程編成上の参照基準　家政学分野」日本学術会議 (2013) pp. ii - iii
7) 天野正子『老いがいの時代―日本映画に読む』岩波新書 (2014)
8) 岩崎稔他（編）『戦後思想の名著 50』平凡社 (2006)
9) 大熊信行『消費者から生活者へ』広告，[182] 博報堂 (1963)
10) ジョン・ラスキン（著）西本正美（訳）『この後の者にも―経済の第一原理に就いて』(1928) 岩波文庫
11) 大熊信行『生命再生産の理論－人間中心の思想（上）』東洋経済新報社 (1974)
12) 天野正子『フェミニズムのイズムを超えて：女たちの時代経験』岩波書店 (1997)
13) 御船美智子・上村協子『現代社会の生活経営』光生館 (2001)
14) 農林水産省「和食―日本の伝統的な食文化」(2013)
www.maff.go.jp/j/keikaku/syokubunka/culture/attach/pdf/index-44.pdf
15) 江原絢子「和食テキストを用いた日本の食文化の習得について」科研№：23300262 上村協子他「生活文化の世代間伝承による持続可能な消費」(2013) pp.18-27
16) 片平理子・上村協子「大学の調理実習授業で行う生活文化 ESC (Education for Sustainable Consumption)」『消費者教育』35 (2015) pp.197-206
17) OECD, Promoting Consumer Education: Trends, Policies and Good Practices, OECD (2009)
18) Nordic-Estonian Consumer Education Working Group, Teaching consumer competences-a strategy for consumer education Proposal of objectives and content of consumer education (2009)
https: //read. nordic-ilibrary. org/education/teaching-consumer-competences-a-strategy-for-consumer-education_tn2009-588
19) 内閣府「消費者市民社会への展望―ゆとりと成熟した社会構築に向けて」『平成 20 年版国民生活白

書』(2009)

20) 天野正子・上村協子「アクティブ・ラーニングで「グローカルな市民」が育つ：小規模女子大学の日常的実践」『私学経営』474 (2014) pp.21-28

21) 上村協子『オルタナティブな「生活者の経済学」，日本における女性と経済学』北海道大学出版(2016)

22) 御船美智子『家庭生活の経済』放送大学教育振興会 (1996)

23) 御船美智子『生活創造のフロンティア，生活の協同』日本評論社 (2007)

24) 上村協子「試論『現代生活学』：天野正子「現代生活学」定義 2013：御船美智子「生活経営主体のエンパワーメント」2000」科研 No.23300262 上村協子他「生活文化の世代間伝承による持続可能な消費」(2014) pp.11-14

25) 八幡彩子他『若手研究者が読む「家政学原論」』家政教育社 (2006)

(上村　協子)

3. これからの家政学
—ロボットとの関わりを視点に—

本節の目標

① 「ロボット」の出現をもっと身近なものとして意識し，考えてみよう。
② 「ロボット」の出現は私たちの生活をどのように変えるのかを予測し，ロボットとの共生について考えよう。
③ 人間と「ロボット」の関係を日々の生活の一コマとして考え，家政学の視点からロボット開発を提案しよう。

(1) ロボットと家庭生活

ロボットが家庭にやってくる。世界初の，感情認識機能搭載ロボット Pepper が 2014（平成 26）年 6 月電撃的に世に紹介され，衝撃が走った。「SF じゃない　人によりそうロボット」がキャッチフレーズの人型ロボ Pepper[1)] は，制作発表の 8ヶ月後の販売が予定された。見かけ価格は 198,000 円。メンテナンス費用などがプラスされるものの，兎にも角にも一般の家庭で，パーソナルコンピューターを，あるいは子犬をペットショップで購入するときとそれほど変わらない感覚で，人工知能搭載パーソナルロボットを身近に感じることができる市場が登場した。企業の経営戦略がリードする市場ではあるものの，多くの家庭の日常に，ロボットとの共存生活を意識させた出来事だった。実際，ソフトバンクグループ代表の孫氏は，「人類にとっての転換点」「コンピューターがあの日から変わったと人々が言える，歴史的な日」と，それを表現した。「彼，たいしたことはできません。空中飛行もできません。ロケットパンチも出せません。ただ，あなたともっと仲よくなりたいなあ，なんて考えている，人間みたいなロボットです」[2)] と紹介した。感覚的には鉄腕アトム，ドラえもんのような Pepper とともに過ごす生活は，私たち人間の日常の営みに，何をもたらすのだろうか。

わくわく，ドキドキ……いや，そもそも私たちはロボットの登場を傍観していてよいのだろうか。ユーザーには何が問われるのか。家政学は，この歴史的瞬間をどう認識すべきなのか。

「愛を持ったロボット」Pepper のコンセプトは“相互作用”[3)] である。ロボット市場は，Pepper 登場後瞬く間に拡大した。人とロボットの関係性は，ソフトバンクが 2010（平成 22）年に描いた新 30 年ビジョン，すなわち，孫氏が語る「感情を持ったロボットが新しい時代を切り開く」[4)] 人とロボットが共存する社会への路線上にあるといっても過言ではない。今後，人とのインタラクションをテーマに，人に限りなく近づいた AI 機能搭載のパーソナルロボットを，人に寄り添う形で人々の日常に登場させるだろう。人とのコミュニケーションに特化した自律型ロボットが，ポストスマホさながらに一般的な環境装置としてインターフェイス[5)] 機能を果たすとき，人と人との関係，人間と環境との相互作用の実態に何をもたらすのだろう。

(2) ロボット戦略という国家的事情

1)「ロボットによる産業革命」を行政が牽引

わが国におけるロボット革命は，アベノミクスのいわゆる第三の矢“成長戦略”政策の一つとして，2014（平成26）年以降急速に進められている。「ロボットによる新たな産業革命を日本から起こす」と，安倍首相が経済協力開発機構（OECD）理事会において世界に向けて開発宣言し，「日本は，世界に先駆けてロボット活用のショーケースとなりたい」と，国策としての日本社会の未来形を示したことに端を発しているとされる[6)]。「元気な日本を取り戻すための日本再興戦略」改訂版（2014（平成26）年6月閣議決定）には，「日本人や日本企業が本来有している潜在力を覚醒し，日本経済全体としての生産性を向上させ，稼ぐ力（＝収益力）を強化（傍点；著者）する」ことを実現させる10の改革（表6-4）の一つに「イノベーション推進・ロボット革命」を掲げている[7)]。これを受けて策定されたのが「ロボット新戦略」2015（平成27）年1月[8)]である。少子高齢化の進展とこれに伴う生産年齢人口の減少，人手不足など，いわゆる課題先進国といわれるわが国の課題解決の切り札として，また成長産業の最有望格としてロボットを位置づけた。ロボット市場については，2020年までに製造分野で市場規模を2倍(6,000億円→1.2兆円)，サービスなど非製造分野で20倍（600億円→1.2兆円）に拡大させるという目標を政府方針として掲げている。特にサービスロボットの実用化に向けた開発ビジョンは，5年以内にB to B（企業対企業）分野を中心としてロボット市場の拡大を図り，そして10年後にはB to C（企業と個人）分野での市場化展開といった2段構えに計画されている。ロボット革命がめざすところは，「①センサー，AIなどの技術進歩により，従来はロボットと位置づけられてこなかったものまでもロボット化し（たとえば，自動車，家電，携帯電話や住居までもがロボット），②製造現場から日常生活まで，さまざまな場面でロボットを活用し，③社会課題の解決やものづくり・サービスの国際競争力の強化を通じて，ロボットが新たな付加価値を生み出し利便性と富をもたらす社会」[9)]の実現である。ロボットによるサービスという概念があらゆる場面で想定されており，国民の日常生活全般がロボット市場化の対象となる。

実は，サービス分野へのロボット活用の提案は今に始まったことではない。2000年前後の第2次ロボットブームにおいて，すでに将来的な人口動態への対策を念頭においた実用化が計画された。しかし，市場化には至らなかったことに留意しておかねばならない。国民の生活にロボットは定着しなかった，国民に受け入れられなかったのである。上記計画の実現のカギは社会実装のあり方にある[10)]とされるが，ユーザーの立ち位置はどうなのだろう。生活

表6-4　日本再興戦略　改革の10の焦点

1. コーポレートガバナンスの強化
2. 公的・準公的資金の運用等見直し
3. 産業の新陳代謝とベンチャーの加速
4. 法人税改革
5. イノベーション推進・ロボット革命
6. 女性の活躍推進
7. 働き方改革
8. 外国人材の活用
9. 攻めの農林水産業の展開
10. 健康産業の活性化・ヘルスケアーサービスの提供

者は，生活主体としてこれら動態を明確に認識し，ロボットテクノロジーに何を期待するのかを示していかなくてはならない。

2)「ロボットとは何か」語源と定義から

そもそもロボットとは何なのか。

ロボットの語源について，『大辞林 第3版』は，次のように示している。

〔チェコスロバキアの作家カレル・チャペック（Karel Capek, 1890～1938）が戯曲「人造人間」（R.U.R）中で用いた造語〕

『R.U.R』（Rossum's Universal Robots）というのは，大量に人造人間を製造・販売をしているオフィスを舞台とした1921（大正10）年の戯曲で，「人間が人間を作り出し，人間にとってふさわしくない仕事をその創り出された人間に代行させるという筋書き」[11)]である。人造人間を表現するためにつくった新語が「ロボット」で，それ自体はチェコ語"robota（賦役）"からaを省いたもので，労働そのものを疎ましい行為とし，これを代替するものとして「働く能力はあるが，考える能力のない人間に似たもの」[12)]を生産し，労働の苦しみから人間を解放し，そしてその人間の世界を描いている。ロボットにより便利な生活を獲得した人間は，楽しむことだけしかしない存在と化すというストーリーに展開する。

定義に着目すると，「一般性を持ったロボットの定義は，確定していない」[13)]とするのが，『ロボット白書2014』において示された直近の公式見解である。なぜ確定しないのか。その用途，すなわち社会的役割が，開発当初の製造ラインに関わる工学的要素だけでなく，急速に拡大発展していることが影響している。今日，ロボットの種類は，その目的に応じて，工場において生産工程など人に代わって使用される産業用ロボットと医療・福祉や防災，生活支援，アミューズメントなど，多様な用途への活用が期待される非産業用ロボットに大別される[14)]。前項「ロボット戦略」が開発ビジョンで触れているサービスロボットは後者を総じて称しているが，今日，人間生活にとってのインターフェイスとしての機能が問われてくる分野で，用途は多様性を増しており，具体的な目的も特に研究分野によって異なっている。すべてを網羅し定義することをますます難しくしている。経済産業省ロボット政策研究会は，2005（平成17）年に示した中間報告書[15)]の中で，サービスロボットについて，人間と隔離された産業用ロボットではない「次世代ロボット」としてとらえ「サービス事業や家庭等の場において，人間と共存しつつサービスを提供するロボット」と定義し，早い段階で家庭生活をマーケットの一つとした家庭用ロボットの方向性を示している。

上記白書においては，このような事情をふまえて，経済産業省ロボット政策研究会が定義づけた「センサー，知能・制御系，駆動系の3つの要素技術を有する，知能化した機械システム」を基本とし，「製品化，事業化，サービス産業への展開，社会実装等に関わる製造分野，サービス分野さらにはロボット化することで価値創造が可能となるあらゆる分野での利用に関わる中心技術をロボット及びロボット技術と定義する」と非常に幅広く記している。先端テクノロ

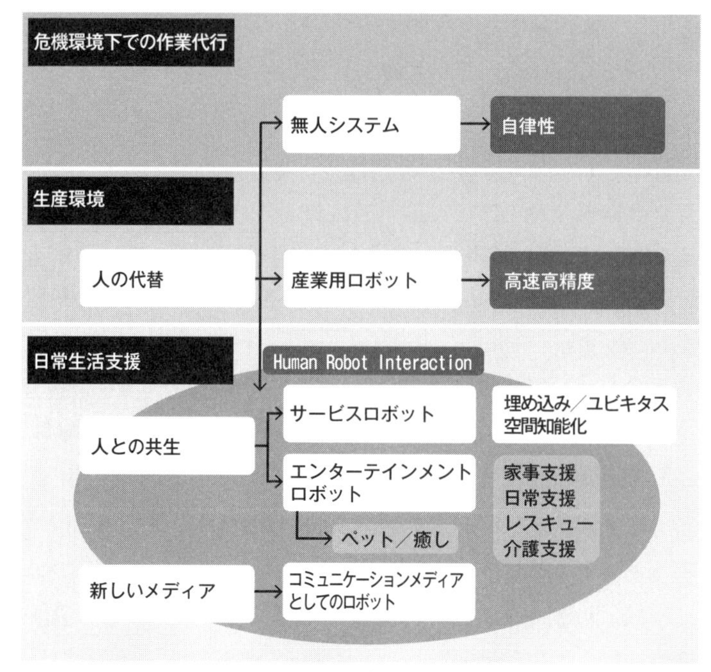

図6-7　ロボットの役割

出典：『ロボット白書』(2014)

ジーとしてロボットを取り巻く技術全体RT（ロボットテクノロジー）の，AI（人工知能）やIoT（モノのインターネット化），他分野が関係したイノベーションも含め応用展開するにつれ，それら役割と用途に応じた多様な定義が提示されてくるだろう。同白書に示された「ロボットの役割」を図6-7に掲げた。

『大辞林』の定義には，解釈の拡大が必然となった変化を垣間見ることができる。第3版(2006)では，ロボットについて「①人造人間。人間に類似した動きや形態をもち，複雑な動作や作業をコンピューター操作により自動的に行う装置。「産業用―」②他人の指示のままに動く人。傀儡（かいらい）」[16]とし，初版（1988）で用いられた「電気・磁気・音波などにより，身体の各部を巧妙に動かしつつさまざまな仕事をする人形」という表現を取り除いている。『広辞苑（第7版）』(2018) では，「①複雑精巧な装置によって人間のように動く自動人形。人造人形」[17]と記し，第5版（1998）の「①……人工の自動人形。人造人形」（傍点筆者）から変更した第6版を引き継いだ。物体から人間性，SF様からより人に近づく変容をいずれも表現している。

(3) 家政学とロボット

1) 日本ロボット学会の狙い

日本ロボット学会は，ロボット普及元年とされる1980（昭和55）年を受けて産業用ロボットへの期待感が高まる1983（昭和58）年に創立されている[18]。わが国の産業用ロボットの世界シェアは高く，また世界初人間型自立二足歩行ロボットを実現させたASIMOなど，ヒューマノイドロボット開発において世界の研究レベルを牽引してきた[19]。しかしその後，その研究環境，ならびに実績は市場規模拡大に結びつかず，実践実用に直結しない実情が指摘され，「ロボット工学における産業界と学界の乖離は危機的」[20]と指摘されるほど研究開発面での停滞感が蔓延したという。第2次ブーム期の2005（平成17）年に開催された愛知万博では65種類ものロボットが紹介され，2020年の実用化をめざしてロボットとの共生社会が描かれていたが，現在その域にはほど遠い。唯一，人の代わりに掃除をするロボット「ルンバ」が例外で，2002（平成14）年の発売以来10年間で100万台販売，その後飛躍的に市場に受け入れられ2016（平成28）年には200万台を突破し，市民権を得ている[21]といってよいだろう。

日本のロボット技術の社会的価値を高める目的で2012（平成24）年に設置されたロボット学会若手による「次世代構想分科会」は，学会史上初の企画と銘打って「日本ロボット学会—日本SF作家クラブ 共同企画 —ロボット工学とSF—」[22]を企画している。ロボット技術が社会に与える影響について，一般人であり，かつ先進的技術に理解があるSF作家との共同で検討するというものであった。そして翌年，ロボット開発の活路を見出すための新たな試みの一つとして（一社）日本家政学会との関係性の構築を開始している。

2）日本ロボット学会と（一社）日本家政学会

実は，ロボット学会と（一社）日本家政学会は，出会ってまだ間がない。日本ロボット学会第31回大会（2013（平成25）年9月）において，「家政学とロボティクス」と題したオーガナイズドセッションが今日的な38テーマの一つに設定された。

趣旨およびプログラムは次の通りである。

「価値観が多様化し，さまざまな個性の人々からなる現代社会にとって，高度情報化技術を取り入れて生活を豊かにすることが必要不可欠である。その中でもロボット技術をはじめとして，生活を支援するシステム化技術が検討され研究されているが，社会に広く受け入れられるための検討が必ずしも十分でなかった。家庭への導入には人や家庭の側面からの検討が不可欠であるが，ロボット技術を導入する家庭生活の視点からロボットを活用する研究は進められていない。本セッションでは，家政学とロボティクスを融合した生活支援技術に関して議論を行う」[23]。

テーマ 1. 家政学とロボティクスの融合をめざして
2. 衣環境におけるライフスタイル創成のための生活創政支援学
3. 食生活支援ロボティクスと調理科学
4. 住環境学とロボティクス
5. 人のつながり支援とロボティクス技術
6. QOL向上のための人・ロボット協調とマネージメントの可能性
7. QOL向上のためのアノテーション付き地図を利用したモビリティ支援
8. ロボットによる家事支援事例　家政学の観点からの評価へ向けて

セッションに先立ち研究専門委員会として「生活創政支援ロボティクス研究専門委員会」をロボット学会員9人，家政学会員8名の構成で2013（平成25）年5月に発足させている。当委員会委員長小笠原司氏へのインタビュー（2014（平成26）年9月実施）によると，両学会の融合は，市場，特に家庭生活への開拓を希求した日本ロボット学会側からの働きかけにより発足し，それぞれの研究特性を反映した構成で組織された。ロボティクス分野では，未来社会を見据えた次世代型ロボットとして，介護福祉，生活支援，移動支援などパーソナルな視点を発展させた生活支援型サービスロボットの研究が進められているものの，研究者の思いつきや調査による場合が多く，社会的市場の開拓が進まない実情があり，この打開策を異分野との融合により図りたいという課題があった。人々の暮らしをサポートする社会科学系の分野での必要性を問い，「真の意味で家庭での支援を実現するために，生活の全体像，多様性，多くの実践の工夫，良し悪しの判断基準など体系化された知識をふまえる」目的で家政学・生活科学を共同する分野として選定している。家政学の家庭を治める考え方とロボティクスのシステム工学手法を融合することにより，家政学が現代社会に受け入れられる新たな展開と生活を支援するロボット学の展開を双方がめざした「生活創政支援学」を新たに展開すべく活動を開始させた。「創」にはロボットのシステム創成的考え方が，また「政」に家政を治める考え方がそれぞれ組み込まれている[24)]。

ところで，ロボット学会における家政学視点，あるいは日本家政学会におけるロボット学視点はどのようであったか。それぞれの研究内容を学会誌から概観してみよう[25)]。

ロボット学会誌において，「家政学」的視点の必要性について触れている論文として，石黒・日浦「コミュニケーション支援ロボットビジネス」[26)]，内山「社会とつながるロボット学」[27)]を挙げることができる。石黒は，近年のロボット開発が人間適応型情報処理機器の開発にシフトし，ユーザーインターフェイスへの注目が集まってきていることに触れ，今後のコミュニケーション支援ロボット研究の方向性としては，「ロボットと人間の間に対等の立場での双方向のコミュニケーションを実現すること」が課題であると指摘している。人間社会に参加し，人間のパートナーとしてロボットが真に社会に役立つためには，顧客にとっての価値（customer value），言い換えれば顧客が抱える問題点や価値観に製品（product）をいかにフィットさせるか，すなわち顧客本位での分析，検討，開発が重要であるとした。その趣旨に従った評価検討をロボット工学以外の社会学や家政学と重ねることをロボットビジネスにおける，いわばマーケティング戦略の一つとして提案している。内山は，ロボットビジネスについて，ロボット技術の新たな分野への適用を，「超少子高齢化社会と日本」というテーマでの農村問題，家政学者などとの議論経験を引き合いに出し，異分野との融合によるイノベーションが新たな価値の創造を導く可能性を指摘している。

一方，日本家政学会誌はとみると，『掃除の手間を省くために使用している商品および掃除行動について「手間をかけない掃除」とはどのようなものか』[28)]において，掃除行為の簡略化の方策として「お掃除ロボット」が取り上げられ，1～2％とわずかな使用率であるが評価されているとの指摘にとどまる。日本家政学会年次大会での発表に関しては，表 6-5 に示す 9 件がこれにあたる。生活創政支援ロボティクス研究専門委員会が設立される以前をみると，ロボットが人間と共存するための環境整備を目的とした研究は No.5 のみである。他は，実験測定用が 4 件，教材開発利用が 1 件である。No.5 は，人間に代わって主に家事を行う家庭用ロボットを扱っており，第 2 次ロボットブームに差し掛かる 2000（平成 12）年に発表されている。新井民夫氏への E-mail インタビュー（2014（平成 26）年 9 月実施）から発表の背景を探ったところ，当時，家庭におけるロボットの多様な物体ハンドリング（物を手でつかんで移動すること）を支援する環境整備の研究を行っており，この技術を生活場面で活用，すなわちサービスとして提供するための手段（チャネル）や製品化するための情報を日本家政学会から手に入れたいと考えたようで，生活と情報セクションを選択している。講演中に，①家庭で使われている皿の種類，大きさなどのデータベースの存在，②ロボットが皿の片づけなどを行うことへの意識，これら 2 点の討議，検討を依頼している。つまり，「ロボットによりテーブル上の物品（コップ，はさみなど）を片づけるシステムを実際の生活に適用するには，たとえば皿の種類，形，持ち方，洗い方，片づけ方（積み上げ方法，積み上げの上に置く方法）などの知識，あるいは皿を

表 6-5　ロボットに関する発表事例（日本家政学会　年次大会発表要旨集）

	回	セクション	タイトル	発表者
1	第 42 回（1990）	被　服	フィンガーロボットによる接触冷温感の客観評価	中西正恵・丹羽雅子（奈良女大人間文化研）
2	第 44 回（1992）	被　服	RS-232C 通信システムを有する小型・自走式製図ロボット（I）基本設計	高橋和雄（和洋女大文家政）
3	第 48 回（1996）	食　物	口腔における食品粒子の認識と識別―粒子の物性との関係―	今井悦子 *・田丸理恵 **・畑江敬子 **・島田淳子 **（* 放送大，** お茶の水女大）
4	第 50 回（1998）	食　物	ゴマ種子の妙り条件による組織形態および物性の変化	武田珠美 *・青野寛子 **・福田靖子 *3・畑江敬子 **・島田淳子 **（*聖カタリナ女短大，** お茶の水女大，*3 静岡大）
5	第 52 回（2000）	生活と情報	家庭におけるロボットの多様な物体ハンドリングを支援する環境整備	新井民夫（東京大）
6	第 65 回（2013）	ポスター	技術・家庭科におけるエネルギーに関する学習教材の開発教材―教科連携の試み―	藤田沙南 *，村上陽子 **（* 静岡大・院，** 静岡大）
7	第 67 回（2015）	ポスター	パーソナルロボットによる児童の受容と積極性の引き出しの試み	東風上奏絵，垣内洋平，岡田慧，稲葉雅幸（東京大）
8	第 67 回（2015）	ポスター	移動ロボット技術を利用した屋内環境状態	三浦純，可児周平（豊橋技科大）
9	第 67 回（2015）	ポスター	ロボットアームを用いたゴミ拾い機能付き 室内掃除ロボット	平田鷹志，山﨑亘，カヤオクリスチャンデウス，吉川雅博，高松淳，小笠原司（奈良先端大）

最低必要限の種類に限定することの食文化面からの是非などについての検討」が必要で，それらに関わる知識体系とデータを探すために日本家政学会を選び，年次大会に申し込んでいる。新井氏は研究発表を終え，「関連するデータは存在せず，また，発表会場においては議論が始まらず，全体としての雰囲気は，日本家政学会ではこのような話題は扱わない」と受け止めている。新井氏は1990年代後半から10年ほど会員登録し，研究発表を一度だけ行い，発表の翌年ぐらいに退会した。その後，日本家政学会との接点を有していない。

3）家政学とロボット

人間との共生を意図して開発されたロボットPepperは，誕生して3年が経過し人型AIロボットの代名詞ともなっている。AI技術は，その後，ロボットテクノロジーとの融合による多様な技術革新によって生活を取り巻く環境を劇的に変化させようとしている。

Pepperの直接的な技術開発主体であるアルデバラン・ロボティクス社のブルーノ・メゾニエ(Bruno Maisonnier)は，人型ロボットを「人間に優しい進化する新しい生き物」と表現した[29)]。人間と環境との相互作用を研究対象として掲げる家政学は，ロボット，すなわち限りなくヒトに近づこうとしているモノとの関係性を家庭生活の持続的安寧へとどのように結びつけることができるのだろうか。

近未来の生活について，家政学視点から課題を整理したい。

①　人間しか持たないとされる“こころ”が数値化される

相手の表情や声のトーンから感情を読み取り，無限大のデータをAIが分析し，コントロールし，ユーザーとのコミュニケーションを図るという。行動，表情，目や口の動き，発する言葉など人のすべてが数値化され，クラウド上に集積された集合知として加速度的に深化させ，すなわち自律学習する。ここでいう“学習”とは，人が成長過程で習得していくプロセスと酷似しているが，あらゆる可能性の計算を基に相手や環境に合わせ，独自のアルゴリズム（目標を達成させる手順）によって濃厚かつ確実にカスタマイズ（ユーザーの好みや目的に合致）させる点で，人間のそれとは大きく異なる。人と人とがこれまであたり前に培ってきた不確実な関係性は，コミュニケーションツールであるロボットが自分自身に限りなく寄り添い（カスタマイズされて）傍らに存在するとき，これからも優位性を保って機能し続けることができるのだろうか。人間社会に，家庭生活に何が生じるのだろうか。

②　プラットフォーム機能が拡大する

ロボットOSの覇権争いは，家庭生活をまさにターゲットの一つに定めている。コンピュータOSであるWindowsからiOS，Androidは生活を大きく変容させたが，感情認識や自律行動が可能で，ユーザーに主体的に働きかけるロボットOSのプラットフォーム化は，それらをはるかに超える生活の変革を予測させる。社会構造に関わる将来的な変容や人間社会の不確実性をとらえる中で，ヒトと環境との相互作用にロボットをどのように位置づけるのか，家政学的視点から検討することが必要となる。また，ロボットの開発に誰もがアクセスできる環境インフラの一つとして整うことは，必然的にこれに関する知識，技能がリテラシーの一つとなることを意味する，教育面での，いわゆるプログラミング教育にとどまらない家政学としての対応が求められる。

③“ロボットとの共生”という近未来の生活景が，独り歩きしている

“人は一人では生きていけない”とされる。チャペックは，先に示した『ロボット　R.U.R』の戯曲の中で，人間から労働を取り除くためにその肩代わりをするロボットをつくるが，「かつては奉仕することの中に何か良いものがあったし，恭順さの中に何か偉大なものがあった。よくわからないが労働や疲労の中に徳のようなものがあった」と同社の主任に言わせている。共生相手が人ではないライフスタイルも選択肢の一つとして近い将来発生するといわれている。人間として家族を形成し家庭生活を営み，日々の労働に人が何を重ねてきたのかを考え，人間の存在意義を問い，日々の生活を守ることを忘れてはならない。

日本ロボット学会が（一社）日本家政学会と組織した「家政学とロボティクス」では，ロボットの家庭への導入には人や家庭の側面からの検討が不可欠で，家庭生活の視点からロボットを活用する研究がめざされた。ロボット開発にとって，家政学との融合には，市場の開拓という第2次ロボットブームの轍を踏まないための重要な課題が含まれていた。前述したように生活創政支援ロボティクス研究専門委員会が両学会から組織されたが，3年後の2017（平成29）年4月活動を終了している。家政学は，自律し限りなくヒトに近づくモノ，ロボットの開発，ロボットテクノロジーの家庭生活における可能性をどのようにとらえ，何を提言することができたのだろうか。小笠原氏へのインタビューにおいて，氏は家政学に対する疑問として，研究分野が細かく区分されてしまっていることを指摘した。ロボット開発においては，たとえばマニピュレーター（人間の腕や手に類似した多様な動作機能）が扱う対象は分野を問わないのである。ロボット開発の新たな可能性を生み出すための，むしろ総合的な視点からのイノベーションが期待されている。アンドロイド（人造人間）研究の進化もめざましく，自律行動可能な，知能，感情機能を持ったロボットの登場は早晩実現するといわれ，人の能力を超えるシンギュラリティ（技術的特異点）に2045年には達するという予測もある。松田卓也氏は，生活の基盤と安全を下支えする分野にこれら技術を使うべきだと指摘する[30)]。

（一社）日本家政学会は，第19回ARAHE東京大会（2017（平成29）年8月）において「ロボットによる生活支援」と題したシンポジウムを開催している。生活支援ロボット研究の現状が紹介され，家政学としてロボットを研究テーマの一つとして公式にスタートさせた。前述した生活創政支援ロボティクス研究専門委員会に関わる成果といえるだろう。人間の優位性は「創造性」にあるといわれるが，ロボットとの関係性を，世代を越えて継承する豊かな生活の構築にいかに創造性を発揮して結びつけるかが，家政学として重要かつ喫緊の課題である。人間と環境の相互作用を研究対象とする家政学は，モノが自律的に言語を操り接触してくる環境を学問として経験していない。

演習問題

① ロボットが家庭にやってくることで私たちの生活はどのように変化するか，具体的に場面をイメージし，説明してみよう。

② 家政学は，人とロボットの関係性をどのように位置づけ，導くのか考えてみよう。

〈注・引用文献〉

1）ソフトバンクグループでフランスに拠点を置く ALDEBARAN Robotics の開発
2）Softbank 制作発表（2014.6.5）
3）Aldebaran HP　https://www.aldebaran.com/ja/peppertoha
4）前掲 2）
5）インターフェイス　コンピューターと周辺機器の間の接点，境界面をいう。ハードウエア，ソフトウエア，ユーザーインターフェイスの 3 種類に区別する。ユーザー（マンマシン）インターフェイスは，利用者との接点をいい，たとえばマウス，キーボードなどが今日代表的なものである。
6）「日本再興戦略」改訂 2014　―未来への挑戦―（2014）
7）「日本再興戦略」の改訂～改革に向けての 10 の挑戦～
8）経済産業省「ロボット新戦略」（2015）
9）前掲 7）
10）NEDO ロボット白書 2014
11）チャペック（作）千野栄一（訳）『ロボット　R.U.R.　ロッサムのユニバーサルロボット』岩波文庫（1989）
12）前掲書 11）
13）前掲書 10）
14）経済産業省「ロボットと共存する安全安心な社会システムの構築に向けて」（2010）
15）ロボット政策研究会中間報告書「ロボットで拓くビジネスフロンティア」（2005）
16）『大辞林』三省堂書店（2006）
17）『広辞苑第 7 版』岩波書店（2018）
18）川村貞夫「創立 30 周年にあたって」『日本ロボット学会誌』第 30 巻第 10 号（2013）
19）経済産業省「2012 年 ロボット産業の市場動向」（2013）
20）荒井裕彦「学術的ロボット研究の問題点について」『日本ロボット学会・日本ロボット工業会』社会変革ロボット技術調査委員会（2003）
21）iRobot Pless Release Roomba 15th ANNIVERSARY（2017）
https://www.irobot-jp.com/press/pdf/20170914.pdf
22）『日本ロボット学会誌』第 30 巻第 10 号（2013）
23）研究専門委員会「生活創政支援ロボティクス研究会」第 31 回日本ロボット学会学術講演会（2013）
24）「家政学とロボティクスの融合をめざして」第 31 回日本ロボット学会学術講演会（2013）
25）Ikuyo OGURA「HUMAN SUPPORT ROBOT」IFHE ANNUAL LEADERSHIP MEETING 2017.3 Ireland（2017）
26）石黒浩・日浦亮太「コミュニケーション支援ロボットビジネス」『日本ロボット学会誌』Vol.20 No.

7（2002）pp.672-675
27）内山隆「社会とつながるロボット学」『日本ロボット学会誌』Vol.25 No.1（2007）pp.47-52
28）越智佳世「掃除の手間を省くために使用をしている商品および掃除行動について「手間をかけない掃除」とはどのようなものか」『日本家政学会誌』Vol. 60 No. 4（2009）pp.423-426
29）前掲 2）
30）松田卓也「超 AI　日本浮揚の鍵」 読売新聞（2017.1.25）

（小倉　育代）

【付録 1】

家政学原論部会行動計画 2009-2018

家政学的研究 ガイドライン〔第一次案〕

はじめに

一般社団法人日本家政学会家政学原論部会は、2008 年に設立 40 周年を迎え、「家政学における原論の現代的意義とその課題／家政学の新たな統合を求めて－『家政学研究』とは何か－」を統一テーマに、次の 10 年に向けて、新たな一歩を踏み出すことになった。翌 2009 年のセミナーでは、全体討論の下「家政学原論部会行動計画 2009-2018」が策定され、3 つの目標に基づく 4 つの研究の柱が設定され、当面する 10 年間の行動計画のタイムスケジュールが確認された。本ガイドライン案は、ここに掲げられた「目標A：日本の家政学のために（日本の家政学において、明確な「家政学観」をふまえた研究が行われるように尽力すること)」、「目標B：家政学原論のために（家政学原論の研究・教育・普及（社会貢献）活動の体制を充実させること)」にかかわる研究の第 1 の柱「家政学的研究とは何か（家政学的観点と家政学的研究のガイドライン)」について検討した成果として、家政学的研究の拠り所となる考え方を示したものである。その原案は行動計画第 1 グループが提案し、部会全体での議論を経て、ここに第一次案が完成した。

本ガイドライン案では、過去の家政学原論研究の蓄積をふまえ、時代を超えて変わらない家政学の基礎概念や独自性を明確にする一方で、現代社会における家政的環境をとりまく諸課題に配慮し、これからの家政学的研究の指針となる諸要素を抽出し明示することを目指した。また、より実践的な課題として、我が国の家政学分野の研究者による諸研究が、国際的な家政学会においても「家政学的な研究」として評価されるよう、研究の特徴づけやアブストラクトの書き方などに関する若干の情報提供を試みた。

本ガイドライン案をお読みいただき、ご意見をいただければ幸いである。

CONTENTS

2013 年 8 月 20 日発行
一般社団法人日本家政学会家政学原論部会

（「行動計画 2009-2018」第 1 グループ）
○東　珠実（椙山女学園大学）
天野　晴子（日本女子大学）
大藪　千穂（岐阜大学）
小田奈緒美（愛知教育大学）
岸本　幸臣（羽衣国際大学）
古寺　浩（金城学院大学）
関根田欣子（相模女子大学）
恒川日出美（金城学院大学大学院（研））
中森千佳子（金城学院大学）
野崎　有以（東京大学大学院（院生））
乗本　秀樹（三重大学）
花崎　正子（近畿大学九州短期大学（非））
増田　啓子（富士常葉大学）
宮田　安彦（大妻女子大学）

「家政学的研究ガイドライン〔第一次案〕」発行にあたって

（一社）日本家政学会家政学原論部会は，部会設立50周年（2018年）に向けて，「家政学原論部会行動計画2009-2018」を策定した。その目的は，日本の家政学と家政学原論研究の質を高め，部会員の活動を支援することにある。行動計画を達成するために，3つの目標を掲げ，4つの柱に基づいた研究・活動を2009年から開始した。行動計画における3つの目標と研究・活動組織は次の通りである。

■行動計画目標

【A】日本の家政学が，明確な「家政学観」をふまえた研究がなされるよう尽力すること。

【B】家政学原論の研究・教育・普及（社会貢献）活動の体制を充実させること。

【C】部会員の研究・教育・普及（活動）を支援すること。

■行動計画研究・活動組織

行動計画推進委員長　　井元　りえ（女子栄養大学）

第1グループ「家政学的研究とは何か」　研究リーダー　東　珠実（椙山女学園大学）

第2グループ「家政学原論の歴史現状研究」　研究リーダー　石渡尊子（桜美林大学）

第3グループ「『家政学原論』の授業実践研究」　研究リーダー　八幡（谷口）彩子（熊本大学）

第4グループ「家政学・家政学原論における連携・社会貢献」

研究リーダー　倉元綾子（鹿児島県立短期大学）

行動計画の各グループにおける研究・活動は相互に関連し，連携を取りながら進める必要があるが，行動計画の研究・活動の基本となるのは「家政学とは何か」「家政学的研究とは何か」である。この課題に取り組んだのは第1グループであり，家政学研究の指針となる「家政学的研究ガイドライン」作成を進めてきた。その成果が「家政学的研究ガイドライン〔第一次案〕」であり，ここに公表することになった。行動計画策定5年目にして第一次案とはいえ公表できるところまでまとめることができたのは，第1グループグループ研究リーダー東珠実氏をはじめメンバーの熱意によるものである。

日本の家政学の定義は，1984年に「家政学将来構想1984　家政学将来構想特別委員会報告書」（日本家政学会編，光生館，1984，32頁）において示されたが，残念ながらそれ以降の議論はほとんどなされていない。一方で，国際家政学会による“IFHE Position Statement-Home Economics in the 21st Century”（第21回世界大会，2008）の提起や，国内でも日本学術会議による「分野別参照基準」作成を契機に専門分野の定義について議論が再燃している。このような時期に部会として「家政学的研究ガイドライン〔第一次案〕」を示すことができて喜んでいる。「家政学とは何か」の議論のたたき台となれば幸いである。

今後は，「家政学的研究ガイドライン」最終版に向けて研究を深めるとともに多くの学会員から意見を収集し，学会全体の議論に拡大していきたいと考えている。既に，第一次案については，第65回日本家政学会大会（2013年5月）における「『家政学的研究』ガイドラインシンポジウム」および「家政学の質保証特別委員会報告会」で報告している。

最後に，行動計画の概要および各研究グループの研究・活動進捗状況，成果報告は，随時部会ホームページ（http://genron.net/）に掲載しているので参照いただきたい。

2013年8月20日

（一社）日本家政学会家政学原論部会長　中森　千佳子

Ⅰ 家政学とは

■1 家政学の研究目的

家政学の研究目的は，よりよい生活を実現するために生活問題を予防し解決しようとする個人・家族・コミュニティをエンパワーする（励まし支援する）ことにある。家政学で行われた諸研究が教育をも含む実践的な諸活動に生かされることによって，この目的は達成される。それを通して，家政学は，家庭や地域の生活の質の向上，人間の開発，ひいては人類の幸福の増進に寄与することになる。

解 説

家政学の各領域で，さまざまな研究が展開する。それぞれの領域や研究では，対象とする生活事象が客観的，科学的に把握され，生活展開のメカニズムが解明される。あるいは，生活の質についても検討される。これらは，家政学が上記の目的を達成するために不可欠である。

家政学の研究は，生活者を励まし生活問題を予防し解決しようという研究者の主体的な動機に支えられる。客観的･科学的な考察や生活の質に関する考察がふまえられた研究成果は，生活者や企業・行政・NPO などの活動に生かされる。あるいは，家庭科教育や消費者教育などの活動に生かされる。こうした研究と活動が積み重ねられることによって，生活がよりよくなるとともに，健康・安全・快適・平等・創造をめざす個人の力量ならびに健康・安全・快適・平等・創造をめざして家族や地域の人々が連携する力量が向上する。

■2 家政学の研究対象

家政学の研究対象は，家庭を中心とした人間生活における人と環境との相互作用である。家政学は，人と人，人とモノとの相互作用を対象に，生活環境のありようや広い意味での家庭生活の諸事象について研究する。

解 説

家庭とは人間が形成する社会の最小単位である家族が生活する場である。また，家族だけでなく個人の生活の場も家庭に含む考え方もある。家庭は，人間が個体維持と種族維持という生命維持の根源的な営みを基本的かつ効果的に果たす機能をもつ。家政学は，家庭を中心とした人間生活にかかわる諸事象について，人と人との関係（個人・家族・コミュニティなどの社会的環境），人とモノとの関係（衣食住などの物的環境）を対象とすることで，生活環境のありようを研究する学問である。近代科学の成立後，細分化された科学の研究は，人かモノを対象とし，また，人がモノに及ぼす影響，あるいはモノが人に及ぼす影響のいずれか一方向を扱ってきた。家政学は人とモノ，およびそれらの双方向の関係，つまり相互作用を研究する視点をもつ。

■3 家政学の研究方法

家政学は，自然・社会・人文の諸科学を基盤として，家庭を中心とした人間生活に関する諸法則を明らかにし，実生活に役立つ研究をする実践科学であり，総合科学である。また，家庭を中心とした人間生活における特定の目的をもって自然科学，社会科学，人文科学の知識を統合するために，経験・分析科学（実証科学），解釈科学，批判科学などの学問的アプローチが用いられる。

解 説

家政学では，自然科学を用いて，人が関係するモノ（衣食住など）に関する知識を得たり，社会科学を用いて，人が関係する人（個人・家族・コミュニティなど）に関する知識を得たり，人文科学を用いて，人の本性を踏まえた哲学的研究を行うが，家政学の研究方法の特徴は，それらの研究成果を統合的にとらえ，実践的に意味のある結論を導くところにある。それゆえ，家政学は，総合科学であり，実践科学であるとされている。また，自然・社会・人文の諸科学に依拠しながら，家政学の目的に照らした統合的・実践的な結論を導くためには，経験・分析科学（実証科学）によって生活諸事象の客観的・分析的事実認識（因果関係に基づく没価値的な判断）を行うとともに，解釈科学によって，その事実に対する相互主観的な価値認識（個人と社会集団にとっての意味についての判断）を導き出し，さらに批判科学によって規範的な価値認識（事実と価値の考察を合理的に正当化した実践的な判断）に帰結するという研究方法が用いられる。

■4　家政学の独自性

家政学の独自性は，生活主体としての個人・家族・コミュニティから対象を眺め，愛情，ケア，互恵関係，人間的成長，文化の伝承と向上などの家政学的な価値（家政学の倫理）に基づいて課題を認識するという視座および価値基準，並びに最終的には家庭を中心とする人間生活の質の向上に資するという目的を有することに求められる。

解 説

家政学は，個人・家族・コミュニティのエンパワーと生活の質の向上を目的とし，家庭を中心とした人間生活を対象に研究し，最終的にはあるべき生活像や具体的生活課題の解決を提案する実践科学であり，総合科学である。家政学は，そのような性格上，他の学問分野と目的や対象において重複する部分が多い。

一方，他の学問分野と一線を画す家政学の独自性は，生活主体としての個人・家族・コミュニティから対象を眺め，愛情，ケア，互恵関係，人間的成長，文化の伝承と向上などの家政学的な価値（家政学の倫理）に基づいて課題を認識するという視座および価値基準に求められる。たとえば，家庭や地域の経済的活動は，その名を冠している経済学が，交換・再配分・互恵・自給の４つの活動からなる経済的活動のうちの交換という視座と効用という価値基準しか持たないため，家庭を消費の場としてしか解釈できず，互恵･自給がかかわる部分は家政学による理論化が期待される。

家政学の内訳をなす個別学問も，このような「家政学の倫理」を通して研究され，家政学の目的の下に統合されて，はじめて家政学の一部分を構成するものであるといえる。たとえば，遺伝子組み換え食品や人工添加物などの研究を例にとると，メカニズムやリスクの解明などそれ自体を目的にし，あるいは生産効率など生産の立場から研究するのであれば，これは生命科学，農学などの領域に入るものであって，それが家政学とみなされるためには，味，消化，リスクマネジメント，食文化への影響，流通是非の判断と政策への反映など，消費（ここでは経済学的な「購入」にとどまらず，大熊信行の指摘するような，調理，味わい，消化･吸収までの消費を含む）から市民行動に至る，生活者の立場からなされるものであることが求められる。

なお，「家政学の倫理」が依拠する価値基準については，時代に即して規範的見地から特定（価値解明）し，具体化する必要がある。

■5 家政学の定義

家政学とは，個人・家族・コミュニティが自ら生活課題を予防・解決し，生活の質を向上させる能力の開発を支援するために，家庭を中心とした人間生活における人と環境との相互作用について研究する実践科学であり，総合科学である。家政学は，生活者の福祉の視点から，持続可能な社会における質の高い生活を具現化するライフスタイルと生活環境のありようを提案する。

解 説

家政学は，持続可能な社会における「生活の質とは何か」を研究する学問である。生活の質を明らかにするために，「人間」，「生活」，「生活環境」および「人間が生活環境に及ぼす影響と生活環境が人間に及ぼす影響の両側面（人と人，人とモノとの相互作用)」について研究する。生活の質を研究することにより，人間（人類）にとっての基本的な生活とは何かを提示することができ，それを土台として持続可能な社会における質の高い生活のありようを具体的なライフスタイルとして，またそのライフスタイルを可能にする生活環境のありようを提案することができる。家政学は，質の高い生活を家庭生活を通して実現しようとする点に，また，理論にとどまらず生活課題の解決をめざす実践科学であり，研究においても課題解決においても対象を全体的（ホリスティック）な視点で統合する総合科学である点に特色がある。さらに，家政学の使命は，生活者が質の高い生活を実践するために，自らが個人・家族・コミュニティにおいて生活課題を発見，解決する能力，問題が生じる前に予防できる能力，そして，生活課題解決を生活環境をよりよく創りかえることを通して達成できる能力の開発と支援（エンパワーメント）を行うことにある。

Ⅱ 家政学の体系

■6 家政学の研究領域

家政学は，家政学原論，生活経営学（家庭経済学，家族関係学を含む)，食物学，被服学，住居学，児童学，家政教育学などの学問分野から構成されるが，これらの学問分野を横断するかたちで，時代に応じた研究領域がみられる。現在，日本家政学会では，人間生活の質的向上を目指し，「家庭・福祉」，「文化・芸術」，「技術・産業」，「情報・環境」の4つを研究領域の柱に掲げ，さらにそれらを細分化した22の領域（テーマ）を示している。

解 説

家政学の研究領域は，従来，衣食住生活，生活経営（家庭経営)，家庭を中心とした子どもの発達および教育などに関する個々の学問分野に対応したかたちでとらえられてきたが，今日では，それらの学問分野に横断的にかかわる現代的課題を類型化したものを研究領域としている。現在，日本家政学会が提示している家政学の研究領域についてみると，「家庭・福祉」と「文化・芸術」に関わる内容として，家族資源，ジェンダー，無償労働，マネジメント，ライフスタイルの5領域，「文化・芸術」と「技術・産業」に関わる内容として，文化，ファッション，デザイン，インテリア，ガーデニング，産業の6領域，「技術・産業」と「情報・環境」に関わる内容として，テクノロジー，資源，消費者，消費者問題，情報，環境の6領域，「情報・環境」と「家庭・福祉」に関わる内容として，リフォーム，住宅，衣服，クリーニング，栄養の5領域が掲げられている。このように，家政学の研究領域は，時代の要請をふまえ，多様化し，広範なものとなりつつある。

■7　家政学の体系

家政学の学問体系は，基礎科学（自然科学，社会科学，人文科学における諸科学）を基盤とし，主に人とモノとの関係（物的環境）に関する食物学，被服学，住居学，人と人との関係（社会的環境）に関する児童学，家族関係学，両者を有機的に関係づける生活経営学およびそこに理論的根拠を与える家政学原論から構成される。

解 説

家政学の体系については，歴史的にみても，研究者間での統一した見解をみることはできないが，我が国の家政学原論の基礎を築いた研究者らの代表的な見解によれば，家政学の体系は，概ね，人とモノとの関係（物的環境）に関する食物学，被服学，住居学と，人と人との関係（社会的環境）に関する家族関係学，児童学，両者を有機的に関係させ実践的な統制を掌る生活経営学（生活経済学を含む），そのしくみに理論的根拠を与える家庭生活の本質論としての家政学原論から構成される。また，それらの基盤となる基礎科学（自然科学，社会科学，人文科学）には，生物学，化学，物理学，社会学，法学，経済学，文化人類学，哲学，美学，心理学などがある。さらに，基礎科学との関係において，家政学と他の学問分野との境界領域が存在し，例えば，食品化学，家族社会学，消費経済学，服装美学，児童心理学などが，そこに位置づけられる。一方，前項で掲げた最近の家政学の研究領域に対する理解を前提にするとき，さらに産業社会をも巻き込んだ大きな枠組みのなかで，家庭を中心とした人間生活の向上をめざす動学的な家政学の体系について検討されるべきである。

Ⅲ　家政学の社会貢献

■8　家政学のプロフェッション

家政学のプロフェッションとは，家政学の専門知識を活用し，その目的や使命を実現することに寄与する専門職あるいは専門そのものを意味する。我が国では，保育士，栄養士などの一つの専門に特化したものと，家庭科教員，家政学研究者などの総合的な専門知識に依拠するものが挙げられる。また，アメリカでは，家政学の多様なプロフェッションがみられ，Family Life Education の資格やスペシャリストの活躍などもみられる。

解 説

プロフェッションという概念は日本ではあまりなじみ深いものではない。家政学のプロフェッションは，米国において 1909 年，American Association of Home Economics（米国家政学会）が成立したことにより確立した。また 1993 年のスコッツデイル会議において，米国家政学のプロフェッションの名称は Home Economics から Family and Consumer Sciences に改められた。日本でも，家政学原論部会を中心に，この分野の名称に関する議論がなされてきたが，我が国における「家政学」は学問名称であるのに対し，米国における“Family and Consumer Sciences”はプロフェッション名称であり，社会貢献を強く意識したものである。

米国においては，家政学とプロフェッションの結びつきは強く幼児教育機関における保育士や幼稚園教諭，家族・社会サービス機関におけるカウンセラー等，信用機関における家族財務カウンセリング等，住宅と家具のデザイン・販売にかかわる職や衣料とファッションに関わる職等広く存在する。さらに家庭科教員，Family Life Educator や家政学研究者のように個別分野を横通ししたプロフェッションがある。我が国における家政学のプロフェッションには，保育士・栄養士等にみられる一つの専門に特化したものと家庭科教員・家政学研究者等の統合的なものがあげられる。

■ 9 家政学の社会貢献

家政学の社会貢献とは，家政学の研究成果や家政学の専門家が，社会的課題の解決に寄与することをいう。実践科学であり批判科学である家政学は，衣食住，生活経営，児童，家政教育などの各分野の専門知識やプロフェッションを通じて，家庭を中心とした生活，ビジネスおよび産業，社会制度などの変革に貢献し，個人・家族・コミュニティ（地域，社会）の福祉の向上をはかることをめざす。

解 説

日本家政学会は，『家政学将来構想 1994』（家政誌 Vol.45 №5）において，我が国の家政学の発展のための重点的課題に関連して「対社会的な活動をいっそう活発にし，社会に貢献するという意識をもち，対外的にも関連機関・他学会と密接な連携をとることが必要」と述べ，「家政学という学問の意義を社会にアピールすべきである」とした。その後 10 年を経て，家政学原論部会では，2004 年から 2006 年の夏期セミナーにおいて，家政学の社会的存在意義や家政学の社会的貢献を共通テーマに議論が展開された。

家政学の社会的貢献については，米国家政学会に学ぶところが大きい。米国家政学がめざす社会貢献とは，「学会員が，主として個人・家族・コミュニティに対し，人間の基本的ニーズを満たすために，9 つの専門領域（アパレルとテキスタイル，アートとデザイン，コミュニケーション，教育と科学技術，家族経済と資源管理，家族と人間発達，住居と環境，国際，栄養・健康と食物管理）の専門知識を基礎に，6 つの職業的部門（企業，大学と研究，初等・中等・成人教育，エクステンション，家庭と地域社会，ヒューマン・サービス）を通じて，研究，教育，実践活動をすること」とされた*。一方，スペシャリストによる職業的貢献のみならず，広く，個人・家族やコミュニティの生活の質の向上に家政学の専門知識が寄与するとき，これを広義の家政学の社会貢献としてとらえることができる。

［注］＊：山口厚子・鈴木真由子・倉元綾子・内藤通子「家政学の「社会貢献」―米国家政学会の見解と活動事例―」『家政学原論研究』No.40

Ⅳ 家政学的研究とは―家政学的研究ガイドライン―

■ 10 家政学的研究が備えるべき条件

家政学の研究対象では，環境との相互作用も含む広い意味の家庭生活事象を扱うことになる。ただ，その点では他の科学でも類似の事象を，研究対象として扱うこともありうる。従って，家政学的研究の独自性として問われる条件は，その研究成果が最終的には私たちの人間生活にとって，家庭生活の安定的で持続的な向上に寄与する着地点を目指すものになっているかどうかにあると言える。

解 説

現代社会では，家庭生活の機能も家庭生活の担い手である家族の形態も多様化を深めている。このため今日，家庭生活事象は住まいという物理的空間内に限定される行為だけでなく，住まいの外にあって居住地生活や家庭生活を支えている様々な市場のサービス・社会制度といった外部環境との相互関係をも含む多様な事象として扱う必要がある。従って，研究対象の見かけ上の事象が他科学の対象と同一の場合があっても，それ自体不適切なわけではない。また，研究における分析が深まるにつれて対象が精緻化・細分化することも，科学発展の流れとしては当然の姿であると言えよう。従って，家政学的研究における独自性は，対象選定と考察過程並びに成果の着地点をどこに求めているのかと言うことになる。即ち，取り扱おうとしている生活事象の持つ家庭生活面に於ける問題特性を，どのような局面から切り込もうとするのか，何故そのような分析視点が必要なのか，その点の明確さが不可欠な条件として求められることになる。そして何よりも得られた考察結果が，人間存在の基盤としての家庭生活の安定的・持続的な向上に寄与することを，明確に提起できているか否かが必要条件となる。

■ 11　家政学的研究の現代的課題

個人及び家族の個性と人権が尊重され，安全で豊かな文化的・社会的生活を享受できているか，それらの重要性を，地域，社会，グローバルレベルで捉えるところに家政学的研究の現代的課題の発見が求められる。貧困緩和，ジェンダー平等，社会正義等からのアプローチとともに，その解決には，持続可能な将来を創り出す方向で取り組むことも重要となる。

解 説

常に変化し，新たな課題が生起している現代社会において，家政学は，個々の生活に目をむけながら，それをとりまく地域社会との関係および地球規模で課題をとらえることが必要となる。

個人・家族・コミュニティをエンパワーし，生活の質および福祉を向上させ，持続可能な将来を創り出すために，個別的な解決だけでなく，社会的な解決を視野に入れた政策形成につながる課題認識も求められる。大震災や少子高齢社会へのアプローチもその一つである。

国際家政学会（IFHE）が提起した「21 世紀の家政学」では，個人・家族・コミュニティのウェル・ビーイングを促進し擁護するための，批判的，変革的，解放的な行動が重視されており，貧困緩和・男女平等・社会正義が家政学の主たる関心事であり，それぞれの分野で様々なプロジェクトが行われていることが記されている。

また，個別分野の研究成果と総合性との関係，個々の研究が実際の生活とどのようなインターフェイスを持ちうるのかなどは，研究方法上の課題といえよう。

V　国際的にみた家政学的研究

■ 12　IFHE における家政学的研究

IFHE（International Federation for Home Economics）は，1908 年に家政学領域における国際交流のための場として設立された。現在の IFHE の基本的な理念や立場は Position Satement 2008 に基づいている。そのなかで，家政学の目的は，個人・家族・コミュニティのエンパワーと福祉の実現にあるとされ，家政学の 4 つの次元として，学問領域，日常生活分野，カリキュラム，政策に影響をもたらす社会的領域が掲げられ，家政学に不可欠な 3 つの要件も示されている。

IFHE では，家政学の目的を「個人・家族・コミュニティのエンパワー（Empowerment）と福祉（well-being）の実現としている。家政学には 4 つの次元があるとし，①学問領域として，専門職や社会のために新しい学者を教育し，研究を行い，新しい知識や考え方を創造する，②日常生活分野として，人間の成長の可能性を開拓し，基本的欲求の充足を満たすための世帯，家族，コミュニティを作る，③カリキュラムとして，生徒が自らの生活の中で使える自分の資源や能力を発見し，さらに開発できるように，彼らの将来の選択や生活能力を準備する，④政策に影響や発展をもたらす社会的領域として，個人・家族・コミュニティをエンパワーし，福祉を向上させ，快適な生活の実現，及び持続可能な将来を創り出すことを促進するような政策が形成されることに寄与する，を挙げている。このような家政学に対する具体的な理解は，日本の家政学では十分でない。また，家政学の 3 つの要件には，①個人，家族の日常生活における基本的なニーズ，関心事に焦点を当てていること，②多様な分野の知識・プロセス・技術の統合，③批判的・変革的・解放的な行動を起こす力を持ち，社会のあらゆるレベルや領域のウェル・ビーイングを促進し擁護すること，を掲げている。さらに，分野には，家庭経営，持続可能性，消費者教育，食の安全と栄養，ジェンダー，教育，消費者の日，生活技術が挙げられている。

■13　ARAHEにおける家政学的研究

ARAHE（Asian Regional Association for Home Economics）は，アジアにおいて家政学の様々な領域で働いているメンバーのために非営利団体として1983年に設立され，議会，協議会，および執行委員会で構成されている。ARAHEはアジア諸国で個人，家族，および公共の生活に関連する研究と教育を通して家政学の発展を促進することを目指している。

解説

ARAHE設立の目的は，家政学における教育の開発強化や研究・サービスの規格の確立と改善，家政学の専門職にかかわる法的・政策的な促進と支援，他の組織との提携，地域開発のための公的な家政学の役割の啓発等にある。そのために，ARAHEでは，①研究，セミナー，ワークショップ，会議の開催（テーマ：起業家精神，消費者問題，持続可能な開発，ジェンダー，高齢者，貧困，子ども・家族関係，人的資本開発と家族研究，家庭経済学と資源管理，食物，栄養，健康，ホスピタリティ，アパレル，テキスタイル，ファッション，マーチャンダイジング，コスメトロジー，住宅と環境，教育と公共サービス等），②ジャーナル（JARAHE）および必要な刊行物の出版，③ニュースレターの発信，④刊行物や活動による知識人の保持，⑤2年毎の学会活動，等を行っている。参加国は，日本の他，韓国，タイ，インド，シンガポール，フィリピン等である。

ARAHEにおける実際の研究内容は，例えば，「絵本にみる服装とジェンダー」，「子どもの養育費の算出について」，「減量とダイエット患者のライフスタイルへの影響」，「デジタルデバイドの国際比較（北欧と韓国）」等，多岐に渡るが，最近の傾向としては，ジェンダーや家族，消費に関する研究が比較的多く見られる。

■14　家政学的研究のアブストラクトの書き方

アブストラクトの作成にあたっては，分野・領域にかかわらず，家政学的研究としての視点を明確に示す必要がある。つまり，研究課題に関する現状が日常生活の営みをどのように阻害しているのか，その研究課題の解明が生活の営みにどのような影響を与え生活の改善をもたらすのかを明示するなど，時代の要請をふまえ，それに応える研究の必要性・必然性をアピールすることが重要である。

解説

IFHE 100周年スイス大会（2008年）における研究発表の可否を決定する査読において，日本からのアブストラクトの採択率が低かったことが問題視された。その主な理由は，日本において家政学の研究として位置づけられている研究が，IFHEでは“out of scope”（研究課題の設定や方法に問題はないが「家政学の研究」といえない）と評価されたことによる。IFHEの査読委員会では，家政学的研究には①統合性（生活の視点を総合的にみる視点），②具体性（実生活の営みに対する課題意識），③実践性（現実の生活を強化・向上させること），④現代性（現在，現実に営まれている生活に関する問題意識），⑤予防性（将来の予測をふまえること）の視点が必要と考えられている。したがって，特に国際的な家政学会のアブストラクトの作成にあたっては，これらの点が押さえられていることが重要であり，たとえば「きゅうりの組織を明らかにすることが家政学の研究となりうるためには，どのように追究すべきか。農学の研究とはどのように異なるのか」を明確にする必要がある*。さらに，現在のIFHE

の基本的な理念は，Position Statement 2008 に基づいていることから，その内容に合致していることや，特に「家政学に不可欠な要件」として掲げられている 3 つの本質的な側面（①個人，家族の日常生活における基本的なニーズ，関心事に焦点を当てていること，②多様な分野の知識・プロセス・技術の統合，③批判的・変革的・解放的な行動を起こす力を持ち，社会のあらゆるレベルや領域のウェル・ビーイングを促進し擁護（advocate）すること）を充たしていることが求められる＊＊。

一方，テーマに関しては，大会の全体テーマを意識しながら，持続可能性，グローバル，開発途上国，貧困，高齢者・障がい者，消費者問題をはじめとする今日的な課題に応えることが，重視されている。さらに，国際学会のアブストラクトの作成においては，一定の英作文能力も求められる。そのため，出来る限り多数のすぐれた英文の論文やアブストラクトを読むことはもとより，英作文に関する基本的なスキルを高めながら，他方で，機械翻訳の適切な活用や翻訳の専門家によるチェックなど，効率的・効果的な手法を工夫すべきである。

［注］＊：澤井セイ子氏「家政学研究における家政学原論研究の意義」，『家政学原論研究』No.43（2009）pp.49-51

＊＊：IFHE "Position Statement 2008"および工藤由貴子氏「I2012 年 IFHE 世界大会から考える家政学的研究のあり方～IFHE の動向：2012 年メルボルン大会および査読委員会などをめぐって～」（家政学原論部会ラウンドテーブル話題提供資料）

■ 15　家政学的研究のアブストラクトの実際

国際的な家政学会でアクセプトされる内容・水準をもつ家政学的研究のアブストラクトの事例として，IFHE の *IFHE e-journal* や ARAHE の *The Journal of ARAHE* に掲載された論文のアブストラクトが参考になる。*IFHE e-journal* のアブストラクトは，会員，非会員を問わず，IFHE のホームページから閲覧できる。

＊事例 1～8 は省略

【付 録 2】

国連　ミレニアム開発目標 2011　ポジション・ステートメント

国際家政学会　INTERNATIONAL FEDERATION FOR HOME ECONOMICS
翻訳監修　一般社団法人日本家政学会家政学原論部会
「家政学原論行動計画 2009-2018」第 4 グループ

目　次

序文

2000年9月に，世界の指導者たちが，その10年間の主要な国連の会議とサミットをもとに築きあげた**国連ミレニアム宣言**を採択するためにニューヨークの国連本部に集まった。これは，それらの国が極端な貧困を減少させるための新しい地球規模のパートナーシップと，ミレニアム開発目標として知られるようになった一連の期限付きの目標（2015年を期限とする）の設定に関与するためのプラットホームを提供した。

8つの国連ミレニアム開発目標（MDG）（2015年までに，極端な貧困を半減させることから，HIV／エイズのまん延の阻止や普遍的初等教育の提供まで，全てにわたる）は，世界中の国々と世界の指導的開発機関によって合意された青写真である。それらは世界の最も貧しい人々のニーズを満たすための空前の努力を激励する。

2002年に始まった国連ミレニアム・キャンペーンは，MDGを支持し行動するように，世界中の人々を刺激し，奮い立たせている。

国際家政学会（IFHE）は，長年にわたる国連国際非政府機構（INGO）として，国連MDGに到達するさまざまな方法で国際的に貢献する立場にある。このことは，以下のことを含み，限定される。

- 国連MDGに関連するグループと特別な課題を支持する。
- 全てのレベルで，貧困を減少させるための家政学の知識の重要性とその資源に関する認識を高める。
- 家政学の視点から，必要なところに特別な専門的知識・技術を提供する。
- 国連MDGの目的を支援するために，調査研究を実施し，プロジェクトを実行する。
- 国連MDGを達成するために，他のNGOや国際機関と協力する。

8つのMDGに関するIFHEのポジション・ステートメントを掲載しているこの冊子は，同じ目的をもつ専門家の世界的組織としての家政学者とIFHEが，国連MDGの目的に到達する際に，そのキャンペーンを支援する方法を示している！

社会の全てのレベルについての家政学の知識と関連する専門的スキルは，効果的な国連MDGへの到達に関連しており必要である。

これらの目標はIFHEにとって非常に重要なので，その戦略的活動に統合されてきた。したがって，世界中の家政学者が，国連MDGへの到達に貢献する努力を強化し，貧困とそれにともなう疾病を終息させるための基礎的資源として家政学教育を促進することを強く願っている。

2011年2月，ボン
Geraldene B. HODELIN
IFHE会長（2008-2012）

序論

この小冊子には，個人レベルや組織レベルで専門職が取り組むグローバルな開発課題に関心を持っている家政者と個人に参考になり利用できるように，8 つの国連ミレニアム開発目標（国連 MDG）に関する IFHE ポジション・ステートメントが含まれる。IFHE ステートメントは以下のことを意図している。

- 各国連 MDG の背景となる情報を提供する。
- 因果関係に関する意識を高める。
- さまざまなレベルにおける行動のニーズを指摘する。
- 目標に到達する家政学の能力について言及する。
- 家政学の戦略の余地を示す。
- 活動領域を示す。
- 家政学者が活動することを刺激する。

この文書には 2 つの面がある：

1. この小冊子は，家政学者が，世界の全ての地域における国連 MDG を促進し支援するために，行動し，可能なときは常に関わり，必要なときにコミュニケートすることを刺激するものであり，資源と見なされるべきである。
2. IFHE ポジション・ステートメントは，MDG に到達するためには，全活動領域，全レベルで家政学の知識が重要であり価値を持っていることを示す。

ステートメントは，一人ひとりの家政学者が，ステートメントと他の進歩的な意見を毎日の実践に反映させ統合することができるとき，完成する。

詳細な情報と背景に関しては，この小冊子末尾の出典リストを参照のこと。

貧困の撲滅に関する方針書

国連ミレニアム開発目標 1:「極度の貧困と飢餓の撲滅」に関する IFHE ポジション・ステートメント

序論

国際家政学会（IFHE）は国連ミレニアム開発目標**「極度の貧困と飢餓の撲滅」**（MDG1）を支持する。

目標は，失業や最低生活費水準以下の収入の結果として生じる極度の貧困と飢餓と闘うために設定されている。IFHE の組織的な対応は，今後 4 年間の運営の 6 つの主要戦略目標の 1 つとして，「特に国連とのパートナーシップと協働を通じた生活の質（Quality of Life）の向上」を採択することである。

以下のポジション・ステートメントは，IFHE が MDG に関する議論に対して，特に国連 MDG 再検討サミット 2010 の参考資料として，貢献することを意図している。

2000 年には 189 カ国がミレニアム宣言に署名した。それは MDG の採択につながった。これら 8 つの目標は 2015 年までに達成されるように設定されている。

国連ミレニアム開発目標 1「極度の貧困と飢餓の撲滅」は 3 つの目標から成る：

- 第 1 の目標は，2015 年までに，1 日 1 ドル未満で生活する人々の割合を 1990 年から半減させることである。
- 第 2 の目標は，女性と若者を含む全ての人々の，完全で生産的な雇用とディーセント・ワーク（働きがいのある人間らしい仕事）を達成することである。
- 第 3 の目標は，2015 年までに，飢餓に苦しむ人々の割合を 1990 年から半減させることである。これらの目標の実現を測定するために，いくつかの指標が用いられる。

収入の貧困の多くの次元

貧困には多くの顔がある。不十分な収入は，食物，住居，他の物質的な必需品の不足につながる可能性がある。また，不十分な物的資源は，間接的に社会的排除，教育・健康・サービス・インフラストラクチャー（社会基盤）への不十分なアクセスのような他の次元の貧困につながる。

社会やコミュニティの一員として活動する機会が減少するかもしれない。貧困によって引き起こされる問題は，個人，家族，コミュニティを非常に大きな抑圧の下に置く。

変化する世界で生き残り人間の基本的ニーズを実現させるためには，新しいスキルが必要である。例えば，自分自身の食物を生産する能力が限られているとき，都市化は食物消費のパターンを変化させる。使用可能な物的資源がきわめて不十分である場合には，市場経済のなかの賢明な消費者としての活動に関する知識が必要である。

最も困難な形態では，貧困は非常に極端であるので，まさしく人々の生存を脅かす。この種の**絶対的貧困**は，主として開発途上国と結びついているが，世界の先進国の都市密集地のホームレスや絶望した人々の間でも見られる。

世界銀行の統計によると，極端な貧困の減少には前進が見られた。世界銀行は，（2005 年の価格で）1 日 1.25 ドルを基準線に設定し，極端な経済的貧困のなかで生活する開発途上地域の人口の割合が 1981 年の 52%から，2005 年の 38%まで下がったと報告している。

世界の全ての地域における貧困

それにもかかわらず，世界の地域の間には顕著な不平等が存在する。東南アジアでは貧困の割合は低下したが，サハラ以南アフリカでは貧困の減少は非常に遅い。サハラ以南アフリカでは，1 日 1 ドルのすぐ上で生活する人々の割合は 2015 年までに半減できそうにないが，東アジアでは 2015 年までに極端な貧困を 1990 年から半減させるという目標は既に達成された。ここ数年，世界的経済恐慌が，世界の最も貧しい地域の多くで貧困根絶への歩みを弱体化させる恐れがある。

貧困のリスクは世界中の国に存在している。先進国では不平等な富の分配が，驚くべきレベルの収入の貧困につながるかもしれない。これが起こると，社会的排除とその他の結果が続く恐れがある。欧州連合（EU）では，例えば EU 人口（約 7900 万人）の 16%が貧困の危険にさらされている。それは，彼らの収入がその国の平均収入の 60%未満に低下していることを意味する。

もちろん，最低生活水準は国によってかなり大きく異なる。しかし，同時に，人が生活している社会は個人のための生活水準と要件を設定する。資源と機会への適切なアクセスだけが，正常な社会的文化的生活への参加と基本的ニーズの充足を可能にする。基本的ニーズと資源がどのように定義されるかは，気候，文化的社会的パターン，国の経済活力などの状況によって決まる。

この種の**相対的な所得の貧困**について考えるとき，人が社会の縁に押し出されないことを保証する一つの共通する所得水準はない。また，富の再分配がどんなに発達しても，安全ネットから抜け落ちる人々の集団があり，この集団には特別な注意が向けられなければならない。

彼らは，しばしば，シングル・ペアレント，施設で生活する人々，少数民族，移民や亡命者，追放された土着の市民を含んでいるが，限定されない。彼らの多くは，社会的包括的に豊かな地域に近接して生活している。

また，家計収入を測定する統計は家族内の貧困を覆い隠すかもしれない。この場合，各家族員が同じ量の金額に近づく手段を持っているわけではない。家族のなかの女性，子ども，他の扶養家族が黙って貧困とその結果に苦しめられるならば，そのような状況が起こるかもしれない。この場合には，ジェンダー平等のあり方と貧困とのリンクが，特に目に見える。

さまざまの問題が貧困の多くの次元で起こっていることに絶えず注意が向けられるべきである。特に子どもの状況に注意する必要がある。扶養家族が，物質的感情的に難題に直面し，擁護する能力を欠くとき，あるいは文化的偏見やタブーがあるために，この状況はしばしば悪化する。

貧困と飢餓の撲滅における家政学の役割

国際家政学会（IFHE）は国連（ECOSOC，FAO，ユネスコ，ユニセフ）および欧州評議会の諮問機関の地位にある国際非政府組織（INGO）である。IFHE は，研究刊行物，教育，支援をとおして，個人，家族，コミュニティ，政策立案者に影響を与える。IFHE は，個人と家族のニーズに奉仕し，その核となる目的を満たす際に，関連グループや組織と協働する。

IFHE 会員の出身分野は，ホスピタリティやサービスに基づく組織と同様に，学界，コミュニティに基づく職業，企業の消費者サービスである。IFHE に関係する家政学者は，毎日の生活資源の管理の基本的ニーズと実践的関心に焦点を合わせている。また，IFHE は，常に変化し常に挑戦的な環境のなかで，社会的レベルやグローバルなレベルで，個人と家族のウェルビーイングに影響を与える課題に関係している。IFHE の究極の目標は，個人，家族，世帯の毎日の生活の質の向上である。

貧困の緩和，ジェンダー平等，社会正義に関係する事項は家政学者の優先事項である。貧困の根絶は全てのレベルでの活動を必要とする。それは世界的および国家的な政策と統治を意味するが，それはまた，コミュニティ，家族，個人のレベルの仕事を含んでいる。

個人，家族，コミュニティの生活の質（QOL）の向上は家政学の特別な焦点である。家政学者は，学際的専門分野（multi-disciplinary）のなかで働いているので，貧困の多くの次元に気づいている。また，基礎的物質的なニーズの充足に加えて，家族生活およびコミュニティのメンバーとして活動する能力に注意が向けられなければならない。

家政学教育は，変化する世界の消費者社会のメンバーとして最も優れた実践，技術，行為に関する知識を向上させることができる。家政学教育とベスト・プラクティスは，たとえば，食料生産，栄養のスキルと健康と同様に，家庭資源管理，ジェンダー平等，衛生と水利用，収入を生むスキル，持続可能な家庭での生産を含む。

知識を毎日の生活スキルに転換することによって，先進国と開発途上国の両方で，個人，家族，コミュニティが乏しい資源を最も上手に利用できるようになり，また，持続可能な方法でそれらに価値を付加することができる。これらのわずかな例にも示されるように，家政学のスキルは貧困と飢餓の減少に効果的に貢献することができる。

家庭は日々の生活の場所であるので，家政学と家政学教育は発生する問題を認識し，草の根レベルからの声を聞くことができる。絶えず変化している世界への対応として，家政学の新しいアイデア，実践，研究結果が開発され，グローバルに分配され，必要なところで利用される。

家政学の特別な興味，文脈，関心事としての家庭は，効果的な方法で新たに開発された知識を実行に移す場所である。

家政学者は，個人，家族，コミュニティの毎日の生活についての専門的技術を持ち，貧困や飢餓をさらに減少させる必要性についての認識をもたらし，統治や政策立案レベルで行動することができる。

IFHE の方針

国際家政学会は，個人会員と組織会員を通じて，また会員に代表される 50 カ国以上の国で地域レベルで活動することを通じて，国連のイニシアティブ（新規構想）をグローバルに支援する。また，IFHE は個人，家族，コミュニティの毎日の生活の質を向上させる仕事において，貧困に対する闘いに関わっている。

人々の毎日の生活の質の向上に中核的関心をもっている IFHE は，全てのレベルの政府と関係者が次のことをするよう要求する。：

- 各国の貧困を根絶する努力を強化する。
- 全ての市民が基本的教育を受け，自分たち自身の生活の質（QOL）の向上につながる経済発展に参加できるようにする。
- 資源の利用と全ての市民のニーズの充足における不正やずさんな管理と継続的に闘う。

IFHE はその継続的な専門的活動を通して以下のことに関与する。：

- **日々の生活の視点から社会の全てのレベルにおける貧困の根絶を促進する**
- **貧困を複雑な現象として理解する**
  貧困は，個人，家族，コミュニティに対して，物質的だけでなく，心理的社会的な意味を持っている。貧困の様相は多様であり，世界のさまざまな地域と国においてさまざまな形態をとる。
- **変化する世界で貧困の課題に立ち向かうために，家政学教育を広げ，この推進力を支援する**
  収入の貧困，利用可能な資源の効果的で持続的な利用，消費社会における適切な行動は，家政学教育の特別な焦点領域である。
- **IFHE 会員の専門的発達と協働を広げる**
  学問の一分野としての家政学は，貧困の根絶に関する新しい知識を作り出すことができる。家政学者のネットワークと協働によって，この知識は必要なところで実践に適用することができる。
- **貧困の根絶を促進するために政策と公開の議論に影響を与え発展させる**
  協働の組織と枠組みとしての IFHE は，グローバルなレベルで政策に影響を与えるだろう。これはまた，他の国際 NGO との協働を含んでいる。IFHE の個人会員や組織会員は，地域課題に最もよく気づいていて，地域レベルおよび国家レベルで働くだろう。
- **FAO での仕事をとおして極端な貧困と飢餓の撲滅を支援する**
  IFHE は，1952 年以来 FAO の諮問機関の地位にある。
- **貧困の撲滅における家政学の可能性についての認識を促進する**
  家政学研究と家政学教育を通して，家政学の視点が日々の生活の領域と同様に，考慮されるべきである。

初等教育に関する方針書

国連ミレニアム開発目標２（MDG2）：「普遍的な初等教育の達成」に関する IFHE ポジション・ステートメント

序論

国際家政学会（IFHE）は国連ミレニアム開発目標「普遍的な初等教育の達成」（MDG2）を支持する。

IFHE は，2009 年に今後 4 年間の運営上の 6 つの主要戦略目標の一つとして，「特に国連とのパートナーシップと協働を通じた生活の質（Quality of Life）の向上」を採択した。

以下のポジション・ステートメントは，IFHE が MDG2 に関する議論に貢献することを意図している。MDG2 は，2015 年までに世界の全ての地域で，男子と女子が平等に，初等教育全般を確実に受けられるようにすることを目標として定められた。

テーマの要約

全ての子どもに初等教育を

「初等教育は，全ての社会，そして国際競争力をもつ経済の，基盤である。初等教育は，貧困と不平等を減らし，健康を向上させ，新技術の活用を可能にし，知識を創造・普及させるための基礎である。ますます複雑さと知識依存性が高まっている社会において，高等教育への門戸としての初等教育こそ最も優先されねばならない。」（世界銀行グループ・グローバル・データ・モニター情報システム）

普遍的な初等教育とは，適齢に学校に入学することだけではなく，さらに教育制度に従って上級に進んでゆき，教育のサイクルを完了することである。MDG2 の狙いは，世界の全ての子どもが初等教育の全課程を修了できるようにすることである。

進歩を測定する指標は以下のとおりである：

- 初等教育実質就学率
- 小学校入学児童数に対する，小学校最終学年児童数の比率
- 15～24 歳の若者の識字率

IFHE は，国際非政府組織（INGO）であり，国連機関（経済社会理事会，食糧農業機関，ユネスコ，ユニセフ）および欧州評議会の諮問機関として公認されている。

現状

初等教育への純就学率は世界中で改善されてきている。東アジア，太平洋地域，中南米とカリブ海地域では，就学率はほぼ全員といえる水準に達しつつある。さらに，より就学率の低い南アジアやサハラ砂漠以南のアフリカにおいて，過去 2～3 年間に大きな前進がみられた。

ユニセフの 2000〜2006 年の統計によると，60 カ国以上の途上国において，初等就学年齢の子どもの少なくとも 90%が実際に就学していた。実質就学率は，学校への入学数であらわすが，教育上の成果をあらわす指標としては，15〜24 歳の若者の識字率の方がよいとの示唆もある。

全世界の若者の識字率が，1990 年の 76%から 2005〜2008 年には 86%に上昇したことは，勇気づけられる。その背景には，入学児童数が増加すると同時に，在学期間も長くなっていったことがある。教育的成果の指標としては，実質就学率のみよりも，若者識字率の方がよりよい指標であるから，識字率向上のための努力を支援すべきである。

しかしながら，課題はいまだに存在している。地域としての平均値が高いことで，一部の国では遅れている実情が隠れてしまうのである。全ての地域において，少なくとも 2，3 カ国はまだ軌道に乗っておらず，2015 年までに「全ての人に教育を」という目標を達成し得ない可能性が高い。

小学校就学年齢の 7500 万人以上の子どもが，いまだに就学していない。そのほとんどは南アジアとサハラ以南のアフリカである。さらに，南アジアとサハラ以南アフリカの小学校卒業率は世界最低で，それぞれ，62%と 80%にすぎない。教育の真の効果を享受するには，就学しているというだけでは不十分なのである。生徒たちは，入学後も授業出席をずっと続け，識字力を身につけねばならない。

目標達成への軌道に乗れていない，問題が最も深刻な国々では，教育の利益を享受できない世代が今後も数世代続いてしまうという事態を避けるためにも，前進を大幅に加速する必要がある。

開発の不平等

途上国においては，学校から取り残されるのは，男子よりも，もっぱら女子である。多くの国で，女子を教育することは男子の教育よりも価値が低いと考えられている。未就学の子どものなかの性別の不均衡は，1999 年に比較して 2008 年ではそのギャップは狭まっている。全世界的には，未就学の子どもグループに占める女子の割合は，同期間中 57%から 53%に低下している。しかし，一部の地域では，女子の割合はそれよりはるかに大きい。例えば北アフリカでは，未就学の子どもの 66%は女子である。農村地域の子どもの方が，都市部の子どもよりも未就学の可能性が高い。また，この農村対都会のギャップも，男子に比べ女子の場合の方が，わずかではあるが大きい。

周辺化された人々の集団における子どもの問題にも注意をむける必要がある。これらの子どもたちは，教育に対する権利は平等にあるが，教育を受ける機会がより限られている。これらの集団には，先住民，文化的少数民族，ストリート・チルドレン，障害児，言語障害児，などがある。

これらの集団の子どもたちには，標準的学校教育では不十分な場合が多いので，彼らを入学させるためには新しいアプローチを創造する必要がある。

教育への投資は社会ニーズ

子どもたちが初等教育を受けていない理由は社会的および文化的障壁を含め，さまざまである。しかし，教育への最大の障害は貧困である。

授業料をはじめ，地域社会への寄付，教科書代，制服代などの間接費は，貧しい家庭にとっては大きな負担である。サハラ以南アフリカでは，貧しい家族の場合，学校費用が家計所得の4分の1を占める。数カ国の途上国における経験からわかったのは，学校無料化は，就学率を改善する非常に効果的な方法であるということである。

しかし，学校費用を廃止することだけでは問題解決にはならない。社会が学校教育制度に投資すべきである。生徒の卒業率が低い国においては，教師を訓練し，授業を拡充し，教育の質の改善をしていく必要がある。

2010年から2015年の期間に，サハラ以南アフリカで必要とされる新しい教師の数は，その地域の現在の教師数に匹敵する。また，社会が対応せねばならないその他の障壁の例として，交通手段の欠如，子どもの安全に関する親の無関心などがあげられる。普遍的な初等教育を達成するための全体的なアプローチとしては，教育のあらゆる段階，種類，形態を開発するための投資が必要である。

国連MDG2「普遍的な初等教育の達成」への家政学の貢献：

IFHE（家政学の専門家たちのグローバルなネットワーク）は，国連機関（経済社会理事会，食糧農業機関，ユネスコ，ユニセフ）および欧州評議会の諮問機関の地位にある国際非政府組織（INGO）である。

IFHE会員の出身分野は，教育界，学界，コミュニティに基づく職業あるいは企業の消費者サービス，ホスピタリティーやサービスに基づく組織などである。IFHEに所属する専門家たちは，個人および家族の日常的な基本的ニーズを満たすうえでの，基本的および実践的な諸課題を主要テーマとしている。また，こうした課題が，絶え間なく変化を続ける環境の下，いかに個人および家族に，また彼らのウェルビーイングに，社会レベル，およびグローバルなレベルで影響を与えているか，をもとりあげている。

IFHEは，世界中の会員を代表して，国連MDG2「普遍的初等教育の達成」を支持する。地域社会および教育の多様な背景をもとに，家政学の専門家たちは子どもたちが初等学校に行けるための基礎を作ることに活動を集中している。地方と都市部の個人と家族の仕事を円滑化し専門化することによりこれを行うのである。これは特に農村世帯にとって重要である。農村では，子どもたちはしばしば家事または農作業の手伝いをすることが必要である。しばしば，農村世帯では親は年長の子どもたちの進学を阻むことがある。弟や妹の世話をしたり農作業を手伝ったりするかたちで，彼らが世帯の生産活動に貢献することを必要としているからである。

今や，家庭や農園で基本的な家政学・家庭科の過程 process の知識を開発し適用することによって，より多くの家族が，特に農村地帯に住み貧困である可能性の高い家族が，子どもを学校に入れる機会を持つ。

子どもの健康との関連から，十分な食料の供給が非常に重要である。栄養状態は，子どもの集中力，学習能力に大きな影響をもつ。

栄養と保健について家政学の専門家たちが研究，実践，積極的な参加をするのは，子どもたちの健康状態を向上させる最善のやり方についての理解を深めることに効果がある。この知識を実践することが，子どもたちの就学を可能にするのである。

最近の国連ミレニアム開発報告に示されるように，未就学の女子は男子よりも多い。女子の教育は男子の教育ほど重要ではないとしばしば考えられているからである。家政学の専門家たちは，女性はしばしば男性とは異なった能力をもつことを認識している。これらの能力が，世帯の経済的発展を持続させ，ひいては彼女たちの社会的地位向上と家庭および農場の生産性向上を生み出している。

IFHE ステートメント

IFHE は，家庭における女性の役割の重要性を認識し，ジェンダー平等の実現のためには家庭での女性の地位強化が重要であることを認識している。女子が初等教育を受けるチャンスを向上させるうえで，これらの変化を支援することが肝要である。

家政学専門家たちがさまざまな分野で行う研究は，個人と家族のウェルビーイングと公正な扱いを確保するプロセスについての新しい知識を生み出すことに貢献している。世界中で，こうした専門家たちが彼らの研究を統合することで，初等・中等教育の家庭科のカリキュラムを作成している。

学校で学んだ家庭科の基礎的知識や技能は，家庭で使われることで家族全員が能力を身につけることを可能にする。これにより，先進国・後進国を問わず，家族の生活の質が向上する。

IFHE の方針

IFHE は継続的な専門活動を通じて次のことに関与する。：

- **子ども，特に女子を就学させるために，家族をエンパワーする**
  IFHE は，子どもたちの就学のための基礎を構築するために，都市および地方の世帯に家庭科のスキルを教える努力を強く支持する。
- **学校への注目の基盤として，貧困と飢餓を軽減する**
  IFHE は，その国際的仕事および「食料安全保障と栄養と保健」プログラム委員会を通じて，「食料への権利」への現在の支援を継続する。貧困と飢餓を削減することは，貧困地域の子どもたちの就学への機会向上と，学校での学習をより効率的にすることに貢献する。
- FAO（国連食糧農業機関）
  女子の就学の機会を向上させる
  IFHE は，文化的伝統と家族の伝統を尊重しつつ，ジェンダー平等達成にむけた努力を支持する。
- 家族に関する NGO 委員会
  初等および中等学校で恒久的な家庭科教育を実施し，生活の質の向上をはかる。IFHE は世界中の教育専門家の交流のプラットフォームとしての「教育と訓練における家政学・家庭科政策」プログラム委員会によって，その努力に対する支援を行う。

ジェンダー平等に関する方針書

国連ミレニアム開発目標 3:「ジェンダー平等の推進と女性の地位向上」に関する IFHE ポジション・ステートメント

序論

国際家政学会(IFHE)は国連ミレニアム開発目標**「ジェンダー平等の推進と女性の地位向上」**（MDG3）を支持する。目標は，教育や社会の他の領域でのジェンダー不平等を根絶させるために設定されている。IFHE の組織的な対応は，今後 4 年間の運営の 6 つの主要戦略目標の 1 つとして，「特に国連とのパートナーシップと協働を通じた生活の質（Quality of Life）の向上」を採択することである。

以下のポジション・ステートメントは，IFHE が MDG についての議論に，特に国連ミレニアム開発目標再検討サミット 2010 の参考資料として，貢献することを意図している。

国連ミレニアム開発目標 3「ジェンダー平等の推進と女性の地位向上」は，できれば 2005 年までに初等教育と中等教育におけるジェンダー不平等を排除し，2015 年までに全てのレベルの教育におけるジェンダー不平等を排除するために設定された。目標の実現を測定するのに，いくつかの指標が用いられる。目標は特に教育に関して設定されるが，それは，より広い視点にも，またジェンダー平等問題にも影響を与えるだろう。教育を受けた女子は，より高い経済的自立能力と社会の多くの領域に参加する能力をもつ女性になる傾向がある。ジェンダー平等は，個別の目標としてだけではなく，8 つの各目標の達成を加速する方法であると考えられるべきである。

教育におけるジェンダー平等

世界の 1 億 1000 万人以上の子どもは学校に行っておらず，その 3 分の 2 が女子である。世界の 8 億 7500 万人の文盲の成人のうち，3 分の 2 が女性である。ここ 20 年間に小学校の女子の実質就学率（NER）が改善したように，前進が見られる。1991 年には，男子 100 人あたり女子 88 人が小学校に通っていたが，2006 年には男子 100 人あたり女子 97 人に改善した。しかしながら，達成率は低く，高等教育について検討すると，ジェンダー格差はさらに大きい。

世界の地域間には大きな不平等がある。多くの貧しい国では，家族が経済的困難に遭遇するとすぐに学校から離れるのは女子である。家庭における仕事の経済価値は教育の価値より大きいと考えられている。また，男子が学校に留まることは，女子より重要であると考えられている。

しかし，教育の効果は個人レベルと国家レベルの両方で大きい。国家が男子と女子の両方を教育するとき，経済生産性は上昇する傾向があり，通常，産休や育児休業の割合は減少し，出生率は低下し，次世代の健康と教育の見通しは改善する。

家族の態度だけではなく，教師や行政機関の態度もまた，固定観念を助長しており，女子と男子の両方に対する差別的教育の一因となっている。この問題には，先進国もまた直面しているかもしれない。そこでは，両方のジェンダーの就学率は高いが，家政学・家庭科のように，科目のなかには「女子科目」としてだけ，あるいは「男子科目」としてだけ見られるものもあるかもしれない。

社会と家庭における平等

ジェンダーの不平等は労働市場における女性の機会を制限する。開発途上国では，しばしば女性の仕事が家庭における無償労働であるのと同じように，男性は家族の稼ぎ手と考えられている。あるいは，もし女性が雇用されていても，通常，賃金が安く地位の低い仕事に従事している。女性と男性が同じ仕事をしているときさえ，先進国でも，開発途上国と同じように，女性はしばしばその仕事から，より少ない賃金，より少ない利益しか受けとることができない。

しばしば，無償の保育経済と理解されているリプロダクティブな仕事（生殖に関する仕事）における女性の大きな役割は，統計的に目に見えないだけでなく，過小評価されている。経済的困難に出会うとき，有償労働と家庭における無償労働の両方の重荷が女性の肩にかかるかもしれない。女性は世界の労働の3分の2を成し遂げていると見積もられているにもかかわらず，世界の収入の10分の1しか賃金を得ていないし，世界の財産の1%未満しか得ていない。世界中の女性が，男性よりも，より長い時間，より少ない報酬で働いている。

家庭に全くジェンダー平等がなければ，教育や雇用におけるジェンダー平等は実現できない。家政婦としてだけの女性の役割に基づく態度は，女性の権利を制限するばかりでなく，家族の他のメンバーの権利もまた制限する。家族が家族と家事への責任を共有する女性と男性のパートナーシップの上に築かれるとき，家族はまた，等しい意思決定と子育てのための良い環境を提供する。

ジェンダー差別は暴力や重大な健康問題の形を取ることがある。世界中の女性の3人に1人が，生涯のうちに，殴られたり，セックスを強制されたり，または別の方法で虐待される。サハラ砂漠以南のアフリカ諸国では，HIV／エイズが15～24才の年齢層，特に若い女性にとって，脅威になっている。男子1人に対して，女子2人が感染している。これらの不平等の重大な結果は，ジェンダー平等のための仕事のなかのいくつかの要素との相関の1つを思い出させる。全ての人々の生活の質のために，女性と男性との間の平等で尊重しあえるパートナーシップと同様に，教育と，コミュニティにおける議論の余地のないメンバーとしての地位が全て必要である。

厳しいジェンダー役割と不平等は，「文化的伝統」によってしばしば正当化される。しかしながら，ジェンダー平等について話すことは，基本的人権について話すことである。女性の等しい可能性とエンパワーメントは将来のMDGと持続可能な開発に到達するために絶対に必要である。伝統は時間がたつにつれて変化するかもしれない。政策立案は現状を移行させる効率的なツールである。しかし，草の根レベルに対する態度を変化させる仕事が必要である。

ジェンダー平等の推進における家政学の役割

国際家政学会（IFHE）は，国連（ECOSOC，FAO，ユネスコ，ユニセフ）および欧州評議会の諮問機関の地位にある国際非政府組織（INGO）である。IFHE は，研究刊行物，教育，支援をとおして，個人，家族，コミュニティ，政策立案者に影響を与える。

IFHE は，個人と家族のニーズに奉仕し，その中心核となる目的を充足させる際に，関連グループや組織と協働する。IFHE 会員の出身分野は，ホスピタリティやサービスに基づく組織と同様に，学界，コミュニティに基づく職業，企業の消費者サービスである。IFHE の究極の目標は，個人，家族，世帯の毎日の生活の質の向上である。

貧困の緩和，ジェンダー平等，社会的正義に関連する事項は家政学者の優先事項である。

家政学者は，教育，雇用，ビジネスにおける平等の重要性を認識している。女性と男性の両方が初等教育や高等教育にアクセスできるべきであり，知識が与えるエンパワーメントを通して雇用やビジネスで活動するべきである。技能の習得や平等の機会の獲得はまた，家庭での生活の質（QOL）を向上させる。

家政学的見地からみて，家庭における家族生活は平等なパートナーシップの上に築かれるべきである。それは一方では，互いを尊重する態度を意味するので，どんな女性もどんな男性も抑圧されない。それは他方では，家事やその他の家族生活の義務についての平等な議論と分担を意味する。

家庭における平等の促進は，家政学者にとって専門的で特別な領域である。女性がますます雇用されるようになっているので，新しい可能性が女性に対する二重の重荷を意味する状況を回避するために，家庭の領域に注意を払うことが決定的に重要である。家政学は女性と男性の両方のワーク・ライフ・バランスが実現することを望んでいる。

家政学的見地からみると，両方のジェンダーのための基礎的家政学教育が彼らの毎日の生活のためのスキルを強化する。それは，女性に，経済的問題，ストレスの多い時間管理，不平等な重荷を回避するために，適切に資源を用いることができるようにする。

ジェンダー平等のための全ての努力の背景には，エンパワーメントという考え方がある。差別に対抗して，自信と，自らのために話し行動する能力を獲得するために，教育などのツールが与えられるべきである。家政学の文脈においては，エンパワーメントはまた，家庭での無償労働を，多くの国で伝統的にそれに関わってこなかった男子と男性にとって，より意味のあるものにすることである。これは家政学者と家政学教育の課題である。

IFHE の方針

IFHE はその継続的な専門活動を通して以下のことに関与する。：

- **家政学とそれ以外の分野の両方において，教育のジェンダー平等への積極的な態度と，コミュニティへの参加を促進する**
- **女性と男性が，家庭と同様にコミュニティでも平等に活動できるようエンパワーする**
  平等なパートナーシップは個人の生活の質（QOL）を向上させるだけでなく，国の状態を向上させる。
- **女性と男性の両方に対する有償労働の機会を促進する**
  家庭と経済における前提条件は，女性と男性のワーク・ライフ・バランスを可能にするための男女両方のニーズおよび家族生活のニーズと一致していなければならない。
- **家政学者がジェンダー問題に敏感であるよう奨励する**
  家政学は毎日の生活についての分野と考えられるべきである。そこでは男性と女性の両方が等しくかかわっている。状況によっては，ジェンダーへの敏感さは，時々，特定のジェンダーに働きかけることを意味し，女性と男性のどちらかに向けたメッセージとなる。
- **女性が経営する家庭が，教育と女性に対する収入を生む機会の促進を通して，教育や貧困・飢餓に打ち勝つようにする**
  IFHE は，先進国と途上国の女性，特にシングルマザー，および家族のさまざまな課題を認識している。
- **家政学・家庭科を男子と女子の両方のためのカリキュラム領域として促進する**
  家政学・家庭科教育は，学生に専門を決定させ，行動を方向づけさせ，生活のために準備させることによって，自分自身の資源と能力を発見し，さらに発達させることを促進する。これらのスキルは両方のジェンダーにとって重要である。
- **会員の専門的能力開発と協働を促進する**
  学問の一分野および職業としての家政学は新しい知識を作り出したり，ジェンダー平等に関連する「ベスト・プラクティス」やプロジェクトを紹介したりすることができる。この知識は家政学者のネットワークと協働によって普及させることができる。
- **ジェンダー平等を促進するために，政策と公開の議論に影響を与え，発展させる**
  協働の組織と枠組みとしての IFHE は，グローバルなレベルで政策に影響を与えるだろう。 また，これは他の国際 NGO との協働を含んでいる。IFHE の個人会員と組織会員は，地域課題を最も意識しているが，地域レベル，国家レベルで影響を与えるだろう。

幼児死亡率に関する方針書

国連ミレニアム開発目標 4：「幼児死亡率の減少」に関する IFHE ポジション・ステートメント

序論

国際家政学会（IFHE）は，国連ミレニアム開発目標**「幼児死亡率の減少」**（**目標 4：MDG4**）を支持する。IFHE の組織的な対応は，今後 4 年間の運営の 6 つの主要戦略目標の 1 つとして，「特に国連とのパートナーシップと協働を通じた生活の質（Quality of Life）の向上」を採択することである。

IFHE は，以下のポジション・ステートメントによって MDG に関する議論に貢献するであろう。

MDG4 は，1990 年から 2015 年までに，5 歳未満の幼児の死亡率を 3 分の 2 減少させることである。

背景

「5 歳未満児のおよそ 900 万人が毎年死亡している。幼児の死亡のおよそ 90%は，ちょうど 6 つの状況（出産前後の死亡，肺炎，下痢，マラリア，はしか，HIV／エイズ）に起因している。1960 年から 1990 年の間に，開発途上国の幼児死亡率は，5 歳未満の『10 人の幼児のうち 1 名が死亡』までに半減した。目標は，2015 年までにさらに幼児死亡率を 3 分の 2 引き下げることである。」（世界保健機関 WHO）

国連ミレニアム開発目標 4 は，世界中の幼児死亡率を減少させることを目指す。

次のような指標が考えられる：

- 5 歳未満児の死亡率
- 乳幼児死亡率
- はしかの予防接種を受けた 1 歳児の割合

成果と課題

幼児死亡率の減少はかなり進んでいる。2008 年現在，1990 年に比べて死亡する幼児は一日当たり 1 万人減少した。前進が大きいのは，北アフリカ，東アジア，西アジア，ラテンアメリカ，カリブ海であるが，さらに，バングラデシュ，ボリビア，エリトリアのような世界の最貧国の一部でも前進があった。

このような成果にもかかわらず，多くの国では未だにあまりにも高い水準の幼児死亡率にとどまっており，近年もほとんど，あるいはまったく前進がない。生まれた幼児 1,000 人あたり 40 人以上が死亡する高い幼児死亡率をもつ国が 60 以上ある。これらの国がミレニアム開発目標 4 を達成するのは非常に困難になるだろう。幼児死亡率が最も高いのは，依然としてサハラ以南アフリカであり，2008 年現在では，7 人に 1 人の幼児が 5 歳の誕生日を迎える前に死亡している。

その上，高い出生率は死亡する幼児の絶対数の増加をもたらしている。南アジアでも 5 歳未満児の死亡率は高いままである。

多くの幼児が予防可能な病気で死亡する

5歳未満で死亡する幼児の大部分は，富める国では容易に予防可能な原因で死ぬ。急性呼吸器疾患，下痢，はしか，マラリアはこれらに関する例である。また，HIV／エイズ流行病も乳幼児死亡を押し上げている。

保健管理システムの改善は，幼児死亡率を減少させる最も効果的な方法の1つである。適切な予防接種がなければ，幼児ははしかと他の伝染病で死に続けるだろう。例えば，ユニセフは大規模な免疫キャンペーンに組織的に取り組んでいる。地方のボランティアはワクチンを接種し免疫力を高めることができるように訓練される。

「全世界的にはしかの予防接種率は上昇を続け，これによって，数百万人の子どもたちが命にかかわることも多いこの病気から守られている。開発途上国地域全体の予防接種率は2000年の70%から2008年には81%へと改善した。しかし，こうした平均値は予防接種普及の大きな格差を覆い隠している。178件の人口・保健調査によると，社会的・経済的階層の間ではしかの予防接種率に大きな開きがあり，貧困世帯や地方の世帯，または，親の教育水準が相対的に低い世帯の子どもは，予防接種を受けられる可能性も低くなっている。後で生まれた子ども（すなわち，兄や姉が多い子ども）も予防接種率が低い傾向が見られる。南アジアの数カ国を除き，男子と女子の予防接種率の差は大きくない。」※（国連ミレニアム開発目標報告 2010）

※国際連合広報センター（UNIC）「国連ミレニアム開発目標報告 2010」，p. 28，より引用
http：//www.unic.org

急性呼吸器疾患のための抗生物質，下痢症のための経口補水，予防接種，さらにはマラリアのための殺虫剤で処理した蚊帳や，適切な医薬品の使用など，安価な予防と治療処置を通して多くの命を救うことができる。新生児とその母親の看護，乳幼児の授乳・食物の供給，下痢・肺炎・敗血症の予防と事例管理，HIV/エイズの予防と看護も重要な有効な介入であり，毎年，何百万人もの命を救うことができる。

生活環境にも注意が払われなければならない。給水，公衆衛生，保健サービスへのアクセスの改善は，コミュニティ支援だけにとどまらず，個々人や，特に致命的な病気になるリスクが高い幼児も支援する。また，栄養不良は死亡のリスクを高めるので，十分な栄養供給が重要な役割を果たす。病気予防を促進するためには，教育が必要である。

しかしながら，これらのプログラムと改善は基金に依存している。資金不足が解消できなければ，最近の成果は短期的に終わるおそれがある。

国連ミレニアム開発目標4を達成するための家政学の貢献：「幼児死亡率の減少」

国際家政学会（IFHE）（家政学専門家のグローバルなネットワーク）は，国際非政府機構（INGO）の1つであり，国連（ECOSOC，FAO，ユネスコ，ユニセフ）および欧州評議会の諮問機関の地位にある。

IFHE会員の出身分野は，研究者，コミュニティに基づく職業，企業の消費者サービス，ホスピタリティやサービスに基づく組織である。IFHEの会員である専門家は，個人と家族の日常生活における基本的ニーズと実践的な事柄，および個人レベルとコミュニティレベルの両方でのそれらの重要性に焦点をあてている。

また，IFHE は社会レベルとグローバルなレベルで個人と家族に影響をおよぼす問題に関係することによって，常に変化し常に挑戦的な環境において，個人と家族のウェルビーイングを高めることがきる。

日常生活と家庭を統率する能力の強化は，世界中の家政学の関心事である。しかし，最も重要なのは開発途上国においてである。なぜならば，家政学における，特に，保健教育における知識と技能の不足によって生命にかかわる事態が引き起こされるからである。

子どもたちの命を救い生活改善を促進するのは，家族と女性である。家庭や家族の周辺の公衆衛生と衛生学教育は，特に乳幼児についての技能と重要な知識を，家族と女性に伝える。この種の基本的教育は，汚染に影響を受ける伝染病や疾病と闘ううえで不可欠である。

これらの種類の病気に関する教育は，幼児死亡率を引き下げる決定的な要素である。家政学からみれば，きれいな飲料水へのアプローチは，特に食事の準備や乳幼児の入浴によって，乳幼児の育成にかなりの影響を与える。加えて，もちろん，HIV／エイズ予防教育は母体の健康と幼児死亡率に影響を与える。

家政学者は，誰のためにも十分で適切な食物の重要性を認識し，常に強調する。栄養状況の向上（質的，量的ともに）は，幼児とその家族全員の身体を強健にすることを意味する。食物の位置づけは，本来，病気に対して，そして幼児の命を救うことに対して，重要で意味のある影響力をもっている。

IFHE は，継続的な専門活動を通して以下のことに関与する。：

- **IFHE は，保健管理システムの改善を求める**
  保健管理システムは全ての人が治療を受ける手段を得られるように改善されなければならない。さらに，IFHE は，全ての乳幼児，青年，成人が無料のワクチンを得る手段を要求する。
- **伝染病に関する教育**
  伝染病の予防に関する知識によって，家族と地域は幼児とその両親の死を回避することができるに違いない。
- **貧困を減少させる努力を強化する**
  貧困や飢餓の減少は，長い間，IFHE の最優先事項である。貧困や飢餓の減少は，本来，家族，世帯，特に幼児の健康に影響する基本的状況を改善させる。
  IFHE は，国際的な活動と「食料安全保障・栄養・健康」プログラム委員会を通して，長い間，「食物に対する権利」を支持している。
- **ユニセフ支援を通して，幼児の状況を改善する**
  IFHE は，1970 年以来ユニセフの諮問機関であり，ユニセフの NGO 委員会，少女に関するワーキンググループで働いている。

母親の健康に関する方針書

国連ミレニアム開発目標 5：「母親の健康改善」に関する IFHE ポジション・ステートメント

序論

国際家政学会（IFHE）は国連ミレニアム開発目標「母親の健康改善」（MDG5）を支持している。IFHE の組織的な対応は，今後 4 年間の運営の 6 つの主要戦略目標の 1 つとして，「特に国連とのパートナーシップと協働を通じた生活の質の向上」を採択することである。

以下のポジション・ステートメントは，IFHE が MDG に関与する議論に貢献することを意図している。

ミレニアム開発目標 5 は，2015 年までに，母親の死亡率を 1990 年から 4 分の 3 減少させ，2015 年までにリプロダクティブ・ヘルス（性と生殖に関する健康）への取り組みを，全世界に完全に普及させることである。

要約

「50 万人以上が，毎年，妊娠中や出産時に死亡している。すなわち，毎分 1 人が死亡し，その 99％が開発途上国においてである。妊娠中や出産時に命が危険にさらされるのは，アフリカでは 22 人に 1 人，一方，アジアでは 120 人に 1 人，先進国では 7300 人に 1 人である。」（国連人口基金／国連貧困撲滅 2015 キャンペーン）

国連ミレニアム開発目標 5 の目指す処は，母親の死亡率を全世界にわたって減少させ，リプロダクティブ・ヘルス（性と生殖に関する健康）への普遍的なアクセスを達成することである。

以下の目標が検討されなければならない。

- 母親の死亡率
- 熟練した保健員に支えられた出産率
- 避妊普及率
- 10 代の若者の出産率
- 妊産婦検診範囲（少なくとも 1 回の検診，少なくとも 4 回の検診が好ましい）
- 家族計画が充分でないこと

一様でない進展状況

開発途上国の 50 万人以上の女性が，毎年出産時あるいは妊娠時に死亡する。さらに，毎年少なくとも 1000 万人の妊婦が，妊娠中と出産時に，傷害・伝染病・身体障害に苦しんでいる。これらのほとんどは，熟練した緊急の看護が受けられないことから起こる。妊娠・出産から生じる複雑で困難な問題は，開発途上国の生殖可能な年齢の女性の死亡と身体障害の主な原因である。

幾つかの国では，母親と新生児の高い死亡率が妊娠・出産期の女性に対して熟練した看護を提供することで改善されてきた。しかしながら，特にサハラ砂漠以南のアフリカ諸国と中南部アジアでは，一生のうち妊娠中あるいは出産時に死亡する危険は高いままである。これらの地域では出産する女性の半数以下の女性しか，熟練した人々の手助けを受けていない。女性の死亡の99%が開発途上国で生じており，その半数以上がアフリカである。上位75カ国が全世界の母親死亡の97%を占める。

10代の妊娠は，母親の死亡という悪循環を引き起こしており，リプロダクティブ・ヘルスへのアクセスが制限されていることを示している。10代の妊娠出産は，1990年から2000年までの間に，ほとんどの低所得の国々・中程度の国々で減少した。しかし，どちらの国々も，2000年から2005年の間に，そのままか，わずかに増加した。避妊薬の使用は最も貧しい女性と教育を受けていない女性で最も少ない。こうして，貧困と教育を受けないことが10代の出産率をいつまでも高くしている。

妊婦管理は，女性と新生児の両方のウェルビーイングをモニターすることによる健康な母性と出産のための極めて重要なサービスである。全ての地域で前進が見られた。すなわち，例えば，北アフリカでは，妊娠中に少なくとも一回，熟練した保健業務従事者に会った女性の割合が70%増加した。しかしながら，4回の出産前訪問という（WHOとユニセフによって）推奨されている基準は，世界中の多くの妊娠している女性にはいまだにアクセスが容易でない。妊婦管理を受ける女性の割合の貧富による格差は，特に南アジア，北アフリカ，サハラ以南アフリカにおいて著しい。格差は小さくなったが，地方および都市に住む女性の間に存在している。

家族計画へのニーズが満たされないことは，低および中程度の収入の国では受け入れることができないほど高い。サハラ以南アフリカでは，出産を遅らせたいか，または中止したがっている女性の24%が家族計画へのどんなアクセスも持たない。この数字は世界の他の地域では10～15%の間で異なり，さらに世界中の人口グループの間で異なる。教育と富は，通常，もっと十分な可能性を保証する。

教育・協働・財源が必要

いくつかの開発目標と同じように，母親の健康と他のミレニアム開発目標への挑戦とを結びつける手法を考える必要がある。母親の健康は幼児死亡率に重大な影響を与える。一方，HIV／エイズと他の疾病・貧困・ジェンダー平等は母親の健康に強く影響する。ジェンダー平等は，そのジェンダーの意味だけでなく，地域・国・所属グループ・教育レベルや農村と都会とで異なって現れる重大な概念である。

ほとんどの母親の死亡は避けられる。それには，熟練した保健スタッフ，全ての人が受けられる保健管理システム，保健管理システムを受け続けられる財源が必要である。コミュニティや家族が，家族計画・避妊・避妊期間・出産の話など，専門家の保健指導の大切さを認識する教育もまた必要である。地元の諸団体・国連機関やNGOは，全ての母親が保健管理システムにアクセスできる，よりよい政策を強化するために，政府機関と協力しなければならない。

家政学と IFHE の「母親の健康改善」への貢献

国際家政学会(IFHE)は家政学の専門家の世界的なネットワークで,国際的非政府組織(INGO)であり,国連(ECOSOC,FAO,ユネスコ,ユニセフ)および欧州評議会の諮問機関の立場にある。

IFHE 会員の出身分野は,学界,コミュニティに基づく職業,企業の消費者サービス,ホスピタリティとサービスに基づく組織である。IFHE に関係する専門家は,毎日の生活での個人や家族での基本的ニーズと実践的関心,また,個人やコミュニティレベルにも焦点を当てる。このことは,社会的・全世界的レベルで個人や家族において,常に変化し,常に厳しい環境の下で,人々のウェルビーイングを高めるために,影響を及ぼす課題にも関心を示すことである。

国際家政学会は以下のことを求めて MDG5 を支援する。

- 主として開発途上国の健康状況が,全ての妊娠し出産する女性と新生児が,保健の世話になれるように改善されなければならない。
- 全ての妊婦がより安全で不安のないようにする外的必要事項を充実させるために,貧困が根絶されなければならない。
- 妊娠や出産時の死亡,好ましくない疾病や悪影響を取り除くために,特に家庭での公衆衛生や健康になるための知識が改められねばならない。
- 特に家族計画の方法において,全ての人への教育は,特に妊娠中と出産時に女性の健康上必要なことを援助する際に,全家族と,特に男性の参画を強化しなければならない。

個人,家族,コミュニティの質の向上は家政学が特別重点的に取り上げるところである。広範囲の分野の職業で働くなかで,家政学は保健への手助けを求めるだけでなく,教育によって個人や家族に,家庭内の衛生や健康法の進め方を伝えることである。妊娠中の女性のために,健全な環境をつくる最初のステップは家族にとっての清潔な住居とクリーンな水と健康な食品についての知識である。開発途上国の家政学は,ジェンダー平等と家族計画教育を支援して,女性の教育に寄与することにある。さらに,国際家政学会とその会員は一人ひとりの女性が自己決定するよう,家族計画支援に参画する必要がある。

世界の他のどの国でも,より重要なのは貧困の根絶に寄与するため,開発途上国における,各種方策による家政学教育である。家政学は,家族や家庭を草の根レベルから学際的課題として捉え,家族や世帯を多様で問題のある状況で,毎日の生活をどうしていくかという面で支援する。貧困の減少は,一般的な健康状況に対してより良い基準になるであろう。それ故に,妊娠中の女性が保健にアクセスする基準にもなる。

家政学は社会のそれぞれの分野が組織を機能させるために重要である，社会的コミュニティとしての家族に注目する。これは，（家政学の視点から）なぜ，男性や夫がパートナーとして母親の健康に結びつけられなければならないのかの理由である。開発途上国では，多くの場合男性は家族の長として家族をリードして行く。そこでは女性への健康への配慮が不可欠である。多くの場合，男性の協力があれば妊産婦の死亡を減少させることができる。

家族計画についての知識が親から 10 代の子どもに伝えられることが，さらに根本的に必要である。この知識が断片的に留まっているなら，第三者がその方法を教育し，知識を向上させていくことが実に重要であり，10 代の妊娠や死亡を減少させるだけでなく，病気への感染や新生児の死亡も避けられると認識している。

IFHE の支援を受けて MDG5「母親の健康改善」を達成することを目的に，研究刊行物，支援，教育，実践を通して，個人，家族，コミュニティに影響を与えるために，課題のアウトラインを示した。

疾病との闘いに関する方針書

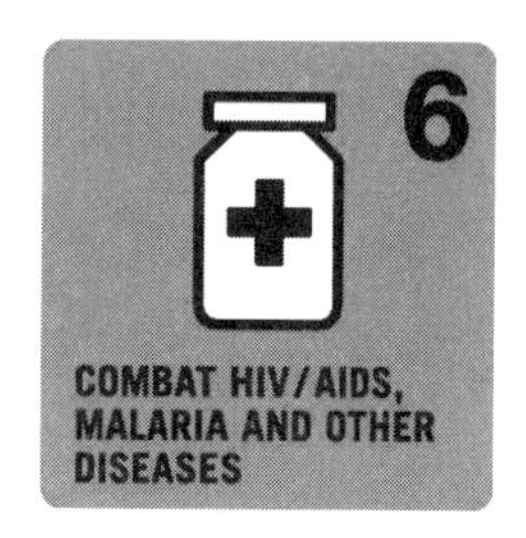

国連ミレニアム開発目標 6：「HIV／エイズ，マラリア，その他の疾病のまん延防止」に関する IFHE ポジション・ステートメント

序論

国際家政学会（IFHE）は国連ミレニアム開発目標**「HIV／エイズ，マラリア，その他の疾病のまん延防止」**（MDG6）を支持する。IFHE の組織的な対応は，今後 4 年間の運営の 6 つの主要戦略目標の 1 つとして,「特に国連とのパートナーシップと協働を通じた生活の質（Quality of Life）の向上」を採択することである。

以下のポジション・ステートメントは，IFHE が MDG についての議論に貢献することを意図している。

国連ミレニアム開発目標 6 は次のように設定された。

- 2015 年までに，HIV／エイズのまん延を終わらせ，減少させ始める。
- 2010 年までに, HIV／エイズの治療を必要とする全ての人々の普遍的アクセスを達成する。
- 2015 年までに，マラリアや他の主要な病気の発生を終わらせ，減少させ始める。

MDG6 は，HIV／エイズ，マラリア，その他の主要な病気の発生を終わらせ，減少させ始めることをめざす。

以下のような指標が考えられる。：

- 15～24 歳人口の HIV 罹患率。
- 高リスクのセックスに対するコンドーム使用。
- HIV／エイズの包括的な正しい知識を持つ 15～24 歳人口の割合。
- 10～14 歳の孤児の，非孤児に対する就学比率。
- HIV 対抗薬にアクセスできる進行した HIV 感染者の割合。
- マラリアの発生と死亡率。
- 殺虫剤で処理された蚊帳の下で寝る 5 歳未満の子どもの割合。
- 適切な抗マラリア薬で治療される，熱のある 5 歳未満の子どもの割合。
- 結核の発生，まん延，死亡率。
- 直接観察された短期治療クールで検出され回復する結核症例の割合。

HIV／エイズ

「2008 年の終わりには，3340 万人が HIV に罹患していた。同年，約 270 万人が新たに感染し，28 万人の子どもを含む 200 万人がエイズで死んだ。HIV 感染の 3 分の 2 がサハラ以南アフリカで起こっており，そこには抗レトロウイルス療法を必要とする約 670 万人の人がいる。」（WHO）

エイズは，サハラ以南アフリカの主な死亡原因であり，世界で 4 番目に大きな死因である。この病気は，空前の公衆衛生上の，また経済的社会的な課題を提示する。

HIV は，世界の主要な感染性の死因のままであり，高い比率の新しい HIV 感染のために，その流行は，東欧，中央アジア，アジアの他の地域で上昇し続けているが，HIV のまん延はほとんどの地域で安定しているように見える。より多くの人々がより長く生き残るようになっている。サハラ以南アフリカは最も大きく影響を受けている地域のままであり，2008 年の全ての新規 HIV 感染の 72%を占める。

抗レトロウイルス療法で生命を維持することができるようになったため，ウイルスに感染していても生存する人々の数はさらに上昇している。抗レトロウイルス療法は，2008 年 12 月には低所得国と中所得国の約 400 万人に提供された。しかしながら，今なお，治療を必要としていても，必要な薬物療法にアクセスする手段を持たない人々が 550 万いる。さらに，毎年，2 人が治療を開始するのに対し，5 人が新たに HIV に感染している。新たな感染の割合は，治療の拡大を上回っている。予防と治療基準の両方を強めるべき緊急のニーズがある。

ときには，文化的問題によって，HIV の知識と予防活動の間に大きなギャップが存在する。女性と少女に対する暴力が暗黙のうちに社会的に容認されていることは，例えば，子ども婚の場合に HIV 問題をさらにひどくする。強制された性交は HIV 感染の可能性を高める。

マラリア

「1 年に約 100 万人（その大部分がアフリカの 5 歳未満の子ども）がマラリアで死んでいる。事実上，蚊に刺されて引き起こされるマラリア感染によって，平均して 30 秒に 1 人のアフリカの子どもが死んでいる。」（WHO）

毎年，3 億～5 億のマラリアの症例がある。ほとんどの症例がサハラ以南アフリカで起こっており，マラリアによるほとんどの死が 5 歳未満の子どもである。世界の人口の半分はマラリアの危険にさらされている。

マラリアに対する基金や注目の増大は，緊急な介入と蚊帳のような鍵となる商品の配布を加速してきた。動向についてのデータをもつ全ての国で，最近 10 年間に殺虫剤で処理した蚊帳の使用が大きく増加した。しかしながら，貧困と知識不足が，今なお，多くの家族で蚊帳の使用を妨げている。

また，効果的な組み合わせ療法の使用やよりよい治療のための診断などのように，より効果的な戦略が，世界中で採用されてきた。この進展は今後も支援される必要がある。

結核

「2008 年には，約 940 万人の新しい結核症例と，約 180 万人の死者があり（HIV に罹患した 50 万人を含む），この病気を世界の最も大きな感染性死因の 1 つにしている。」（WHO）

1 年に約 180 万人が結核で死亡し，その大部分は 15～45 歳である。それは，開発途上国の大人の間の単一の病原菌による死の主要な原因であり，HIV の次に多い，2 番目に主要な死因のままである。この病気は，結核耐性菌の出現，HIV／エイズ（抵抗力を下げる）のまん延，難民の増大のために，急速に広がっている。

新規の症例の割合はアフリカで最も高い。アフリカでは，HIV に感染した人々を結核が襲っている。結核のまん延は，アジアの CIS（独立国家共同体）の国やサハラ以南アフリカ以外の，ほとんどの地域で低下している。ますます多くの結核患者が治療をうけているが，何百万人もの人々が良質の保健管理へのアクセスを欠いているので，病気にかかったままである。HIV 感染者の場合には，抗レトロウイルス療法の不足が結核を致命的なものにする。

教育が必要である

全ての人々に，病気予防と治療へのアクセスが利用可能でなければならない。それは，アクセス可能で専門的な保健管理システムと同様に，必要な人々への安価または無料の蚊帳や薬の提供を意味する。より効果的な治療，サービス，プログラムを開発するためには，研究が必要である。これらの開発にとって基金は不可欠である。

教育は，人々が HIV と他の病気に感染するのを防ぐ鍵である。情報システムは，行動（特に HIV のリスクに関する）を変化させるために改良される必要がある。人々が，それらがどのように働くか，なぜ使われなければならないのかを理解していなければ，コンドームや他の予防商品へのアクセスは十分ではなくなる。女性と男性，金持ちと貧しい人々，地方と都市の人々の間の HIV 予防に関する知識には格差がある。教育プログラムを計画するときには，これらの格差に注意する必要がある。

病気死亡率は全ての開発に影響する

流行病は人間の苦しみにつながるばかりでなく，開発のための機会の喪失につながる。貧困，武力紛争，環境災害は，病気のまん延の一因となり，それによってさらに悪化する。例えば，サハラ以南アフリカでは，HIV の流行は教師の供給を枯渇させ，教育の質を蝕んでいる。エイズによって孤児になった子どもは，頻繁に，恥辱と差別に苦しみ，他の理由で親を失った子どもよりも病弱，教育，保護に関して，より大きな危機に直面している。彼らはまた，より多く，栄養不足，病気，子ども労働・暴力やネグレクト・性的搾取の対象になりがちである。また，これらの問題は彼らの HIV 感染リスクを高める。有効な予防や治療計画は，生命を救うだけではなく，貧困を減らし，社会や経済が発展するのを助けるだろう。

家政学の役割

その４つの次元と実践領域に基づいて〔IFHE　ポジション・ステートメント2008参照〕：

- 家政学者は，その学問分野のなかで，新しい学者を教育し，研究を行い，専門家のために新しい知識や思考方法を創造し，HIV／エイズ，マラリア，その他の病気が存在する全ての社会の利害関係者のために，HIV／エイズ，マラリア，その他の病気と闘うための予防プログラムを最適化し，教材や教育プログラムを開発する。
- 家政学者は，毎日の生活の領域で，生活水準，行動，感染と流行病の背景と関係を理解するために，家庭，家族，コミュニティを支援する。
- *カリキュラム*部門の家政学者は，感染と病気を避けるための全ての基準を支持する学生・生徒の専門的決定と行動を方向づけることによって，彼らが個人生活において資源と能力を用いて，HIV／エイズ，マラリア，その他の病気との闘いを支援する，自分自身の資源と能力を発見し開発するのを助ける。
- *家政学者は，社会的領域において，* HIV／エイズ，マラリア，その他の病気と闘う文化的知識に影響を与える予防と治療基準の両方を強化して，貧困を減少させるために，個人，家族，コミュニティを擁護する*方針に影響を与え，開発する。*

IFHEの方針

IFHEはその継続的な専門活動を通して以下のことに関与する：

- **IFHEは，保健管理システムの改良を要求する**
  保健管理システムは，全ての人々が医療にアクセスする手段を得るために改良されなければならない。さらに，IFHEは，全ての乳幼児，子ども，若者，大人を無料のワクチンと子どものための蚊帳にアクセスさせることを要求する。
- **IFHEは伝染病についての教育を支援する**
  幼い子ども，父母の死を避けるために，伝染病の予防についての知識が，家族と社会的コミュニティに教えられなければならない。
- **IFHEは貧困を減少させる努力を強化することを要求する**
  貧困と飢餓の減少は，長年にわたるIFHEの主要な目的である。貧困と飢餓を減少させることはそれ自体，健康状態に影響を及ぼす家族と家庭の基本的状況を改良する。IFHEは長年にわたって，その国際的な仕事において「食料への権利」とそのプログラム委員会「食料安全保障，栄養，健康」を支援してきた。

環境の持続可能性のための教育に関する方針書／持続可能な開発のための教育に関する方針書

国連ミレニアム開発目標7：「環境の持続可能性の確保」および国連持続可能な開発のための教育の10年に関するIFHEポジション・ステートメント

序論

国際家政学会（IFHE）は**国連ミレニアム開発目標「環境の持続可能性の確保」および国連持続可能な開発のための教育の 10 年**（2005～2014）を支持する。IFHE の組織的な対応は，今後 4 年間の運営の 6 つの主要戦略目標の 1 つとして，「特に国連とのパートナーシップと協働を通じた生活の質（Quality of Life）の向上」を採択することである。

以下のポジション・ステートメントは，特に国連ミレニアム開発目標再検討サミット 2010 に関する MDG に対する議論と，国連持続可能な開発のための教育の 10 年についての議論に IFHE が貢献することを意図している。

国連ミレニアム開発目標 7 は以下の 4 つの目標を達成するように設定された。：

- 持続可能な開発の原則を各国の政策やプログラムに反映させ，環境資源の喪失を阻止し，回復を図る。
- 生物多様性の損失を抑え，2010 年までに損失率の大幅な引き下げを達成する。
- 安全な飲料水と基礎的な衛生施設を持続可能な形で利用できない人々の割合を半減させる。
- 2020 年までに最低 1 億人のスラム居住者の生活を大幅に改善する。

持続可能な開発のための教育

環境，社会と経済という持続可能な開発の 3 本柱全てに取り組むための特別な 10 年が設定された。その目的は*「現在と未来にわたって，人々が自分たちや他の人々の利益のために情報を獲得して意思決定することや，これらの決定に従って行動するための態度，技能，知識を向上させることを支援する」*ことである。（ユネスコ—持続可能な開発のための教育）

持続可能な開発の要素は，あるものが他のものに影響を与える融合した全体と考えられるべきである。枯渇した惑星では，長期経済開発あるいは社会開発は不可能である。それが，環境教育が持続可能な開発のための教育の中核にある理由である。環境の持続可能性は，総合的な持続可能な開発を達成するとともに，8 つの MDG を実現するための鍵の 1 つである。

環境の持続可能性

持続可能な開発は，次世代のニーズを危うくすることなく，現在のニーズを満たすことである。

持続可能な開発における環境の視点は，水，気候変動，生物多様性，防災を含むいくつかのテーマをカバーしている。天然資源の過度の使用は最近の 10 年間で私たちの世界に驚くべき変化を引き起こした。

経済成長と過剰な消費形態を増長するために，高所得国は広範囲にわたって世界的に天然資源を利用してきた。このことは，地域環境を変えるだけでなく，グローバルな気候変動ももたらしている。最近では，この開発はまた，発展途上地域に展開の範囲を移しているが，高所得経済はいまだに二酸化炭素（CO_2）のような温室効果ガスを最も多く排出している。

不幸にも，天然資源の開発は，しばしば最も影響を受けやすい天然資源によって生計を立てている人々に害を及ぼす。また，貧困と経済的不安定は自然破壊を助長する。先進国の都市化および消費習慣が，開発途上国でも同じようにますます広まるとすれば，環境への負荷はさらに重くなるだろう。

環境の持続可能性は未来の問題であるが，また現在の毎日の生活についての問題でもある。2006 年に，およそ 25 億人が改良された衛生施設を利用できていないし，8 億 8400 万人が汚染から合理的に保護された安全な水源にアクセスできないままである。不十分な下水設備は，住血吸虫病，トラコーマ，ウイルス性肝炎，コレラなどの感染を広げる。これらの問題に苦しんでいるのは農村部だけでなく，都市周辺の急速に拡大しているスラムでもみられる。

豊かな国も貧しい国も同様に，資源使用の持続可能性を高める必要がある。経済成長のためのよい政策と環境面での持続可能な方法が探究される必要があり，また技術的・科学的知識は世界的に実行に移される必要がある。しかしながら，持続可能な開発を促進し，態度や行動を変更するための最も強力なツールの 1 つは**教育**である。持続可能性のための教育は，生産者や消費者としての，市民としての，人々に届けることができる。

家政学の役割

国際家政学会（IFHE）は国連（ECOSOC，FAO，ユネスコ，ユニセフ）および欧州評議会の諮問機関の地位にある国際非政府組織（INGO）である。

IFHE は，研究出版物，教育，主張 advocacy を通じて，個人，家族，コミュニティ，政策立案者に影響を及ぼす。IFHE は個人と家族のニーズに役立つように，またその中心的な目的を満たすように関連グループや組織と協力する。IFHE 会員の出身分野は，ホスピタリティやサービスに基づく組織と同様に，学界，コミュニティに基づく職業，企業の消費者サービスである。IFHE の究極の目標は資源管理教育と持続可能な消費を通じた毎日の生活の質の向上である。

家政学は人間科学に位置する研究分野で，カリキュラム部門であり，専門である。それは，個人，家族，コミュニティのための最善で持続可能な生活を達成するために，学問分野の範囲から導かれる。

一般に，毎日の生活の現象と課題は一元的ではないので，この学問上の知識の統合は不可欠である。

全体的視野からの統合された視点は，持続可能な開発のための教育に不可欠な局面である。家政学の対象のなかでは，環境に関する持続可能な活動は日常生活文脈にもたらされるかもしれない。そこでは，それは持続可能な経済および社会の次元で相互に関係づけられる。

カリキュラム部門としての家政学は，理論と実践，学問的知識，日常生活のスキルを集積している。それはその毎日の生活環境に知識を取り入れ，学生が創造的に考えることを奨励する。地域文化と状況によって，家政学教育の内容は異なるかもしれないが，背景には，世界的に考えるために人々を教育するという概念がある。同じ特徴は持続可能な開発のための教育にも示されている。それは，「することによる学習 learning by doing」という前提に基づいて，それぞれの文化的または社会的グループに関する文脈で適用されるべきである。

家政学は，家族と制度上の家庭と同様に家庭の*毎日の生活*のための領域に焦点を合わせる。家政学教育は，持続可能な生産，人間の成長可能性，人間の必需品または基本的ニーズの充足を発展させることをめざす消費意識において自分達の資源管理を最適化するのを可能にする。

家族と制度上の家庭は経済単位の中核的単位であり，それらの全ての決定と行動が環境，社会経済，環境経済に影響を与える。持続可能なライフスタイルのために家族を教育し，能力を高め，動機づけることは，**環境の持続可能性**に大きな影響力を持つだろう。

貧しい開発途上国では，家政学者が，基本的な衛生の必要性に関して人々を教育するのに対して，高収入国では，環境に関する持続可能な消費のための教育が必要である。両方の場合に，教育は，個人，家族，コミュニティのために，最適で持続可能な生活を達成するという共有された価値と努力によって，行われる。

ユネスコ（国連持続可能な開発のための教育の 10 年を指導している国連機関）は，持続可能な開発のための教育の 4 つの主要な推進力を以下のように定義した：

- 上質の基本的な教育へのアクセスを改良すること。
- 既存の教育プログラムに新しい方向性を与えること。
- 国民の理解と認識を発展させること。
- トレーニングを提供すること。

家政学者は，教育の専門家として，上述した全ての 4 つの領域に寄与することができる。カリキュラム部門としての家政学は，具体的な枠組みと文脈を持続可能な開発のための教育に与える。家政学と持続可能性という視点のこの組み合わせは，成人教育と他の教育プログラムのなかでも，学校と同じように価値がある。

IFHE の方針

IFHE はその継続的で専門的な活動を通じて以下のことに関与する：

- **環境持続性を，総合的な持続可能な開発と 8 つの MDG を達成するための強力な鍵として認める**
- **持続可能な開発のための教育のための文脈として家政学カリキュラム部門を促進する**

  これは，ユネスコによる分類への適応，質の高い基礎教育の促進，既存の教育プログラムの更新，持続可能な開発についての社会の理解と認識の発展，教育の提供を含んでいる。
- **家族のために持続可能なライフスタイルを促進する**

  IFHE は，家政学教育において，家庭での持続可能な資源管理の焦点を強化するだろう。これは，水の使用などの全ての家庭のプロセスにおいて最もよい習慣を促進することを含む。それは，持続可能な消費パターンを促進することも含む。
- **持続可能な開発のための教育のために，効果的な戦略を開発する国際的なプロジェクトを行う**
- **持続可能な開発の専門家としての家政学専門家への認識を増加させる**

  IFHE は，国連機関および他の組織または団体と，その関係を強化するだろう。これは，家政学専門家への認識を増加させるが，家政学を開発するためにはまた新しい影響をもたらすだろう。
- **メンバーのための専門的な開発と協働を強化するために**

  学問の一分野および専門としての家政学は，持続可能な開発のための教育に関する新しい知識を作り出すか，または「ベスト・プラクティス」あるいはプロジェクトを紹介することができる。家政学者のネットワークとの協働によって，この知識を広げることができる。

開発のためのグローバル・パートナーシップに関する方針書

国連ミレニアム開発目標 8：「開発のためのグローバル・パートナーシップの構築」に関する IFHE ポジション・ステートメント

国連ミレニアム開発目標 8：開発のためのグローバル・パートナーシップの構築に関する IFHE 方針書のための背景材料

序論

国際家政学会（IFHE）は，国連ミレニアム開発目標**「開発のためのグローバル・パートナーシップ」**（MDG8）を支持する。IFHE の組織的対応は，今後 4 年間の運営の 6 つの主要戦略目標の 1 つとして,「特に国連とのパートナーシップと協働を通じた生活の質（Quality of Life）の向上」を採用することである。

以下のポジション・ステートメントは，IFHE が MDG に関する議論に貢献することを意図している。

国連ミレニアム開発目標 8 は次の事柄のために設定される。

- 後発開発途上国，内陸開発途上国，小島嶼開発途上国の特別なニーズに取り組む。
- よりオープンで，規則に基づき，そして，予測可能な，差別のない取引と金融システムを開発する。
- 開発途上国の負債を包括的に扱う。
- 製薬会社と提携して，開発途上国に入手可能な必須医薬品へのアクセスを提供する。
- 民間部門と協力して，新技術，特に情報およびコミュニケーションの利益を利用できるようにする。

「ミレニアム目標は開発のためのグローバル・パートナーシップを代表している。その政策は，最初の 7 つの目標の達成については貧しい国々に主要な責任があることを明らかにしている。それらの国々は，市民へのより大きな責任と資源の効率的な利用のために，確実に本分をつくさなければならない。貧困国が最初の 7 つの目標を達成する以外に，豊かな国が，ますます多くの効果的援助，より持続可能な債務救済とより公明正大な取引を規則の契約終了（2015 に先立ってよい）までに供与することは，きわめて重要である。」（国連貧困撲滅 2015 キャンペーン）

国連 MDG8 は，開発のためにグローバルなパートナーシップを発展させることによって，他の 7 つの MDG の実現を強化することを目指している。

以下の指標が考慮されている：

- 純 ODA（政府開発援助），総額，後発開発途上国への OECD/DAC（経済協力開発機構／開発援助委員会）諸国からの ODA が援助提供国の総国民所得に占める割合。
- 基本社会福祉事業（基礎教育，初期医療，栄養，安全な水，衛生）に対する OECD 開発援助委員会諸国からの 2 国間の，セクター配分可能な ODA の割合。
- 解約されるOECD開発援助委員会諸国の2国間政府開発援助の割合。
- 国民総所得の一部として内陸開発途上国が受け入れた ODA。
- 国民総所得の一部として小島嶼開発途上国が受け入れた ODA。
- 自由に輸入できる，開発途上国や後発開発途上国からの先進国への輸入総額（兵器を除く）。
- 開発途上国からの農産物，織物，衣服に課された先進国の関税の平均。
- 国民総生産の割合としての OECD 諸国の農業支援見積もり。
- 貿易量の構築を支援するために提供された ODA の割合。
- HIPC（重債務貧困国）決定ポイントに達した国の総数と，それらの HIPC 完成ポイント（累積）に達した数。
- HIPC と MDRI（多国間債務救済イニシアティブ）にゆだねられる債務軽減。
- 財貨・サービスの輸出品の割合としての割賦償還金額。
- 持続可能な方式で手頃な必須医薬品へのアクセスを備えた人口の割合。
- 人口 100 人あたりの電話回線。
- 人口 100 人あたりの携帯電話加入者。
- 人口 100 人あたりのインターネット・ユーザ。

「目標 8 はオープンで，規則に基づいた取引および金融制度，貧困を削減しなければならない国々への，より寛大な援助，および開発途上国の負債問題への救援を求めている。それは世界経済で競争することに，より大きな困難を抱える後発開発途上国，内陸開発途上国，小島嶼開発途上国の問題に注意を向けることになる。さらに，それは，若者の失業に焦点を当て，手頃な費用の必須医薬品へのアクセスを保証し，また新しい情報通信技術の利点を利用できるようにするために民間部門との協力を要請する。

ミレニアム開発目標を達成するために何を必要とするのか。実は多くのことがある。経済的には，貧しい人々に仕事と収入を供給する必要がある。健康と教育のためのシステムは貧富，男女に関係なく全ての人々にサービスを提供しなければならない。インフラストラクチャー（社会基盤）は，全ての人々のために稼働し，アクセス可能でなければならない。政策は，人々が開発プロセスに参加できるようにする必要がある。成功は開発途上国の活動に依存しており，それらの国々は自国の開発を指揮するに違いないが，支援のために豊かな国々が行わなければならないことがさらに多くある。これらは目標 8 が最初の 7 つを補足するためにあることを意味する。開発途上国への政府開発援助は 2007 年に 1 兆 510 億ドルに達した。

もっとも，1990年代に政府開発援助（ODA）レベルの多くは下がった。援助を増加させる全ての2005年の方針が満たされると，ODAは2010年までにほとんど1300億ドルに達するだろう。新しい方針はニーズの部分にだけ触れるだろう。

割賦償還金額によって，開発途上国の対外債務の相対的な重荷が測定される。多くの国々では，それらの債務負担を縮小し，割賦償還金額はよりゆっくりと増加している一方，輸出収入（債務国は債権国に払うためにそれによって通貨を得ている）は上昇している。」（世界銀行ミレニアム開発目標アトラス）

MDG8への家政学の貢献

IFHEポジション・ステートメントは家政学について次のように記述している。

- **学術的な訓練**として。新しい研究者を教育し，研究を行い，専門家，および社会のための新しい知識と思考様式を形成する。家政学のアカデミックな領域は，人間の潜在能力と新しい知識の発達のために，たとえば学生間，講師と学生間の，パートナーシップにも基づいている。開発途上国と先進国の研究者は協力して科学的プロジェクトを行い，家族の生活の質（QOL）を改良するために特定の調査や戦略立案に一緒に取り組んでいる。
- 毎日の家庭での**日常的な生活**領域として。家族とコミュニティは発達途上の人間の潜在的な成長と，人間の必要性または基本的な欲求を満足させる。家族の日常生活は，若者と高齢者，女子と男子，男性と女性，障害者と健康な人とのパートナーシップを意味する。家族生活は家族の各メンバーの成長を目指して進む。さらに，家族生活は，資源の効率的な使用を含み，家政学の1つの鍵となる側面である。
- **カリキュラム部門**として。専門として生活・人生のために意思決定し，活動し，また準備することを通して，学生が私生活のなかで用いる自分の資源および能力を発見し，深めることを容易にする。また，カリキュラム部門でのパートナーシップと開発も重要な一面である。 パートナーシップは多くの生徒と教室あるいは異なるタイプの指導方法を持った学校管理ができるようにするために必要である。家政学の訓練におけるパートナーシップは，生活の質を改善し，資源が欠乏していたり，病気だったりする家族と人々を支えることに焦点を当て，地域的，国家的，国際的なレベルで，さまざまな種類のプロジェクトを通して行われる。
- **政策に影響を及ぼし開発する領域**として。個人，家族，コミュニティが，権限付与とウェルビーイングを達成し，変更可能な慣習を利用し，また持続可能な未来を促進することを擁護する。とくに社会的領域におけるパートナーシップには，開発を可能にし，促進するために活動して，ウェルビーイングを達成する能力のための基礎がある。

パートナーシップは家政学の主要な要素であり，人的資源の開発は家政学の主要な目的である。

家政学は生来，パートナーシップに基づいているという洞察に基づいて，家政学はMDG8を支持するように運命づけられ，支持する可能性を持っている。

家政学の専門家は，パートナーシップと開発を促進する専門的経験において，国際的な協働と協力を行ってきた。例えば，家政学は次のことができる。

- 健康と教育に関連したプロジェクトで働き，支援する。
- 男女，貧富に関わりなく全ての人々に対する健康と教育のサービスを設立して，提供する。
- 特に女性や女子に対して，家政学の授業と課程を通じて新情報と通信技術を利用する。

IFHE の方針

1908 年のその設立以来，国際家政学会は以下のことを支援し促進している。

- 国際的で国境を越えた協力。
- 知識と経験の国際的で国境を越えた交換。
- 貧困を根絶し，かつ食料安全保障を改善する国際的で国境を越えたプロジェクト。
- 全ての種類の家政学に関連する国際的で国境を越えた研究。

IFHE は国連 MDG8 を支持するために次のことを強化する

- 国際的ネットワークと交流プログラム。
- 国際的レベルにおけるプロジェクト活動。

食料安全保障 2009 に関する方針書

世界食料安全保障サミット
FAO　ローマ，2009 年 11 月 16-18 日

序論

国際家政学会（IFHE）は，食料農業機関（FAO）の主要な目標が全ての人々が常に健康で活動的な生活を送るのに必要な食料へのアクセスを保証することであると認識している。IFHE は，できるだけ早く世界的食料安全保障を達成し維持することをめざす FAO，世界食糧計画（WFP），国際農業開発基金（IFAD），それらの開発パートナーの 2 本立てのアプローチを支援する。

IFHE は，欧州評議会と，国連の特別機関である FAO，WHO，ユネスコ，ユニセフと緊密な協力して働いている国連の ECOSOC の，諮問機関の地位にある国際非政府機構（INGO）である。

IFHE会員の出身分野は，学界，コミュニティを基礎とする職業，企業の消費者サービス，ホスピタリティやサービスを基礎とする組織である。IFHEに関係する家政学者は，個人レベルとコミュニティレベルの両方における毎日の生活とその重要性のうち，個人や家族の基本的ニーズや実践的関心に焦点を当てている。それはまた，常に変化し常に挑戦的な環境のなかで，個人や家族のウェルビーイングが高められるように，社会的，世界的レベルで個人や家族に影響を与える課題に関係している。

IFHE は，研究刊行物，教育，支援を通じて，個人，家族，コミュニティ，政策立案者に影響を与える。IFHE は，その中核的目的を充足させる際に，個人や家族のニーズに奉仕する関連グループや組織と協働する。

IFHE は，1996 年の世界食料サミットに対する公式ステートメントで，既に，家政学者が，家庭，コミュニティ，より大きい社会経済的環境における個人の相互依存を理解していることを強調した。

したがって，彼ら／彼女らは，社会的，政治的，経済的構造の変化，特に気候変動と厳しい経済恐慌など，食料不安の原因となる多くの課題を認識している。

IFHE は，FAO が述べた最近の情勢を憂慮している。すなわち，「世界の飢餓は増加しており，世界的食料安全保障は現代史のなかで最も大きい難局に直面している。」

IFHEは，現在のような状況は，最近10年間に，世界が飢餓の構造的な原因に取り組む代わりに，開発政策，プログラム，投資，研究，トレーニング，普及，人的資源の能力造成において，農業を軽視してきたために，生じたという考え方を支持する。世界の全ての人々が，全ての人権のなかで最も基本的な「食料への権利」を享受することができるように，永続する政治的，経済的，財政的，技術的な解決策を採用することによって，食料不安の根源と多方面にわたる原因に対して責任をもって活動し，取り組むべき時が来ている。

IFHE は次のことを認識している。

- 食料安全保障と食料の安全は社会政策の優先事項であるべきである。すなわち，栄養不良や安全でない食物を食べた結果，何百万もの人々が，毎年，死ぬか，あるいは病気になる。過去 10 年間，食物を原因とする病気の重大な発生は全ての大陸で記録され，多くの国で病気の割合が著しく増加している。
- 経済的財政的資源の分配におけるジェンダー平等は，貧困の削減と子どもの福祉を含むさまざまな鍵となる開発目標に積極的相乗効果を持っている。国家が不況に対応する方法は，場合によっては，特に健康や教育への公的支出の削減を通して，また安全網の不公平な設計を通して，すでに獲得した前進を逆転させ，女性と少女に不均衡な影響を与えるかもしれない。
- 資源へのアクセスの不平等は，農業生産性，暮らしの安全，家庭の食料を確保する女性の能力を制限する。栄養の安全は，貧困，移民，都市化，暴力リスクの増大にますますつながっている。市場と都市化の広がりは，女性が，生産資源，住居，起業家活動に新しくアクセスする機会を作ったが，人口増加，HIV／エイズのまん延，気候変動，紛争および災害は，女性をますます抑圧する。
  短期的に長期的に，食料危機，エネルギー危機，気候変動に取り組むためには，女性が農業において直面している資源の難局への注意が不可欠である。
- 貧しい女性への注目は貧困の減少にとって最も重要である。また，若者，特に幼い少女の健康，教育，安全，経済的ウェルビーイングへの投資も優先事項でなければならない。

世界食料安全保障

現在の世界食料安全危機の衝撃は，食料を利用できる可能性の顕著な減少，世界中の基礎的食料の高騰，特に世界のコミュニティにおける財政の提供者としての先進工業国と開発途上国の家族と国家の財政的資源の欠乏に反映されている。その理由は数多くさまざまであり，世界的な開発活動とその動向の結果である。

1 つの理由は，世界の食料供給への需要が増大しているいくつかの「高人口」の後発開発途上国（LDC）の需要に関連していることに注目しなければならない。この増加は，それらの国における 1 人当たりの収入の増加，食生活の変化，人口増加，それらの国の食料需要に対応して世界市場で非食料商品をより積極的に取引する能力によって引き起こされる。このタイプの需要に対応する世界の食料生産量の十分な調整は行われていないように見える。

さらに，ミレニアム開発目標「極度の貧困と飢餓の撲滅」の見地からの食料需要の増大や，アフリカや中東の人々の大規模な移動を引き起こす内紛や国境間紛争の広がりにもかかわらず，経済恐慌の結果，先進国からの食料援助が大きく減少していることが，国際的専門家によって報告されている。

開発途上国の貧しい地方の農民に補助金を支出しない国際貿易政策もまた，子ども，女性，地方の人々，都市の貧しい人々を含む後発開発途上国の最も傷つきやすいグループに影響を与える主要な要因として特定される。また，特に後発開発途上国における国家的議題に関する優先事項として，食料安全保障を確実にし世界貿易と支払差額の公正を促進する政策が，この危機の解決策の一部でなければならない。

経済恐慌の結果

現在の経済恐慌は，いくつかの要素が食料不安の危機にある人々に特にダメージを与えるように 1 点に集中しており，歴史的に空前のものとなっている。まず第一に，それは 2006～2008 年の間に基本的食料の価格を何百万人もの貧しい人々の手の届かない価格に押し上げた食料危機とオーバーラップする。また，それらは 2008 年中頃の高値から低下したが，国際的食料価格は最近の歴史的な標準価格によって，高いまま，絶えず変動している。また，国内価格の低下も遅い。2008 年の終わりには，国内の主食価格は， 2 年前より平均して実質的に 17%高かった。価格上昇は，多くの貧しい家族に，ただ浮いたままでいるために，資産を売り，保健管理，教育や食料を犠牲にすることを余儀なくさせた。それらの資源が限界点にまで引き伸ばされている状態では，それらの家庭が経済の嵐を乗り切るのは難しいことがわかるだろう。

気候変動の課題

技術推進によって悪化した環境に影響をうけた気候変動，環境悪化は，食料生産，世界価格，分配に影響を与え続けている。増え続ける人口と環境にやさしくない開発活動と消費選択の適用によって複合されて，多くの先進国が世界の食料資源の大半と，より豊かな部分を獲得し続ける。世界の脆弱な地域の後発開発途上国は，基礎的食料供給の持続的な自給自足を促進する健全な農業環境の不足と，適切な技術の欠如が長く続いたことによって裸地化され，現在の世界食料危機によって，さらに深刻な影響を受ける。2000 年から 2004 年の間に，約 2 億 6200 万人が気候災害に影響を受けた。これらのうち，98%が開発途上国で生活していた。

FAO の役割

IFHE は，国連が，FAO のような関連グループを通じて，食料安全保障に影響を与える関連事項や課題の解決策を見つけ，全てのレベルでこの緊急な危機を処理する技術的でデータを共有した多面的な議論のための情報センターとしての役割を維持するよう働きかける。

IFHE は，2009 年 11 月 16，17，18 日，**世界食料安全保障サミットの目的と決定の定義に対する事務局の貢献**と題された世界食料安全保障サミット宣言を支持する。

IFHE は，FAO が，全ての国にガイドラインを提供して，国内食料安全保障と家庭内食料・栄養安全保障の両方を開発議題の優先事項にし，個人，家族，コミュニティから，飢餓のリスクを取り除く緊急の活動と方針を促進するよう働きかける。

IFHE は，FAO が，先進国に対して，家族や子どもが干魃，紛争，自然災害，国債に対する高い国際収支によって食料を奪われた国，特に危機によって最も大きな影響を受けている後発開発途上国に対する食料援助の増加を促すよう働きかける。

IFHE は，FAO が，地方の人々のニーズに合わせるために，基本的で栄養価の高い食料作物を生産する生産手段，肥料，種子，技術，道路，水に関して，後発開発途上国の地方の貧しい農民を支援するために，国際貿易政策の緩和を行うことを宣言するよう働きかける。

IFHE の関与

家政学は，家政学のさまざまな体制を通じて，女性がそのニーズを特定するのを助け，食料不安という毎日の問題を解決するために，資源を調査し，プロジェクト管理を上手に助け，その結果，家族，家庭，コミュニティや国家に利益をもたらすことができる。

IFHE は特に全ての家族員に等しい機会を提供することに関心をもっている。家政学教育は少年・少女と男女の両方に個人的および集合的ニーズを特定する能力をもたらす。これは，彼らが責任を分かち合い，食料提供など，家族のケア（保育，看護，介護）にともなう複雑な課題に取り組むことを奨励する。

IFHE は，消費者に対する基礎教育としての家政学教育が，常に持続可能な開発を強化するための持続可能な資源管理に焦点を合わせていることを強調している。

IFHE は，世界中で個人会員や組織会員を通じて，また，その会員によって代表される 50 以上の国において地域レベルで活動して，国連のイニシアティブ（新規構想）を支持する。IFHE は他の非政府組織や市民社会と協働して以下のことに関与する。

- 世界食料安全保障サミット宣言の達成に積極的に参加し，飢餓と極端な貧困を撲滅する。
- 貧しい人々への世界食料市場の衝撃を緩和する適切な活動に焦点を合わせながら，コミュニティを基礎にしたプロジェクト，学問研究，カリキュラム教育を通じて，教育活動を追求する。
- 世界中の貧しい農民のニーズに共感的であり，食料危機増大の解決策の一部である貿易政策の採用を通じて，彼らが市場にアクセスし，個人の収入と食料流通を向上させるために生産性の向上を奨励するという考え方を発展させる。
- メディア，コミュニティを基礎にしたグループ，NGO の以下のような教育と再教育。
    - 伝統的食料および新しく出現した食料の栄養の質。
    - 世界のさまざまな文化的環境にあるコミュニティのなかの個人，家族の生活の質の向上と持続可能性へのニーズを充足させる，適切な食料供給と文化に関連する解決のための，生産，利用可能性，アクセスに影響を与える多重的な課題と要因。
    - 家庭と家族に対する適切な食料管理原則。

- 特に女性，子ども，高齢者の飢餓を撲滅し，栄養欠乏症を減少させるような健康な食料選択，地域の食料を調理し提供する方法の創造を促進する。
- 多くの家族を貧困に引き入れている食料価格の上昇について，地域での解決策を探すために，市民，起業家，政策立案者のなかにさらに優れた消費者意識を育てる。
- 国内および世界貿易と国家間の援助政策を通じて，女性，子ども，高齢者，地方と都市の貧しい人々を含む，世界の最も傷つきやすい市民のための財政的支援の増大を支援する他の NGO と協働する。
- 飢餓の撲滅に関する世界的進展に絶えず注目し，IFHE の会議や大会で，プロジェクトの結果やベスト・プラクティスを系統的に共有することを奨励する。

2009 年 11 月

Dr. Gertraud PICHLER
IFHE 名誉会長
UN/FAO の IFHE 代表
国際家政学会（IFHE）を代表して

食料安全保障2008に関するポジション・ステートメント

世界食料安全保障サミット
FAO　ローマ，2008年6月3-5日

世界食料安全保障：気候変動とバイオ・エネルギーの課題に関するポジション・ステートメント

序論

国際家政学会（IFHE）は，食料農業機関（FAO）の主要な目標が全ての人々が常に健康で活動的な生活を送るのに必要な食料へのアクセスを保証することであると認識している。また，IFHEは，FAOが他の活動のなかで，家庭と食料安全保障，食料と栄養の教育，食料と栄養への注目，標準化と食料管理，食料構成に関する領域で，国家的活動および国家を越えた活動を支援していることを認識している。

国際家政学会は，欧州評議会と，国連特別機関であるFAO，WHO，ユネスコ，ユニセフと緊密な協力して働いている国連のECOSOCの，諮問機関の地位にある国際非政府組織（INGO）である。

IFHE会員の出身分野は，学界，コミュニティを基礎とする職業，企業の消費者サービス，ホスピタリティやサービスを基礎とする組織である。IFHEに関係する家政学者は，個人レベルとコミュニティレベルの両方における毎日の生活とその重要性のうち，個人と家族の基本的ニーズと実践的関心に焦点を当てている。それはまた，常に変化し常に挑戦的な環境のなかで，個人と家族のウェルビーイングが高められるように，社会的および世界的レベルで個人と家族に影響を与える課題に関心を持っている。
IFHEは，研究刊行物，教育，支援をとおして，個人，家族，コミュニティ，政策立案者に影響を与える。IFHEは，その中核的目的を充足させる際に，個人と家族のニーズに奉仕する関連グループや組織と協働する。

IFHEは，いくつかの国において市民に不安をもたらしている最近の世界食料危機の進展，貧しい国で食料安全保障を脅かしている基本的食料品の価格上昇，女性・子ども・地方と都市の貧しい人々のような弱者グループに影響を与える事項について憂慮している。この急速に増大する基本的食料の費用に影響を与える課題は多く，多元的である。
世界のいくつかの地域では，不十分な生産よりもむしろ食料の不十分な分配によって危機が起こっていると報告されている。しかし，大部分の地域では，気候変動と，その結果としての貧しい地方の農民に対する食料生産の減少と生計集団の損失を引き起こす農業と土地利用への影響を中心に，課題が展開している。また，その現象は，燃料，電気，輸送のための代替エネルギー生産につながる生産農業資源のバイオ・エネルギー活動とその転換に影響を受ける。

IFHEは，危機が世界を十分に脅かしているという意見を支持する。FAOの世界食料安全保障と気候変動とバイオ・エネルギーの課題への挑戦に焦点を合わせたハイ・レベル協議は，タイムリーであり，これらの熟考の結果を期待している。

世界食料安全保障

最近の世界食料安全保障の危機の衝撃は，世界の基本的食料の顕著な減少と，利用できる可能性の顕著な減少，価格高騰に反映されている。その理由は，世界的に数多くさまざまであり，開発活動とその動向の結果である。1つの理由は，世界食料供給への需要が増大しているいくつかの「高人口」後発開発途上国の需要に関連していることに注目しなければならない。この増加は，それらの国における1人当たりの収入の増加，食生活の変化，人口増加，それらの国の食料需要に対応して世界市場で非食料品をより積極的に取引する能力によって引き起こされる。このタイプの需要に対応する世界の食料生産量の十分な調整は行われていないように見える。

さらに，ミレニアム開発目標「極度の貧困と飢餓の撲滅」の見地からの，食料需要の増大，アフリカや中東の人々の大規模な移動を引き起こす内紛や国境紛争の広がりにもかかわらず，先進国からの食料援助の減少が，国際的専門家によって報告されている。

開発途上国の貧しい地方の農民に補助金を支出しない国際貿易政策もまた，子ども，女性，地方の人々，都市の貧しい人々を含む後発開発途上国の最も傷つきやすいグループに影響を与える主要な要因として特定される。特に後発開発途上国における国家的課題に関する優先事項として，食料安全保障政策を確実にし，世界貿易と国際収支の平等公正を促進する政策が，この危機の解決策の一部でなければならない。

気候変動の課題

技術推進によって悪化した環境に影響をうけた気候変動，環境悪化は，食料生産，世界価格，分配に影響を与え続けている。増え続ける人口と環境にやさしくない開発活動と消費選択の適用によって複合されて，多くの先進国が世界の食料資源の大半とより豊かな部分を獲得し続ける。世界の脆弱な地域の後発開発途上国は，基礎的食料供給の持続的自給自足を促進する健全な農業環境の不足と，適切な技術の欠如が長く続いたことによって裸地化され，現在の世界食料危機によって，より深刻な影響を受ける。2000年から2004年の間に，約2億6200万人が気候災害に影響を受けた。これらのうち，98%が開発途上国で生活していた。2020年までに，サハラ以南アフリカの7500万人～2億5000万人がもっと少ない水しか持つことができないと予想される。農業を降雨に依存している地域では，収穫は50%にまで落ちこむだろう。多くの種類の家畜は，気候変動に順応できるほど十分に早く，遺伝学的に改良することはできない。

先進国ではいまだに，地球温暖化，例えば，炭素放出，高燃費，環境にやさしくない製造，消費実践に影響を与える多くの毎日の習慣について意見が出されており，後発開発途上国に強い影響を与えている。

バイオ・エネルギー

炭素をもとにした燃料に代わるものの探索が望ましい。しかし，この探索が健康な食料供給の減少や転換のせいで社会の不安定化につながるならば，歪みが生まれる。

バイオ燃料生産に関連する作物の大部分は伝統的に食料として用いられてきた。小規模農家が自分自身の設備や電気のニーズを満たすことができるようにするのでなく，バイオ燃料チェーンに組み込まれたり，特有の環境管理システムが実施されたりしている場合には，作物のバイオ燃料生産への転換の増大は食料危機を悪化させ，後発開発途上国の地域の人々の権利を奪うだろう。

IFHEは，全ての人々の生活の質（QOL）を脅かさない方法についてのより多くの研究を奨励する。先進国や後発開発途上国が，技術を共有するための活発なパートナーシップに積極的に参加し，民間セクターや公的セクターを巻き込んだ太陽光エネルギーの研究は，FAOのような国連機関が危機を解放する研究結果の適用の増大を容易にする1つの代替手段である。

FAO の役割

IFHE は，国連が，FAO のような関連グループを通じて，食料安全保障に影響を与える関連事項や課題の解決策を見つけ，全てのレベルでこの緊急な危機を処理する技術的でデータを共有した多面的な議論のための情報センターとしての役割を維持するよう働きかける。

IFHE は，FAO が，全ての国にガイドラインを提供して，国内食料安全保障を開発議題の優先事項にし，個人，家族，コミュニティから，飢餓のリスクを取り除く緊急の活動と方針を促進するよう働きかける。

IFHE は，FAO が，先進国に対して，家族や子どもが干魃，紛争，自然災害，国債に対する高い国際収支によって食料を奪われた国，特に危機によって最も大きく影響を受けている後発開発途上国に対する食料援助の増加を促すよう働きかける。

IFHE は，FAO が，地方の人々のニーズに合わせるために，基本的で栄養価の高い食料作物を生産する生産手段，肥料，種子，技術，道路，水に関して，後発開発途上国の地方の貧しい農民を支援するために，国際貿易政策の緩和を行うことを宣言するよう働きかける。

IFHE の方針

国際家政学会は，世界中で個人会員や組織会員を通じて，また，その会員に代表される 50 以上の国において地域レベルで活動して，国連のイニシアティブ（新規構想）を支持する。IFHE は他の非政府組織や市民社会と協働して以下のことに関与する。

- 世界食料サミットと MDG の達成に積極的に参加し，飢餓と極端な貧困を撲滅する。
- 食料安全保障の危機をめぐる課題，バイオ・エネルギー研究，食料の価格と利用可能性への影響，特に貧しい国の農業活動と食料の利用可能性に対する気候変動の影響，個人と家族の生活へのこれらの課題の影響について，より多くの情報を知らせる。

- 貧しい人々への世界食料市場の衝撃を緩和する適切な活動に焦点を合わせながら，コミュニティを基礎にしたプロジェクト，学問研究，カリキュラム教育を通じて，教育活動を追求する。
- 世界中の貧しい農民のニーズに共感的であり，食料危機増大の解決策の一部である貿易政策の採用を通じて，彼らが市場にアクセスし，個人の収入と食料流通を向上させるために生産性向上を奨励するという考え方を発展させる。
- メディア，コミュニティを基礎にしたグループ，NGO の以下のような教育と再教育。
    - 伝統的食料および新しく出現した食料の栄養の質。
    - 世界のさまざまな文化的環境にあるコミュニティのなかの個人，家族の生活の質の向上と持続可能性へのニーズを充足させる，適切な食料供給と文化に関連する解決のための，生産，利用可能性，アクセスに影響を与える多重的な課題と要因。
    - 家庭と家族に対する適切な食料管理原則。
- 初等，中等，高校卒業後の教育カリキュラムに，食料安全保障を含める。気候変動とその食料生産と食料の利用可能性に対する影響，伝統的食料資源を利用したバイオ・エネルギー生産の出現と農業資源に影響を与える課題を含める。
- 食料不足と野菜価格の上昇の影響を緩和させるための第一歩として，家庭菜園，学校農園，コミュニティ農園，食物・栄養教育，自信を高めることを促進する。
- 特に女性，子ども，高齢者の飢餓や栄養欠乏症を減少させるような健康な食料選択，地域の食料を調理し提供する方法の創造を促進する。
- 多くの家族を貧困に引き入れている食料価格の上昇について，地域での解決策を探すために，市民，起業家，政策立案者のなかにさらに優れた消費者意識を育てる。
- 国内および世界貿易と国家間の援助政策を通じて，女性，子ども，高齢者，地方と都市の貧しい人々を含む，世界の最も傷つきやすい市民のための財政的支援の増大を支援する他の NGO と協働する。
- 世界食料危機に関する世界的進展に絶えず注目し，IFHE の会議や大会で，プロジェクトの結果やベスト・プラクティスを系統的に分かち合うことを奨励する。

2008 年 6 月
Geraldene B. HODELIN, Ph. D
次期（2006～2008）会長
国際家政学会を代表して。

IFHE ポジション・ステートメント 2008：21 世紀の家政学

IFHE ポジション・ステートメント 2008：21 世紀の家政学

序文

国際家政学会 IFHE は，十数年間にわたる世界各国のさまざまなイニシアティブを経て 1908 年に設立された。このポジション・ステートメントは，IFHE の歴史的背景やこれまでに採択された宣言や専門用語およびその定義を踏まえつつ，家政学という専門分野を現代の文脈で捉え，21 世紀，そしてさらなる未来に向けて，家政学が達成しうる将来ビジョンを示している。

「IFHE ポジション・ステートメント：21 世紀の家政学」は，IFHE がその目的を達成するためのプラットホームの役割を果たす。家政学の持つ多様性を認識し，教育，ビジネス，社会，経済，スピリチュアル，文化技術，地理，そして政治的な観点からの問題解決のために必要とされる多様な方法論についても包括的に捉えようとするものである。

このポジション・ステートメントは，家政学を現代社会の中に位置づけるとともに，家政学の持つ意義を肯定的に説明する論拠を提供する意味でも有用なものとなるだろう。

家政学

家政学は，個人・家族・コミュニティが最適かつ持続可能な生活を達成するための学際的な学問である。設立当初，家政学は家族・家庭や世帯に関する学問であったが，個人や家族の能力，個人や家族の選択・優先事項はその内部に留まらず，より広く地域や地球規模の（glocal）コミュニティを含むすべての社会レベルに影響を及ぼすということが理解されるにつれ，21 世紀にはその研究対象をより広い生活環境全般へと拡大させた。家政学者の関心事は，個人・家族・コミュニティのエンパワー（Empowerment）と福祉（Well-being）の実現，有償・無償の労働・ボランティアを通して一生の間に直面するであろうさまざまな状況に対応していくための生涯学習の能力を開発していくことである。家政学者は個人，家族，共同体を支持し，擁護する。

家政学は多種多様な学問分野と関連しており，学際的で学問の垣根を超えた（trans-disciplinary）研究を通して，あらゆる分野を統合する学問である。このようなあらゆる学問分野の知見の結合は家政学にとって極めて重要である。それは，日常生活の現象や課題はもとより一面的なものではないからである。家政学が取り入れる学問の内容は，主に食物・栄養・健康，繊維・被服，住居，消費や消費科学，生活経営，デザインと技術，食品科学とホスピタリティ，人間発達と家族論，教育とコミュニティサービス等である。

このようにさまざまな学問分野から知見を取り入れることは家政学の強みであり，これにより，ある課題に対する家政学の説明能力が拡大，発展していくのである。このような学際性は，最適で持続可能な生活を達成するという目的と相まって，家政学が政治的，社会的，文化的，生態学的，経済的，技術的なシステムに地域性も考慮しつつ，グローバルな規模で関わり，変革を促していくことで，社会におけるあらゆる側面に影響を与える可能性を秘めていることを示唆している。そして，この可能性は，看護・介護（ケア），共有（シェア），正義，責任，コミュニケーション，熟考，将来を見通す力といった価値に基づく家政学の倫理に拠っている。

家政学は以下の 4 つの次元あるいは実践分野に分類することができる。

- 学問領域として：専門職や社会のために学者を教育し，研究を行い，新しい知識や考え方を創造すること。
- 日常生活分野として：人間の成長の可能性を引き出し，基本的欲求の充足を満たすことのできる家族・家庭，世帯，コミュニティをつくること。
- カリキュラムとして：生徒が自らの資源や能力を発見し，将来の選択や生活能力を身に付けさせること。
- 政策に影響や発展をもたらす社会的領域として：個人，家族，コミュニティをエンパワーし，福祉を向上させ，快適な生活の実現，および持続可能な将来を創り出すことを促進するような政策が形成されることに寄与する。

上記 4 領域の目標を達成させることは，家政学が常に進化し，その実践方法も常に新しくなっていくことを意味する。これは家政学の重要な特性であり，21 世紀に求められる「皆が“ノービス・エキスパート”になること」とリンクしている。ノービス・エキスパートとはつまり，社会が新しい課題とともに常にそして急速に変化する中で，新しいことの習得に長けるということである。

家政学専門家が備えるべき資質

家政学と認識するすべての分野・学問領域・専門職にとって不可欠な要件として，少なくとも以下 3 点の本質的な側面が存在する。

1. 個人，家族の日常生活における基本的なニーズ，および関心事に焦点を当てていること。そして，それらの重要性を共同体，社会，地球規模で捉え，常に変化し，新たな課題が生起している現代社会において，個人・コミュニティのウェルビーイング Well-being が充実するよう注力していること。
2. 学際的で学問の垣根を超えた視点での調査研究や関連の理論的パラダイムを通じて，多様な分野の知識・プロセス・技術を統合していること。かつ，
3. 個人・家族・コミュニティのウェルビーイング Well-being を促進し擁護するための，批判的・変革的・解放的な行動を起こす能力を証明すること。

家政学のもつこれらの側面を相互に作用させていくことは，専門職が未来においても持続的であるための基盤となる。これらの独自性によって，家政学は他の専門職と協力するという独特な位置づけをされるのである。

「家政学」という呼称

この分野を表現するのは「家政学」という呼称が一般的である。学会の歴史をさかのぼれば，翻訳の難しさも含めて，この分野の名称をどうするかについてさまざまな議論が展開されてきた。国際的には家政学という呼称が一貫して用いられており，それは専門内外で認識されている。今後，IFHE は，この専門の名称を変えるのではなく，再ブランド化，学問の位置づけを再度しっかりと行っていきたいと考えている。

家政学の影響力

家政学は現在再び注目を集めている重要な専門分野である。現代社会は産業社会から知識基盤社会，グローバル社会へと前例をみない変化をとげており，社会，文化に多大な影響を与えている。情報社会は複雑かつ多様であり，先を見通すことが難しい社会である。我々は，持続可能な発展が可能であるよう我々の住む社会を改善し続けなければならないと同時に，これまで社会が価値を置いてきた要素を保持し続けるという強い責務も負っている。ここに家政学の可能性があり，家政学の可能性が再度注目される理由である。家政学が果たす役割の例として，以下が挙げられる。

家政学は，「家族」という概念を政治的問題の中心に据え，世界中の家族生活に大きな影響を与えた国際家族年の制定に大きな役割を果たしている。

- 貧困緩和・男女平等・社会正義は，家政学の主たる関心事であり，それぞれの分野でさまざまなプロジェクトが行われている。
- IFHE は国際的な NGO であり，国連 ECOSOC（経済社会理事会），FAO（食料農業機関），UNESCO（国連教育科学文化機関），UNICEF（国際子ども基金）および欧州評議会の諮問資格を持っている。
- 家政学は他の NGO と協働して，世界の多くの家族の生活を向上させている。具体的に協働が行われている分野としては，平和教育，ジェンダー・女性のエンパワーメント，リプロダクティブ・ヘルス，HIV やエイズ，困難を抱える家族への介入や他の人権に関わる問題である。
- 家政学は多様な家族や世帯のウェルビーイング Well-being を高めるため，関連事項に関する積極的なロビー活動を行っている。
- 家政学の専門家は家政学や消費者サービスに関わる企業や組織のコンサルタントとして活動している。また，自分達の能力を活かし積極的に企業家としても活動している。
- 国際家政学デーにおける現在の 4 カ年テーマ「持続可能な発展」は，家族生活にポジティブな影響を及ぼす強い力となっている。
- 家政学の専門家は世界中の個人，家族のウェルビーイング Well-being を強く推進する。学校教育や大学のカリキュラムはそのよい例である。

今後 10 年の方向性

IFHE の今後 10 年の活動の中心は時代に左右されないこと・時代遅れにならないこと（Future Proofing），すなわち，将来を予測し，起こりうるネガティブな結果を最小限に抑えつつ，チャンスを確実に捉えていくことである。家政学，そして IFHE の Future Proofing は難しいが，それは家政学（者）が持続可能なビジョンを持つために必要不可欠なことである。IFHE は，これまでの歴史的経緯を踏まえ，またそれを批判的に検討しながら，家政学およびその関連分野にとっての持続可能性，アドボカシィ，望ましい将来の創造を検討する戦略をスタートさせている。2008 年の IFHE 国際会議*家政学：過去を反映し未来を創造する*，この IFHE ポジション・ステートメント *21 世紀の家政学*とも，この戦略を進める第一歩となるものである。

IFHE ポジション・ステートメントは Dr. Donna Pendergast を委員長とするシンクタンク委員会を中心に，各国の家政学者，2005-2007 年 IFHE 代表メンバーによる協議のもとに策定されたものであり，国際家政学会のこれまでの活動の歴史を踏まえながら IFHE およびそのメンバーに対して今後の活動の基盤を提供することを目的とするものである。

用語解説

Expert Novice：新しいことを学ぶことに長けている人，または専門家。「適応的専門家」ともいわれる。

Family：個々人の多様な解釈による。

Future Proofing：将来の展開を予測することで，ネガティブな影響を最小限にしチャンスを最大にすること。

Glocal：地域性（Local）も考慮したグローバルな視点。

Lifelong Learning：継続的な学習の必要性，個人や社会が継続的に学習していくことができるように一般的なスキルや能力を身につけること。

出典

MDG1「極度の貧困と飢餓の撲滅」

IFHE 目的（年次総会 2009 ビジョン）：

1. IFHE のグローバルな認識の増加.
2. 世界の会員の増加.
3. IFHE のコミュニケーション（内部的で外部的に）の向上.
4. IFHE の財政的な生存力の向上.
5. 持続可能な開発のために国連ミレニアム目標と国連持続可能な開発のための教育 10 年を支持するための，生活の質 QOL を向上させる努力の引き受け.
6. 会員のために専門的な開発と協働を促進すること.

2003 年貧困の根絶に関する IFHE ポジション・ステートメント

IFHE ポジション・ステートメント 2008：

家政学は次のような分野である.

・学問の一分野

・日々の生活のための領域

・カリキュラム領域

・政策に影響を及ぼし，開発する社会的領域.

戦略的計画後退，促進レポート，2009

ヨーロッパの貧困撲滅ネットワーク　http://www.eapn.eu

国際連合　http://www.un.org/millenniumgoals

世界銀行　http://www.worldbank.org/

MDG2「普遍的な初等教育の達成」

戦略的計画再処理，促進レポート，2009

国連 MDG モニター　http://www.mdgmonitor.org/story.cfmgoal=2

国連ミレニアム開発目標　http://www.un.org/millenniumgoals/education.shtml

国連のミレニアム開発目標レポート 2010

http://www.un.org/millenniumgoals/pdf/MDG%20Report%202010%20En%20r15%20-low%20res%2020100615%20-.pdf

ユネスコ　http://www.unesco.org/en/efa/education-and-the-MDG/goal-2

ユニセフ　http://www.unicef.org/progressforchildren/2007n6/index_41797.htm

http://www.unicef.org/progressforchildren/2007n6/index_41796.htm

世界銀行グループ・グローバル・データ・モニター情報システム

http://ddp-ext.worldbank.org/ext/GMIS/gdmis.dositeId=2&goalId=6&menuId=LNAV01GOAL2

世界銀行 MDG オンライン・アトラス　http://devdata.worldbank.org/atlas-mdg/

MDG3「ジェンダー平等の推進と女性の地位向上」

IFHE 目標（ビジョン年次大会 2009）

IFHE ポジション・ステートメント 2008

戦略計画後退，促進レポート，2009

国連開発プログラム，女性エンパワメント　http://www.undp.org/women/

国連 ECOSOC2010 年次執行レビューレポート

http://www.un.org/en/ecosoc/newfunct/amr2010.shtml

国連ミレニアム開発目標　http://www.un.org/millenniumgoals
世界銀行 MDG オンライン・アトラス　http://devdata.worldbank.org/atlas-mdg/
ユニセフ　http://www.unicef.org/gender
ユニフェム　http://www.unifem.org

MDG4「幼児死亡率の減少」

戦略計画再処理，促進レポート，2009
国連人口基金/国連貧困撲滅 2015 キャンペーン
http://endpoverty2015.org/en/goals/maternal-health
国連 MDG モニター　http://www.mdgmonitor.org/goal5.cfm
国連ミレニアム開発目標　http://www.un.org/millenniumgoals/education.shtml
国連ミレニアム開発目標レポート 2010
http://www.un.org/millenniumgoals/pdf/MDG%20Report%202010%20En%20r15%20-low%20res%2020100615%20-.pdf
世界保健機関 WHO
http://www.who.int/topics/millennium_development_goals/maternal_health/en/index.html
http://www.who.int/making_pregnancy_safer/topics/mdg/en/index.html
世界銀行 MDG オンライン・アトラス　http://devdata.worldbank.org/atlas-mdg/
また，次を読むこと：
レポート「誰がパワーを手に入れたか。女性と子どものための保健管理システムの変革」はここからダウンロードできる。
http://www.unmillenniumproject.org/reports/tf_health.htm

MDG5「母親の健康改善」

戦略計画再処理，促進レポート，2009
国連人口基金/UN 貧困撲滅 2015 キャンペーン　http://endp.overty2015.org/en/goals/maternal-health
国連 MDG モニター　http://www.mdgmonitor.org/goal5.cfm
国連ミレニアム開発目標　http://www.un.org/millenniumgoals/education.shtml
国連ミレニアム開発目標報告 2010
http://www.un.org/millenniumgoals/p.df/MDG%20Rep.ort%202010%20En%20r15%20-low%20res%2020100615%20-.p.df
世界保健機関 WHO
http://www.who.int/topics/millennium_development_goals/maternal_health/en/index.html
http://www.who.int/making_pregnancy_safer/topics/mdg/en/index.html
世界銀行 MDG オンライン・アトラス
http://devdata.worldbank.org/atlas-mdg/
http://endpoverty2015.org/en/goals/maternal-health
また，次を読むこと：
レポート「誰がパワーを手に入れたか。女性と子どものための保健管理システムの変革」はここからダウンロードできる。
http://www.unmillenniumproject.org/reports/tf_health.htm

MDG6「HIV／エイズ，マラリア，その他の疾病のまん延防止」

エイズ・ニュース AIDS News　http://www.globalhealth.org/news/

戦略計画再処理，促進レポート，2009
UNAIDS－国連 HIV／エイズ合同計画　http://www.unaids.org/en/
UNDP－ミレニアム開発目標　http://www.dp.org/mdg/goal6.shtml
UNDP 国連開発 HIV／エイズ・プログラム　http://www.undp.org/hiv/
国連ミレニアム開発目標
http://www.who.int/topics/millennium_development_goals/diseases/en/index.html)
http://www.un.org/millenniumgoals/aids.shtml
国連ミレニアム開発目標レポート 2010
http://www.un.org/millenniumgoals/p.df/MDG%20Rep.ort%202010%20En%20r15%20-low%20res%2020100615%20-.p.df
世界保健機関 WHO
http://www.who.int/topics/millennium_development_goals/diseases/en/index.html
世界銀行 MDG オンライン・アトラス　http://devdata.worldbank.org/atlas-mdg/
また，次を読むこと：
レポート「開発途上国におけるエイズとの闘い」はここからダウンロードできる：
http://www.unmillenniumproject.org/reports/tf_hivaids.htm

MDG7「環境の持続可能性の確保」および国連持続可能な開発のための教育の 10 年

IFHE ポジション・ステートメント 2008
戦略計画再処理，促進レポート，2009
持続可能な開発のための教育の 10 年　http://www.desd.org/
ユネスコ－持続可能な開発のための教育（ESD）
http://www.unesco.org/en/esd
http://www.unesco.org/en/esd/themes/environment
国連開発計画―ミレニアム開発目標　http://www.undp.org/mdg/goal7.shtml
国連環境計画　http://www.unep.org/
世界保健機関 WHO　http://www.who.int/topics/millennium_development_goals/en/
世界銀行 MDG アトラス　http://devdata.worldbank.org/atlas-mdg/

MDG8「開発のためのグローバル・パートナーシップの構築」

戦略計画再処理，促進レポート，2009
国連貧困撲滅 2015 キャンペーン　http://endp.overty2015.org/goals/global-partnership.
国連 MDG モニター　http://www.mdgmonitor.org/story.cfmgoal=8
国連ミレニアム開発目標　http://www.un.org/millenniumgoals/global.shtml
国連ミレニアム開発目標レポート 2010
http://www.un.org/millenniumgoals/pdf/MDG%20Report%202010%20En%20r15%20-low%20res%2020100615%20-.pdf
世界銀行 MDG アトラス　http://devdata.worldbank.org/atlas-mdg/
また，次を読むこと：
レポート「開発のための貿易」はここからダウンロードできる：
http://www.unmillenniumproject.org/reports/tf_trade.htm
レポート「イノベーション－開発における知識の適用」はここからダウンロードできる：
http://www.unmillenniumproject.org/reports/tf_science.htm

【翻訳者一覧】（50音順）

赤塚朋子（宇都宮大学教授）	MDG7：環境の持続可能性の確保
石渡仁子（関東学院大学〈非〉・共立女子大学〈非〉）	MDG5：母親の健康改善
工藤由貴子（文部科学省・一般社団法人日本家政学会国際担当特別委員）	IFHEポジションステートメント2008　21世紀の家政学
倉元綾子（鹿児島県立短期大学准教授・監修）	序文，序論 MDG1：極度の貧困と飢餓の撲滅 MDG3：ジェンダー平等の推進と女性の地位向上 MDG6：HIV／エイズ，マラリア，その他の疾病のまん延防止 世界食料安全保障サミット2009 世界食料安全保障：気候変動とバイオ・エネルギーの課題2008
正保正惠（福山市立大学教授）	MDG8：開発のためのグローバル・パートナーシップの構築
中森千佳子（金城学院大学教授）	MDG4：幼児死亡率の減少
渡邊彩子（元群馬大学教授）	MDG2：普遍的な初等教育の達成

【訳者あとがき】

家政学原論部会では，現在「家政学原論行動計画2009－2018」のもと，日本の家政学と家政学原論研究の質を高め，部会員の活動を支援するための活動を行っている。研究の柱は，第1「家政学研究とは何か」，第2「家政学・家政学原論は今どうなっているか」，第3「科目『家政学原論』の授業実践」，第4「家政学・家政学原論における連携・社会貢献研究」である。

第4グループではこれまでに，部会ホームページ作成・立上げ（2009年），「国際家政学会100年史　1908～2008（DVD脚本）」翻訳（2011年）などを行ってきている。

このたびの本冊子は，*POSITION STATEMENTS UN MILLENNIUM DEVELOPMENT GOALS 2011*（2011年2月国際家政学会評議会採択）の全訳である。「IFHEポジションステートメント2008・21世紀の家政学」が家政学のあり方・位置づけを示したのをふまえて，個人・家族・コミュニティの生活の質の向上に貢献する使命を持つ家政学が，MDGの到達にむけて，どのように貢献するのかについて提示している。現在の家政学の国際的動向と将来の方向性を指し示すものでもある。

本冊子が，日本の家政学・家政学者にとって意義あるものになることを願っている。

最後になりましたが，工藤由貴子氏には，「IFHEポジションステートメント2008」の本冊子への転載を快くご許可いただきました。記して深く感謝いたします。

（倉元綾子，翻訳者を代表して）

（本書転載にあたり，一部文言を修正した。
倉元綾子　2018年5月2日）

索　引

【編　集】

（一社）日本家政学会 家政学原論部会
「家政学原論部会行動計画 2009-2018」第 3 グループ

【執筆者】

（○：編集責任者）（五十音順）　　　　（執筆分担）

氏名	所属	執筆分担
井元（いもと）　りえ	女子栄養大学栄養学部教授	第 3 章 1.
上村（うえむら）　協子（きょうこ）	東京家政学院大学現代生活学部教授	第 6 章 2.
臼井（うすい）　和恵（かずえ）	東京福祉大学教育学部教授	第 5 章 1.
大石（おおいし）　美佳（みか）	鎌倉女子大学家政学部教授	第 5 章 4.
大本（おおもと）久美子（くみこ）	大阪教育大学教育学部教授	第 6 章 1.
小倉（おぐら）　育代（いくよ）	大阪教育大学教育学部非常勤講師	第 6 章 3.
尾島（おじま）　恭子（きょうこ）	金沢大学人間社会研究域教授	第 2 章
小野瀬（おのせ）裕子（ひろこ）	東京家政大学ほか非常勤講師	第 5 章 5.
表（おもて）　真美（まみ）	京都女子大学発達教育学部教授	第 5 章 3.
齋藤（さいとう）美保子（みほこ）	鹿児島大学教育学部准教授	第 5 章 6.
佐藤（さとう）裕紀子（ゆきこ）	茨城大学教育学部准教授	第 4 章
志村（しむら）　結美（ゆみ）	山梨大学大学院教育学域教授	第 5 章 2.
西野（にしの）　祥子（しょうこ）	エレン・リチャーズ協会	第 3 章 2.
宮﨑（みやざき）　陽子（ようこ）	羽衣国際大学人間生活学部准教授	第 5 章 7.
○八幡（やはた）（谷口（たにぐち））彩子（あやこ）	熊本大学教育学部教授	第 1 章

（2018 年 5 月 25 日時点所属）

やさしい家政学原論

2018年（平成30年）5月25日　初 版 発 行
2020年（令和 2 年）4月10日　第2刷発行

編　集　(一社)日本家政学会
　　　　家政学原論部会
発行者　筑　紫　和　男
発行所　株式会社 建　帛　社
KENPAKUSHA

〒112-0011　東京都文京区千石4丁目2番15号
TEL　(03) 3 9 4 4－2 6 1 1
FAX　(03) 3 9 4 6－4 3 7 7
https://www.kenpakusha.co.jp/

ISBN 978-4-7679-1449-7　C3036　　新協／愛千製本所